编委会

普通高等学校"十四五"规划旅游管理类精品教材
教育部旅游管理专业本科综合改革试点项目配套规划教材

总主编

马 勇　教育部高等学校旅游管理类专业教学指导委员会副主任
　　　　中国旅游协会教育分会副会长
　　　　中组部国家"万人计划"教学名师
　　　　湖北大学旅游发展研究院院长，教授、博士生导师

编 委（排名不分先后）

田 里　教育部高等学校旅游管理类专业教学指导委员会主任
　　　　云南大学工商管理与旅游管理学院原院长，教授、博士生导师
高 峻　教育部高等学校旅游管理类专业教学指导委员会副主任
　　　　上海师范大学环境与地理学院院长，教授、博士生导师
韩玉灵　北京第二外国语学院旅游管理学院教授
罗兹柏　中国旅游未来研究会副会长，重庆旅游发展研究中心主任，教授
郑耀星　中国旅游协会理事，福建师范大学旅游学院教授、博士生导师
董观志　暨南大学旅游规划设计研究院副院长，教授、博士生导师
薛兵旺　武汉商学院旅游与酒店管理学院院长，教授
姜 红　上海商学院酒店管理学院院长，教授
舒伯阳　中南财经政法大学工商管理学院教授、博士生导师
朱运海　湖北文理学院资源环境与旅游学院副院长
罗伊玲　昆明学院旅游学院副教授
杨振之　四川大学中国休闲与旅游研究中心主任，四川大学旅游学院教授、博士生导师
黄安民　华侨大学城市建设与经济发展研究院常务副院长，教授
张胜男　首都师范大学资源环境与旅游学院教授
魏 卫　华南理工大学旅游管理系教授、博士生导师
毕斗斗　华南理工大学旅游管理系副教授
蒋 昕　湖北经济学院旅游与酒店管理学院副院长，副教授
窦志萍　昆明学院旅游学院教授，《旅游研究》杂志主编
李 玺　澳门城市大学国际旅游与管理学院执行副院长，教授、博士生导师
王春雷　上海对外经贸大学会展与传播学院院长，教授
朱 伟　天津农学院人文学院副院长，副教授
邓爱民　中南财经政法大学旅游发展研究院院长，教授、博士生导师
程丛喜　武汉轻工大学旅游管理系主任，教授
周 霄　武汉轻工大学旅游研究中心主任，副教授
黄其新　江汉大学商学院副院长，副教授
何 彪　海南大学旅游学院副院长，教授

普通高等学校"十四五"规划旅游管理类精品教材
教育部旅游管理专业本科综合改革试点项目配套规划教材

总主编 ◎ 马 勇

乡村旅游规划教程
Rural Tourism Planning Tutorial

主 编 ◎ 张 瑾
副主编 ◎ 胡海胜　徐育强

华中科技大学出版社
http://press.hust.edu.cn
中国·武汉

内容提要

乡村旅游,是中国旅游发展的主体之一,是巩固脱贫成效、助力乡村振兴的重要抓手。乡村旅游规划的科学编制对促进乡村旅游可持续发展具有重要指导意义。本书结合行业规范与实践需要,梳理形成系统全面的乡村旅游规划教学内容框架,并偏重乡村旅游规划编制的实际操作指导。

全书由十一章构成:第一章为绪论;第二章为乡村旅游规划编制程序;第三章为乡村旅游资源分类、调查与评价;第四章为乡村旅游市场分析与预测;第五章为乡村旅游发展的定位研究;第六章为乡村旅游发展的空间规划;第七章为乡村旅游产品与线路设计;第八章为乡村旅游营销策划;第九章为乡村旅游发展的设施规划;第十章为乡村旅游资源与环境保护规划;第十一章为乡村旅游规划保障体系。根据章节内容,各章均配置有相应的教学案例。

图书在版编目(CIP)数据

乡村旅游规划教程/张瑾主编 . —武汉:华中科技大学出版社,2023.6(2025.7 重印)
ISBN 978-7-5680-9587-7

Ⅰ.①乡… Ⅱ.①张… Ⅲ.①乡村旅游-旅游规划-中国-教材 Ⅳ.①F592.3

中国国家版本馆 CIP 数据核字(2023)第 102546 号

乡村旅游规划教程　　　　　　　　　　　　　　　　　　　　　　张瑾　主编
Xiangcun Lüyou Guihua Jiaocheng

项目策划:李　欢
策划编辑:李　欢　王雅琪
责任编辑:洪美员
封面设计:原色设计
责任校对:刘小雨
责任监印:周治超
出版发行:华中科技大学出版社(中国•武汉)　　电话:(027)81321913
　　　　　武汉市东湖新技术开发区华工科技园　　邮编:430223
录　　排:孙雅丽
印　　刷:武汉科源印刷设计有限公司
开　　本:787mm×1092mm　1/16
印　　张:14.25
字　　数:320千字
版　　次:2025年7月第1版第2次印刷
定　　价:49.80元

本书若有印装质量问题,请向出版社营销中心调换
全国免费服务热线:400-6679-118　　竭诚为您服务
版权所有　侵权必究

总序
Introduction

伴随着我国社会和经济步入新发展阶段,我国的旅游业也进入转型升级与结构调整的重要时期。旅游业将在推动形成以国内经济大循环为主体、国内国际双循环相互促进的新发展格局中发挥出独特的作用。旅游业的大发展在客观上对我国高等旅游教育和人才培养提出了更高的要求,同时也希望高等旅游教育和人才培养能在促进我国旅游业高质量发展中发挥更大更好的作用。

《中国教育现代化2035》明确提出:推动高等教育内涵式发展,形成高水平人才培养体系。以"双一流"建设和"双万计划"的启动为标志,中国高等旅游教育发展进入新阶段。

这些新局面有力推动着我国高等旅游教育在"十四五"期间迈入发展新阶段,未来旅游业发展对各类中高级旅游人才的需求将十分旺盛。因此,出版一套把握时代新趋势、面向未来的高品质和高水准规划教材则成为我国高等旅游教育和人才培养的迫切需要。

基于此,在教育部高等学校旅游管理类专业教学指导委员会的大力支持和指导下,教育部直属的全国重点大学出版社——华中科技大学出版社——汇聚了一大批国内高水平旅游院校的国家教学名师、资深教授及中青年旅游学科带头人在成功组编出版了"普通高等院校旅游管理专业类'十三五'规划教材"的基础上,再次联合编撰出版"普通高等学校'十四五'规划旅游管理类精品教材"。本套教材从选题策划到成稿出版,从编写团队到出版团队,从主题选择到内容编排,均作出积极的创新和突破,具有以下特点:

一、基于新国标率先出版并不断沉淀和改版

教育部2018年颁布《普通高等学校本科专业类教学质量国家标准》后,

华中科技大学出版社特邀教育部高等学校旅游管理类专业教学指导委员会副主任、国家"万人计划"教学名师马勇教授担任总主编,同时邀请了全国近百所开设旅游管理类本科专业的高校知名教授、博导、学科带头人和一线骨干专业教师,以及旅游行业专家、海外专业师资联合编撰了"普通高等院校旅游管理专业类'十三五'规划教材"。该套教材紧扣新国标要点,融合数字科技新技术,配套立体化教学资源,于新国标颁布后在全国率先出版,被全国数百所高等学校选用后获得良好反响。编委会在出版后积极收集院校的一线教学反馈,紧扣行业新变化,吸纳新知识点,不断地对教材内容及配套教育资源进行更新升级。"普通高等学校'十四五'规划旅游管理类精品教材"正是在此基础上沉淀和提升编撰而成。《旅游接待业(第二版)》《旅游消费者行为(第二版)》《旅游目的地管理(第二版)》等核心课程优质规划教材陆续推出,以期为全国高等院校旅游专业创建国家级一流本科专业和国家级一流"金课"助力。

二、对标国家级一流本科课程进行高水平建设

本套教材积极研判"双万计划"对旅游管理类专业课程的建设要求,对标国家级一流本科课程的高水平建设,进行内容优化与编撰,以期促进广大旅游院校的教学高质量建设与特色化发展。其中《旅游规划与开发》《酒店管理概论》《酒店督导管理》等教材已成为教育部授予的首批国家级一流本科"金课"配套教材。《节事活动策划与管理》等教材获得国家级和省级教学类奖项。

三、全面配套教学资源,打造立体化互动教材

华中科技大学出版社为本套教材建设了内容全面的线上教材课程资源服务平台:在横向资源配套上,提供全系列教学计划书、教学课件、习题库、案例库、参考答案、教学视频等配套教学资源;在纵向资源开发上,构建了覆盖课程开发、习题管理、学生评论、班级管理等集开发、使用、管理、评价于一体的教学生态链,打造了线上线下、课堂课外的新形态立体化互动教材。

在旅游教育发展的新时代,主编出版一套高质量规划教材是一项重要的教学出版工程,更是一份重要的责任。本套教材在组织策划及编写出版过程中,得到了全国广大院校旅游管理类专家教授、企业精英,以及华中科技大学出版社的大力支持,在此一并致谢!衷心希望本套教材能够为全国高等院校的旅游学界、业界和对旅游知识充满渴望的社会大众带来真正的精神和知识营养,为我国旅游教育教材建设贡献力量,也希望并诚挚邀请更多高等院校旅游管理专业的学者加入我们的编者和读者队伍,为我们共同的事业——我国高等旅游教育高质量发展——而奋斗!

总主编

2021 年 7 月

前言
Preface

乡村旅游，是中国旅游发展的主体，是"十三五"时期乡村地区脱贫的有效路径之一，也是当前巩固脱贫成效、助力乡村振兴的重要抓手。近年来，各级政府都将旅游业作为农村经济供给侧结构性改革的重要抓手，乡村旅游获得了前所未有的发展，大量政府投资和社会资本进入乡村旅游开发领域，掀起一波乡村旅游开发热潮，乡村旅游项目的立项论证、规划编制、落地建设数量剧增。

乡村是一个区别于其他空间单元的体系，有其自身的特征，乡村旅游开发中的资源、市场、产品、设施和主体，都明显地区别于其他类型的旅游开发项目。实践中，有些地区对乡村旅游缺乏应有的认识和把握，导致规划成果质量良莠不齐、操作性差等问题，直接影响了乡村旅游开发的水平。乡村旅游发展亟须更规范、更科学、更具实践意义的规划。这也是本书编写的初衷。

本书偏重乡村旅游规划编制的实际操作指导，具体把握乡村旅游规划的特殊性，在梳理相关理论的基础上，强调知识与能力运用的实践性。全书共十一章，前两章阐述乡村旅游规划的概念、特征、类型、发展历程与编制程序；第三章到第十一章，以规划成果和工作逻辑为导向，从资源调查、市场分析与预测、定位研究、空间规划、产品与线路设计、营销策划、设施规划、资源与环境保护规划、保障体系九个方面，依次阐述乡村旅游规划编制的各个环节，并配有乡村旅游规划实践案例。

本书适合作为高等院校旅游、地理、规划及相关专业的课程教材，也可供从事乡村旅游规划编制、行业管理和项目运营的人员作为参考书目。

编　者

2023年2月

目录 Contents

第一章　绪论　/001

第一节　乡村旅游概述　/001
一、乡村旅游的概念　/001
二、乡村旅游的特征　/005
三、我国现代乡村旅游的发展历程　/006

第二节　乡村旅游规划概述　/009
一、乡村旅游规划的概念　/009
二、乡村旅游规划的发展历程　/012

第三节　乡村旅游规划的类型　/018
一、乡村旅游发展规划　/019
二、乡村旅游区规划　/020
三、乡村旅游专项规划　/023

第二章　乡村旅游规划编制程序　/026

第一节　规划准备阶段　/026
一、乡村旅游规划项目来源　/026
二、项目编制单位选取　/027
三、任务确定与实地调研　/033

第二节　规划编制阶段　/035
一、规划大纲编制阶段　/035
二、初稿编制阶段　/036
三、中期稿编制阶段　/037

四、评审稿编制阶段　　　　　　　　　　　　　　　　　　/038
第三节　规划评审阶段　　　　　　　　　　　　　　　　　　/038
　　一、评审方式　　　　　　　　　　　　　　　　　　　　/038
　　二、评审程序　　　　　　　　　　　　　　　　　　　　/039

第三章　乡村旅游资源分类、调查与评价　　/041

第一节　乡村旅游资源分类　　　　　　　　　　　　　　　　/041
　　一、乡村旅游资源的概念　　　　　　　　　　　　　　　/041
　　二、乡村旅游资源的特征　　　　　　　　　　　　　　　/042
　　三、乡村旅游资源的分类体系　　　　　　　　　　　　　/043
第二节　乡村旅游资源调查　　　　　　　　　　　　　　　　/049
　　一、乡村旅游资源调查的内容　　　　　　　　　　　　　/049
　　二、乡村旅游资源调查的方法　　　　　　　　　　　　　/052
第三节　乡村旅游资源评价　　　　　　　　　　　　　　　　/055
　　一、旅游资源国标在乡村旅游规划中的应用　　　　　　　/055
　　二、乡村旅游资源评价的其他方法　　　　　　　　　　　/061

第四章　乡村旅游市场分析与预测　　/067

第一节　乡村旅游市场调查　　　　　　　　　　　　　　　　/068
　　一、乡村旅游市场调查的主要内容　　　　　　　　　　　/068
　　二、乡村旅游市场调查的主要方式　　　　　　　　　　　/069
第二节　乡村旅游市场分析　　　　　　　　　　　　　　　　/071
　　一、区域旅游市场趋势分析　　　　　　　　　　　　　　/071
　　二、旅游客源市场构成分析　　　　　　　　　　　　　　/071
　　三、区域旅游竞争与合作分析　　　　　　　　　　　　　/072
第三节　乡村旅游市场预测　　　　　　　　　　　　　　　　/073
　　一、旅游市场细分　　　　　　　　　　　　　　　　　　/073
　　二、旅游目标市场预测　　　　　　　　　　　　　　　　/076

第五章 乡村旅游发展的定位研究 /085

第一节 基本理论 /086
一、定位理论 /086
二、地域分异理论 /086
三、文脉理论 /087
四、系统理论 /087
五、区位理论 /088
六、竞争力理论 /088

第二节 总体定位 /088
一、总体定位的概念 /088
二、总体定位的原则 /089
三、总体定位的方法 /090

第三节 目标体系 /091
一、旅游发展目标的概念 /091
二、旅游发展目标的分类 /092

第四节 形象定位 /093
一、形象定位的概念 /093
二、乡村旅游形象的特征 /093
三、乡村旅游形象建立的作用 /094
四、乡村旅游形象定位的原则 /095
五、乡村旅游形象设计的基本流程 /096
六、乡村旅游形象的口号设计 /097

第六章 乡村旅游发展的空间规划 /100

第一节 理论基础与基本原则 /100
一、理论基础 /101
二、基本原则 /102

第二节 乡村旅游发展的空间布局 /103
一、空间布局的影响因素 /103
二、确定空间布局的方法 /104
三、空间布局的主要模式 /105

第三节　乡村旅游规划的功能分区　　/111
　一、功能分区的基本概念　　/111
　二、功能分区的主要方法　　/111
　三、功能分区的一般程序　　/113

第七章　乡村旅游产品与线路设计　　/117

第一节　乡村旅游产品概述　　/117
　一、乡村旅游产品的概念　　/117
　二、乡村旅游产品的特征　　/118
　三、乡村旅游产品的类型　　/118
第二节　乡村旅游产品策划　　/121
　一、乡村旅游产品策划的原则　　/122
　二、乡村旅游产品策划的基本内容　　/123
　三、乡村旅游产品策划的主要方法　　/124
第三节　乡村旅游产品体系构建　　/130
　一、旅游项目的组合模式　　/130
　二、旅游项目的综合平衡　　/131
第四节　乡村旅游线路规划　　/132
　一、旅游线路的概念与基本要素　　/132
　二、乡村旅游线路规划的作用　　/133
　三、乡村旅游线路规划的基本要求　　/134
　四、乡村旅游线路规划的流程　　/135

第八章　乡村旅游营销策划　　/138

第一节　制定营销目标　　/138
第二节　明确营销组合策略　　/139
　一、乡村旅游产品策略　　/139
　二、乡村旅游价格策略　　/141
　三、乡村旅游分销渠道策略　　/143
　四、乡村旅游促销策略　　/145
第三节　节事活动策划　　/146
　一、乡村旅游节事活动策划的作用　　/146

二、乡村旅游节事活动策划的要点　　/146

第四节　新媒体营销策划　　/150
　　一、新媒体营销的主要类型和特点　　/150
　　二、乡村旅游新媒体营销的核心策略　　/152
　　三、乡村旅游新媒体营销的实现路径　　/153

第九章　乡村旅游发展的设施规划　　/158

第一节　设施规划的基本原则　　/159
　　一、乡村旅游设施的含义　　/159
　　二、乡村旅游设施规划的基本原则　　/159

第二节　乡村旅游基础设施规划　　/160
　　一、乡村旅游基础设施规划的特征与内容　　/160
　　二、旅游交通设施　　/161
　　三、给排水设施　　/165
　　四、电力通信设施　　/166
　　五、环境卫生设施　　/166

第三节　乡村旅游服务设施规划　　/168
　　一、乡村旅游服务设施规划的内容　　/168
　　二、游客服务中心　　/169
　　三、旅游标识系统　　/169
　　四、旅游住宿设施　　/170
　　五、旅游餐饮设施　　/171
　　六、旅游购物设施　　/171
　　七、旅游休闲设施　　/171

第十章　乡村旅游资源与环境保护规划　　/173

第一节　乡村旅游资源保护　　/173
　　一、乡村自然资源保护　　/173
　　二、乡村人文资源保护　　/175
　　三、农业景观资源保护　　/176

第二节　乡村旅游环境保护　　/179
　　一、乡村旅游规划中常用的环境质量标准　　/179
　　二、乡村旅游环境保护规划要点　　/182

第三节　乡村旅游容量测算　　　　　　　　　　　/184
　　一、旅游容量测算方法　　　　　　　　　　　/184
　　二、旅游容量应用场景　　　　　　　　　　　/186

第十一章　乡村旅游规划保障体系　　　　　　/188

第一节　社区参与规划　　　　　　　　　　　　/188
　　一、社区参与模式　　　　　　　　　　　　　/189
　　二、社区参与保障　　　　　　　　　　　　　/191
第二节　投资效益规划　　　　　　　　　　　　/193
　　一、投资估算　　　　　　　　　　　　　　　/193
　　二、效益分析　　　　　　　　　　　　　　　/194
　　三、乡村旅游投融资模式　　　　　　　　　　/195
第三节　规划实施保障措施　　　　　　　　　　/198
　　一、组织与人力保障　　　　　　　　　　　　/198
　　二、土地利用保障　　　　　　　　　　　　　/201
　　三、政策制度保障　　　　　　　　　　　　　/205

参考文献　　　　　　　　　　　　　　　　　/210

第一章 绪 论

学习目标

1. 掌握乡村旅游、旅游规划、乡村旅游规划等基本概念的内涵与外延;
2. 理解乡村旅游规划的基本特征,对我国现代乡村旅游发展历程有整体和阶段性的把握;
3. 了解我国旅游规划的发展历程与趋势,熟悉我国乡村旅游规划的发展历程;
4. 熟悉乡村旅游规划的基本类型,准确把握不同类型乡村旅游规划的内容、任务与要求。

重点难点

1. 认识并理解乡村旅游的概念与特征;
2. 客观认识乡村旅游规划发展的历程与现状;
3. 了解各类乡村旅游规划的适用性,能够根据规划区情境做出科学的旅游规划类型决策。

第一节 乡村旅游概述

一、乡村旅游的概念

(一)乡村

乡村,是居民以农业为主要经济活动基本内容的聚落总称,也可称为"农村"。乡村是和城市相对应的一种地域概念,是指以乡村居民点为中心,在地理景观、社会组织、经济结构、土地利用、生活方式等方面都与城市有明显差异的一种区域综合体。[1]

---

[1] 刘杰,刘玉芝,郑艳霞,等.乡村旅游规划与开发[M].北京:经济科学出版社,2020.

可以从以下几个方面来界定乡村。

(1)用地类型。乡村用地包括耕地、林地、园地、牧草地、水域、村镇居民点及未利用地等多种类型。

(2)生产方式。乡村生产方式包括农、林、牧、副、渔等大农业内的主要生产方式。根据从事大农业劳动的人口与区域总人口的比例关系,一般农业从业人口超过80%的区域即称为乡村。

(3)乡村文化。生产环境不同,孕育的文化也不同,文化差异是广大乡村地区内部差异形成的重要因素。乡村文化包括传统风俗、生活与生产技艺、宗教、历史文化、民间传说、各种节庆等。

(4)经济来源。乡村的区域经济主要来源于大农业,即第一产业的收入。

(二)乡村旅游

世界旅游组织将乡村旅游(rural tourism)定义为旅游者在乡村(通常是偏远的传统乡村)及其附近逗留、学习、体验乡村生活模式的活动。[①]1990年,Gilbert等提出,乡村旅游是农户为旅游者提供食宿等条件,使其在农场、牧场等典型的乡村环境中从事各种休闲活动的一种旅游形式。1994年,欧盟和经济合作与发展组织将乡村旅游定义为发生在乡村的旅游活动,并认为乡村性(rurality)是乡村旅游整体营销的核心与独特卖点[②]。Bramwell和Lane(1994)对纯粹形式的乡村旅游进行了专门的论述研究,认为乡村旅游应符合以下5个条件:一是位于乡村地区,二是旅游活动是乡村的,三是规模是乡村的,四是在很大程度上受乡村当地控制,五是具有不同的类型。[③]在早期国外学者对乡村旅游概念的界定中,主要的分歧集中于两点:一是乡村旅游与农业旅游(agro-tourism)、农庄旅游(farm-tourism)之间是否应当区分以及如何区分;二是对于乡村的空间边界和特质是确定的还是模糊的讨论。随着研究的推进,学者们多倾向于认为发生在乡村空间内的农业旅游和农庄旅游属于乡村旅游,也基本上认同乡村区别于城市的、根植于乡村世界的乡村性是吸引旅游者进行乡村旅游的基础。

中国的现代乡村旅游起步较晚,在早期的研究中,也存在概念不明确的问题,乡村旅游与农业旅游、农家乐、观光农业,甚至民俗旅游等概念常常混同使用。刘德谦(2006)认为,乡村旅游的归属不明,导致了我国乡村旅游发展在早期本不应该的滞后,造成了一段时期内许多旅游业者对乡村旅游忽略的现实。[④]国内较早对乡村旅游概念进行界定的学者,如杨旭(1992),认为乡村旅游是以农业生物资源、农业经济资源、乡村社会资源所构成的立体景观为对象的旅游活动。[⑤]在之后的几十年里,国内有多名学者也对乡村旅游的概念进行了界定,表1.1选取了不同时期较具代表性的一些有关

---

①国家旅游局计划统计司.旅游业可持续发展——地方旅游规划指南[M].北京:旅游教育出版社,1997.

②Reichel A, Lowengart O, Milman A.Rural Tourism in Israel: Service Quality and Orientation [J].Tourism Management,2000(21).

③Bramwell B, Lane B.Rural Tourism and Sustainable Rural Development[M].Bristol: Channel View Publications,1994.

④刘德谦.关于乡村旅游、农业旅游与民俗旅游的几点辨析[J].旅游学刊,2006(3).

⑤杨旭.开发"乡村旅游"势在必行[J].旅游学刊,1992(2).

乡村旅游的定义。

表1.1 乡村旅游定义的不同表述

序号	学者	概念
1	杜江等(1999)	乡村旅游是以乡野农村的风光和活动为吸引物、以都市居民为目标市场、以满足旅游者娱乐、求知和回归自然等方面需求为目的的一种旅游方式①
2	王兵(1999)	乡村旅游(农业旅游)英语为"agritourism",是以农业文化景观、农业生态环境、农事生产活动以及传统的民族习俗为资源,融观赏、考察、学习、参与、娱乐、购物、度假于一体的旅游活动②
3	贺小荣(2001)	乡村旅游是指以乡村地域上一切可吸引旅游者的旅游资源为凭借,以满足观光、休闲、度假、学习、购物等各种旅游需求为目的的旅游消费行为及其引起的现象和关系的总和③
4	肖佑兴等(2001)	乡村旅游是指以乡村空间环境为依托,以乡村独特的生产形态、民俗风情、生活形式、乡村风光、乡村居所和乡村文化等为对象,利用城乡差异来规划设计和组合产品,集观光、游览、娱乐、休闲、度假和购物为一体的一种旅游形式④
5	何景明等(2002)	狭义的乡村旅游是指在乡村地区,以具有乡村性的自然和人文客体为旅游吸引物的旅游活动。有些在乡村发生的旅游活动,如主题公园旅游、城市型度假村旅游、高科技农业园区观光等,并不是乡村旅游⑤
6	查芳(2004)	乡村旅游是指在乡村地区,以具有乡村性的乡村景观为旅游吸引物的旅游活动⑥
7	刘红艳(2005)	乡村旅游是以乡村社区为其活动场所,以乡村自然生态环境景观、聚落景观、经济景观、文化景观等为旅游资源,以居住地域环境、生活方式及经历,农事劳作方式有别于当地社区的居民为目标市场的一种生态旅游形式⑦
8	唐代剑等(2005)	乡村旅游是一种凭借城市周边以及比较偏远地带的自然资源和人文资源、面向城市居民开发的集参与性、娱乐性、享受性、科技性于一体的休闲旅游产品,它的本质特性是乡土性⑧

---

①杜江,向萍.关于乡村旅游可持续发展的思考[J].旅游学刊,1999(1).
②王兵.从中外乡村旅游的现状对比看我国乡村旅游的未来[J].旅游学刊,1999(2).
③贺小荣.我国乡村旅游的起源、现状及其发展趋势探讨[J].北京第二外国语学院学报,2001(1).
④肖佑兴,明庆忠,李松志.论乡村旅游的概念和类型[J].旅游科学,2001(3).
⑤何景明,李立华.关于"乡村旅游"概念的探讨[J].西南师范大学学报(人文社会科学版),2002(5).
⑥查芳.对乡村旅游起源及概念的探讨[J].安康师专学报,2004(6).
⑦刘红艳.关于乡村旅游内涵之思考[J].西华师范大学学报(哲学社会科学版),2005(2).
⑧唐代剑,池静.中国乡村旅游开发与管理[M].杭州:浙江大学出版社,2005.

续表

序号	学者	概念
9	刘德谦(2006)	乡村旅游就是以乡村地域及农事相关的风土、风物、风俗、风景组合而成的乡村风情为吸引物,吸引旅游者前往休息、观光、体验及学习等的旅游活动①
10	郭焕成等(2010)	乡村旅游是指以乡村地区为活动场所,利用乡村独特的自然环境、田园景观、生产经营形态、民俗文化风情、农耕文化、农舍村落等资源,为城市游客提供观光、休闲、体验、健身、娱乐、购物、度假的一种新的旅游经营活动②
11	陈秋华等(2014)	乡村旅游是指以乡村空间环境为依托,以乡村独特的农业生产经营活动、农民生活形态、民俗风情、乡村风光、乡村居所和乡村文化等为旅游资源,利用城乡差异来规划设计和组合产品,主要吸引城市居民前来观光、游览、娱乐、休闲、度假和购物的一种新型旅游形式,它可以为乡村社区带来社会、经济和环境效益③
12	胡鞍钢等(2017)	乡村旅游是现代旅游业向传统农业延伸的新尝试、新领域、新方向,是一种依托绿水青山、田园景象、乡土文化、农耕文明等农村资源,以集镇村庄、山野水乡为活动空间,以环境有保障、村落有特色、农居有体验为旅行特征,综合运用旅游观光、休闲度假、农家餐饮、养老养生、感受式农业、传统手工业等多种服务业途径,旨在繁荣农村、富裕农民的新兴旅游形式④
13	陈丹(2022)	乡村旅游是以具有乡村性的自然和人文景观为旅游特色吸引游客,在农村地区的优美景观、自然环境、建筑和文化等资源的基础上,拓展开发以会务度假、休闲娱乐等项目为主体的新兴旅游方式⑤

从表1.1中所列的乡村旅游定义可以看出,学者们多从乡村旅游的发生空间、吸引物、目标市场、活动内容4个方面切入来进行界定,不同概念之间的差别也主要在于这4点。一是是否将乡村旅游的发生空间限定为乡村。持反对意见的学者认为,当代乡村已纳入了诸多的城市特征,存在着大量的城乡混合体,简单地将乡村作为在景观上与城市对立的地域单元是不严谨的。⑥但是,大部分学者都认为乡村是可以被识别的地域和空间。二是乡村旅游的吸引物范围,有些学者表述为抽象的类型,有些学者表述为具体的事物,相同点是强调吸引物的乡村性,区别在于吸引物的具体构成不同。三是乡村旅游的目标市场,大部分学者将其限定为城市居民,主张乡村旅游发生的重要动因是城乡差异。但也有学者认为,乡村旅游的目标市场居住地域环境、生活方式及经历、农事劳作方式应有别于当地社区的居民。四是乡村旅游的活动内容,部分学者

---

① 刘德谦.关于乡村旅游、农业旅游与民俗旅游的几点辨析[J].旅游学刊,2006(3).
② 郭焕成,韩非.中国乡村旅游发展综述[J].地理科学进展,2010(12).
③ 陈秋华,纪金雄.乡村旅游规划理论与实践[M].北京:中国旅游出版社,2014.
④ 胡鞍钢,王蔚.乡村旅游:从农业到服务业的跨越之路[J].理论探索,2017(4).
⑤ 陈丹.中国乡村旅游产业发展形成机理分析[J].环境工程,2022(3).
⑥ 李开宇.基于"乡村性"的乡村旅游及其社会意义[J].生产力研究,2005(6).

在阐述中点明了乡村旅游的活动内容,但具体表述各不相同。

对于以上的4点争议,本书编者认为:其一,就我国的城乡现状而言,无论在景观风貌,还是人口构成、生产生活方式方面,乡村是可以被识别和界定的;其二,旅游吸引物本身是一个内容庞杂、动态变化的类属,在概念中限制吸引物的构成,不利于概念的延展性,相比之下,强调吸引物的乡村性更为重要;其三,随着农村居民出游频次的增加,乡村旅游早已不再是城市居民的专属,在概念中强调乡村旅游仅为吸引城市居民而发生,不科学;其四,与旅游吸引物一样,乡村旅游业态也处于动态变化的过程中,因此,也不宜在界定时将其固化。

综上,根据已有学者对乡村旅游概念的阐述以及对乡村和旅游的重新审视,可以认为:乡村旅游是指发生在乡村空间范围内,以具有乡村性的自然、人文景观为吸引物,吸引旅游者前往开展旅游活动,并为其提供旅游服务的一种旅游方式。

二、乡村旅游的特征

(一)旅游资源的多样性

我国是一个农业大国,乡村在当今的中国仍然居于重要地位。我国乡村面积约886万平方千米,约占国土面积的92%。第七次全国人口普查数据结果显示,我国乡村人口有50979万人,占全国人口的36.11%。地域广袤、人口众多的乡村,蕴藏着丰富的旅游资源,多民族人口在多样化的自然环境中,积淀形成了千差万别的劳动形态、生活方式和传统习俗,"千里不同风,百里不同俗",加之乡村生产生活受季节和气候的影响较大,又进一步丰富了乡村旅游资源随岁时变化呈现的多样性。在乡村旅游开发与规划编制过程中,对旅游资源的深入挖掘,对多样性和差异性的着力保持,是非常重要的基础工作环节。

(二)核心吸引物的乡村性

乡村性是乡村旅游区别于其他类型旅游活动的本质特征。旅游者在选择旅游目的地时,考虑最多的是如何让自己在旅游过程中收获更多或者说获得更难忘怀的体验,这其中起根本作用的就是旅游目的地的核心吸引物。乡村旅游的核心吸引物是农村、农业和乡村文化,乡土气息和泥巴文化是其区别于其他旅游形式的最重要的特点。在乡村旅游发展中保持乡村性,是乡村旅游可持续发展的核心主题之一,也是乡村旅游开发与规划编制中需始终秉持的原则之一。

(三)旅游产品的文化性

乡村旅游之所以能对旅游者产生巨大的吸引力,是因为乡村具备独特的、有异于城市的环境、文化和精神等层面的元素。乡村文化是乡民在生产与生活实践中所创造的物质财富和精神财富的总和,文化内涵丰富。中国几千年的乡村文化遗存,从村落建筑到农田果园,从生产方式到生活习俗,从传统意识到行为准则,共同构成了具有浓郁地方色彩的乡村旅游资源。乡村旅游资源本身文化属性明显,转化为旅游产品必然具有其突出的、鲜明的文化特性。乡村文化与城市文化不仅发生的空间不同，其文化内质也有较大的区别，相对于城市文化的快节奏和反生态，乡村文化包含着淳朴的传统文化和宁静自然的田园生态文化，以舒缓节奏和生态自然为主要特性。旅游者离开居住地到乡村地区旅游的最大动力因素就是城乡之间在自然景观、人居环境、社会经济、生活方式、文化特征等方面的差异性，这就决定了乡村文化在旅游产品开发和组合中可以作为最重要的素材与着眼点。可以说，自然原生性的乡村传统文化，是乡村旅游产品的最大特点和卖点。

（四）旅游活动的参与性

旅游活动的参与性，可以从主客两个角度来理解。乡村旅游实质上是一种复合性非常强的旅游活动，在基础的观光活动之外，还可以依托乡村本地资源发展丰富的农林渔牧体验活动、民俗非遗体验活动、乡野研学活动等多功能的旅游活动。从旅游者的角度来说，乡村旅游重在体验，游客能够体验乡村的民风民俗、农家生活和劳作形式，在体会劳动的欢愉之余，还可购得满意的农副产品和民间工艺品。从旅游社区的角度来说，离开社区的生产生活行为，乡村旅游活动就无法开展，难以为继。因此，旅游活动的参与性不仅包括旅游者的参与，也包括社区的参与。

三、我国现代乡村旅游的发展历程

乡村旅游作为一个概念被提出是比较晚近的事情，但乡村旅游作为旅游形式实际上已有非常悠久的历史。我国先民自古就有到郊野村间踏青春游的习俗，从这种活动发生的空间场所与活动内容来看，踏青属于典型的乡村旅游活动。那么，我国的乡村旅游最迟也可以追溯到有史可查的春秋战国时期。

一般认为，现代乡村旅游起源于19世纪中叶的欧洲，1855年，法国参议员欧贝尔带领一群法国贵族到巴黎郊外的乡村开展度假活动，有学者认为这次乡村度假活动对西方乡村旅游的兴起产生了重要影响。也有学者认为，1865年意大利农业与旅游全国协会的成立是乡村旅游诞生的标志。① 相较而言，我国的乡村旅游起步较晚，多数学者倾向于认为国内乡村旅游是从20世纪80年代兴起的②。40多年来，我国乡村旅游取得了长足的发展，逐渐成为核心的旅游类型之一，其发展大致可划分为4个阶段。

（一）萌芽阶段（1982—1989年）

我国现代乡村旅游的发展，可以追溯到20世纪80年代初。城市化进程的加快、人民经济收入和闲暇时间的增加，共同推动了国内旅游需求的蓬勃发展，城乡道路与交通条件的改善，也为乡村旅游活动的开展提供了有利条件，一部分城市居民开始在闲暇时间前往乡村。这一阶段的乡村旅游接待多是乡村居民自发开展，一些对市场机会

---

① 程道品，等.乡村旅游问题之探讨[C]//.中国地理学会旅游地理专业委员会，等.区域旅游的理论与实践——肇庆旅游发展个案研究.北京：中国旅游出版社，2002.
② 查芳.对乡村旅游起源及概念的探讨[J].安康师专学报，2004(6).

敏感的村落和农户开始以乡村独有的景观和体验吸引游客,在摸索中形成了第一批乡村旅游地。1982年,贵州省黄果树景区周边的布依族村落石头寨开始发展乡村民族风情旅游。1984年,珠海白藤湖农民度假村(现改名为白藤湖易乐园度假村)开业。1986年,"中国农家乐第一家"成都徐家大院在成都市郫都区友爱镇农科村诞生,由此拉开了中国农家乐的发展序幕。时至今日,农家乐仍然是乡村旅游发展的核心主流业态。1988年,深圳市为了招商引资举办了首届荔枝节,接着又开办采摘园,取得了较好的社会反响和经济效益,随后,各类采摘园和乡村旅游节庆在各地不断涌现,乡村旅游受到愈加广泛的关注。1989年,在河南郑州召开的中国农民旅游协会第三次全国代表大会上,"中国农民旅游协会"正式更名"中国乡村旅游协会",乡村旅游开始作为一个独立的名词和概念进入大众视野。

(二)快速发展阶段(1990—2000年)

20世纪90年代,在国家政策和市场需求的推动下,乡村旅游遍地开花、发展迅速。1995年5月1日起,我国实行双休日制度。1999年,我国又将春节、"五一"和"十一"假期调整为7天。2000年,国务院明确了"黄金周"的概念。假期的延长,让人们对旅游的需求获得了前所未有的释放机遇,激发起城镇居民的假日旅游潮。1995年,"中国民俗风情游"旅游主题与"中国:56个民族的家"的宣传口号引导更多游客关注和体验乡村风情。1998年,"中国华夏城乡游"旅游主题与"现代城乡,多彩生活"的宣传口号也吸引大批旅游者涌入乡村。1998年,我国的乡村旅游者规模超过1亿人次[①],乡村成为重要的旅游目的地之一。这一阶段的乡村旅游以农家乐为主体,以乡村传统农业为依托,以"看农家景,尝农家饭,干农家活,享农家乐"为主要活动内容,乡村旅游功能和产品较为单一。相较于前一个阶段,该阶段一些地区已经形成了乡村旅游的经营观念,但乡村旅游的发展总体上仍以自发性、零散性为主。

(三)全面发展阶段(2001—2010年)

进入21世纪,乡村旅游在产业体系中的地位进一步提升,受到高度重视。2004年,国家旅游局推出"中国百姓生活游"旅游主题,通过旅游者走进百姓生活、百姓参与旅游活动,以及城乡游客互动带动乡村旅游社会经济的发展。2005年,党的十六届五中全会提出了建设社会主义新农村的重大历史任务,为乡村旅游发展提供了强有力的政策支持。2006年,国家旅游局推出"中国乡村游"旅游主题,将乡村旅游的角色提到了更突出的位置,资料显示,2006年全国乡村旅游接待游客超过5亿人次,旅游收入超过3000亿元,带动发展的村(寨)超过2万个,增收致富农民超过600万人。[②]2006年8月,国家旅游局发布了《关于促进农村旅游发展的指导意见》,提出乡村旅游是"以工促农,以城带乡"的重要途径。2007年3月,国家旅游局与农业部签署了《关于促进社会主义新农村建设与乡村旅游发展合作协议》,共同发布了《关于大力推进全国乡村旅游发展的通知》,明确"十一五"期间将在全国范围内共同组织实施乡村旅游"百千万工程",建

[①] 贺小荣.我国乡村旅游的起源、现状及其发展趋势探讨[J].北京第二外国语学院学报,2001(1).
[②] 于琨,王宁宁.旅游局与农业部将共同推进乡村旅游"百千万工程"[N].人民日报海外版,2007-03-21(1).

成具有乡村旅游示范意义的100个县、1000个乡镇和10000个村。2008年,中国共产党第十七届中央委员会第三次全体会议在《中共中央关于推进农村改革发展若干重大问题的决定》中明确提出,要根据我国国情因地制宜发展乡村旅游。2009年,全国旅游工作会议指出,发展城乡旅游已成为各地发展农村经济的重要抓手、培育支柱产业的重要内容、发挥资源优势的重要手段、促进城乡交流的重要途径、优化产业结构的重要举措。同年,国家旅游局出台了《全国乡村旅游业发展纲要(2009—2015年)》,明确了大力发展乡村旅游,是社会主义新农村建设的重要组成部分,赋予了乡村旅游市场经济之外的使命与功能。

伴随着乡村旅游产业的发展壮大,乡村旅游规范化和标准化建设成为这一时期的重要工作。2001年,我国正式启动了"全国农业旅游示范点"创建工作。2002年,国家旅游局颁布《全国农业旅游示范点、工业旅游示范点检查标准(试行)》,标志着我国乡村旅游开始走向规范化、品质化。2003年,上海市率先出台实施了《农家乐旅游服务质量等级划分》,开启了乡村旅游地方标准编制的工作,此后,《贵州省乡村旅舍等级评定与管理》(2004年)、浙江省《乡村旅游点服务质量等级划分与评定》(2005年)、《江西省乡村旅游示范点检查标准(暂行)》(2006年)等陆续出台,形成了乡村旅游标准化建设的热潮。2007年,商务部发布实施《农家乐经营服务规范》。

该阶段,全国各级政府高度重视乡村旅游发展,政府引导的方向、政策和措施更为明确,乡村旅游逐渐成为旅游业中一个内涵和外延都比较清晰的部分。同时,全国范围内农家乐数量急剧增长,外延向渔家乐、牧家乐、藏家乐、洋家乐等延伸,地域分布也从城郊向远郊区扩展。休闲农庄、观光农业园、果蔬采摘园、古村古寨游等旅游产品开始出现,进一步丰富了乡村旅游产品体系,使乡村旅游的整体发展水平大大提高。在部分乡村旅游发展较成熟的地区,开始出现精品化、特色化的发展趋势。

(四)提质升级阶段(2011年至今)

进入新时代,随着人民生活水平的不断提高、国家经济社会发展主要矛盾的转变,广大游客的需求开始从简单的观光游览转向深层次的度假休闲,传统粗放型的乡村旅游产品体系已经不能适应发展需求。市场对乡村旅游提出了更高的发展要求。2011年,全国休闲农业与乡村旅游示范县和全国休闲农业示范点创建活动全面启动,我国乡村旅游发展步入提质升级阶段。截至2017年11月,我国共有388个全国休闲农业与乡村旅游示范县(市、区),636个全国休闲农业与乡村旅游示范点。该阶段,乡村旅游业态内容和服务品质不断升级,一批更富个性、特色和精品特征的民宿、乡村度假酒店、乡村度假中心、乡村体育旅游俱乐部等乡村旅游新产品、新业态开始出现,乡村旅游成为国内旅游的主要类型。2019年,中国乡村旅游接待量超过30亿人次,乡村旅游总人次约占国内旅游总人次一半以上,乡村旅游年总收入超1.8万亿元,约占国内旅游年总收入的三分之一。

随着乡村旅游发展的量质齐升,乡村旅游在国民社会经济体系中被赋予了更重要的责任和期望。党的十八大以后,党中央和国务院将乡村旅游纳入"三农"工作和乡村振兴战略总体布局之中,历年中央一号文件均对乡村旅游发展提出了要求,并作出了部署。乡村旅游在脱贫攻坚和乡村振兴进程中,均发挥了重要的作用。

2013年，习近平主席在湖南省花垣县十八洞村提出"精准扶贫"思想，国家旅游局和各省市自治区组织开展了旅游规划扶贫、深度贫困区旅游扶贫培训班等一系列工作，乡村旅游扶贫成为不少地方脱贫致富的有效路径。2013年8月，国家旅游局与扶贫办共同出台《关于联合开展"旅游扶贫试验区"工作的指导意见》。2014年，国家旅游局会同国家发展改革委等7部门联合下发《关于实施美丽乡村旅游富民工程推进旅游扶贫工作的通知》。2016年，国家旅游局联合12部门共同制定了《乡村旅游扶贫工程行动方案》，共梳理出具备发展乡村旅游条件的贫困村2.26万个，涉及建档立卡贫困户230万户。2018年1月，国家旅游局、国务院扶贫办印发《关于支持深度贫困地区旅游扶贫行动方案》。同年3月，国家旅游局印发《关于进一步做好当前旅游扶贫工作的通知》。乡村旅游扶贫工作得到各个层面、相关部门的高度重视，在脱贫攻坚中发挥了重要的作用，全国乡村旅游扶贫监测点监测显示，2019年通过乡村旅游实现脱贫人数占脱贫总人数的33.3%。

2017年10月，党的十九大做出实施乡村振兴战略的重大决策部署。2018年，中共中央、国务院发布了《关于实施乡村振兴战略的意见》和《乡村振兴战略规划（2018—2022年）》。为贯彻落实乡村振兴战略，大力推进乡村旅游高质量发展，优化乡村旅游供给，更好地满足人民日益增长的美好生活需要，2018年11月，文化和旅游部等17个部门联合印发了《关于促进乡村旅游可持续发展的指导意见》，国家发展改革委、农业农村部也围绕乡村旅游（休闲农业）提质升级出台了行动方案或相关通知，有力推动了乡村旅游提质增效和可持续发展。2019年6月，文化和旅游部、发展改革委共同启动了全国乡村旅游重点村名录建设工作，在全国遴选一批符合文化和旅游发展方向、资源开发和产品建设水平高、具有典型示范和带动引领作用的乡村（含行政村和自然村）。截至2022年8月，共推出了1299个全国乡村旅游重点村镇，乡村旅游产品供给不断优化、基础设施不断完善、服务质量不断提升，以农民为主体的利益联结机制不断健全，乡村旅游在经济社会发展中的综合效益不断凸显，乡村旅游成为乡村振兴的新力量。

第二节 乡村旅游规划概述

一、乡村旅游规划的概念

（一）乡村规划

《中华人民共和国城乡规划法》释义中，将"乡、村庄规划"界定为对一定时期内乡、村庄的经济和社会发展、土地利用、空间布局以及各项建设的综合部署、具体安排和实施措施。乡村规划（rural planning）是指导乡村地区社会经济发展和建设的基本依据，主要包括以下几方面内容：一是乡村自然、经济资源的综合分析与评价；二是乡村社会、经济的发展方向、战略目标及地区布局；三是乡村经济各部门发展规模、水平、速度、投资与效益；四是制定详细的乡村规划的措施与步骤。制定乡村规划，要根据乡的资源条件、现有生产基础、国家经济发展方针与政策,以经济发展为中心,以提高效益为前提;要长远结合、留有余地、反复平衡、综合比较,选其最优方案。

我国从20世纪80年代开始提出要进行村庄规划,这是我国乡村建设规划的探索和起步。但在较长的一段时间内,我国乡村无规划、建设无序问题普遍存在。据统计,2016年,我国56万个行政村和260万多个自然村中,已经编制过规划的村庄不到60%,有超过22万个行政村和100多万个自然村还没有编制规划。在已经编制的村庄规划中,规划质量较好并且真正有效实施的不到10%。①2018年中央一号文件强调,乡村振兴要坚持科学把握乡村的差异性和发展走势分化特征,做好顶层设计,注重规划先行、突出重点、分类施策、典型引路。乡村振兴战略的实施要求形成城乡融合、区域一体、多规合一的规划体系,围绕乡村振兴的具体要求和阶段目标,抓紧编制乡村规划和专项规划或方案。②现阶段,做好乡村规划是实施乡村振兴战略的重要内容。

(二)旅游规划

马勇(2020)在《旅游规划与开发》一书中,将旅游规划定义为对某一区域内未来旅游系统的发展目标和实现方式的整体部署过程。旅游规划经政府相关部门批准后,可以作为该区域进行旅游开发、建设的依据。③旅游规划是对未来旅游发展状况的构想和安排,以追求最佳的经济效益、社会效益和环境效益为主要目的。旅游规划的有无和好坏直接影响到旅游业的可持续发展,对旅游业的发展起着举足轻重的作用。旅游规划是根据规划对象的特征,结合旅游市场的需求,筹划未来旅游发展蓝图,并对整个旅游系统进行优化配置和科学部署的行动计划④,是地区旅游发展的纲领和蓝图,也是旅游发展的一项部门规划。

(三)乡村旅游规划

唐代剑等(2005)认为,乡村旅游规划就是根据某一乡村地区的旅游发展规律、具体市场特点而制定目标,以及为实现这一目标而进行的各项旅游要素的统筹部署和具体安排。⑤

张述林等(2014)认为,乡村旅游发展规划是综合考虑当地乡村旅游业的历史、现状和市场因素等而制定的目标体系,以及为实现该目标体系而在特定发展条件下对乡村旅游发展的要素所做的安排,是针对一个较大区域范围的、较长历史时期内的乡村旅游发展总目标及其实现方式的纲要性谋划过程,也可以认为是较大行政区域旅游发展规划中的专项规划。⑥

---

① 丁奇,刘文杰.改革机制、创新方法,努力提高村庄规划的实用性对《关于改革创新、全面有效推进乡村规划工作的指导意见》的部分解读[J].广西城镇建设,2016(5).
② 刘彦随.中国乡村振兴规划的基础理论与方法论[J].地理学报,2020(6).
③ 马勇,韩洁,刘军.旅游规划与开发[M].武汉:华中科技大学出版社,2020.
④ 王志华,李渊,韩雪,等.旅游规划与开发的理论及实践研究[M].北京:中国商务出版社,2017.
⑤ 唐代剑,池静.论乡村旅游项目与游览组织[J].桂林旅游高等专科学校学报,2005(3).
⑥ 张述林,李源,刘佳瑜,等.乡村旅游发展规划研究:理论与实践[M].北京:科学出版社,2014.

周霄(2017)认为,乡村旅游规划是旅游技术方法在乡村领域的应用实践,是在乡村旅游系统要素发展现状调查评价的基础上,针对乡村旅游系统的属性、特色和发展规律,根据社会、经济、文化发展和游客需求的变化趋势,综合协调乡村旅游系统的总体布局、系统内部要素功能结构,并以乡村旅游系统与外部系统发展为目的的战略策划和具体实施。①

张善峰(2018)以"旅游体验"为切入点,提出体验式乡村旅游规划就是以游客获得满意的乡村"旅游体验"为根本,通过对某一地域范围内的乡村旅游资源和旅游市场进行化验分析,确立主题性的乡村体验线索,确定乡村旅游的发展布局和功能分区,设计出内容真实丰富、层次多样、参与性强的旅游活动内容的规划方法。②

刘杰等(2020)对"乡村旅游规划(rural tourism planning)"和"乡村旅游开发(rural tourism exploiting)"两个概念进行了阐释,认为乡村旅游规划是旅游规划的专项规划。从资源的角度而言,乡村旅游规划是以村落、郊野、田园等生态环境为依托,通过对资源的分析、对比形成具有特色的发展方向。乡村旅游开发是对乡村旅游资源进行配置调整和对旅游空间进行功能定位的全过程,而乡村旅游开发战略与行动的整合设计手段就是乡村旅游规划。③

杨彦锋等(2021)认为,乡村旅游规划是旅游规划的一种,强调对乡村旅游资源的科学开发与保护,是对乡村旅游开发进行战略与行动整合设计的手段。其主要任务是明确乡村旅游在当地国民经济和社会发展中及当地旅游业中的地位与作用,提出乡村旅游发展目标,对乡村旅游的空间进行优化布局,对产业要素进行优化配置,安排乡村旅游开发重点项目,开发独具当地特色的乡村旅游产品,提高社区在乡村旅游发展中的参与度,从而促进乡村旅游业的健康、可持续发展。④

综上,可以认为,乡村旅游规划是根据某一区域内乡村旅游发展的基础和市场要素变化制定目标体系,围绕保护、开发和利用乡村旅游资源,以实现其社会、生态、经济效益所做出的统筹部署和安排。

在理解乡村旅游规划的含义时,需要注意以下几点。

其一,乡村旅游规划是一个动态过程。乡村旅游规划不是静态的和物质形态的蓝图式描述,而是一个过程,一个不断反馈、调整的动态过程。编制规划文本仅仅是这个过程的初始阶段,即确定目标和提供指导性意见。面对未来的种种不确定性,乡村旅游规划必须采取弹性的思想和方法。

其二,乡村旅游规划要兼顾科学性与可操作性。乡村旅游规划不仅是一项技术过程,也是一项决策过程;它不仅是一种科学规划,也应当是实用可行的行动指南,二者必须同时兼顾,才能避免"规划失灵"。

其三,乡村旅游规划应统筹多元目标的实现和多元主体的发展需要。一是要统筹旅游发展与村庄建设的需要,二是与此相关的,要统筹村庄居民、乡村旅游者、属地管

---

① 周霄.乡村旅游发展与规划新论[M].武汉:华中科技大学出版社,2017.
② 张善峰.体验式乡村旅游规划[M].北京:中国建筑工业出版社,2018.
③ 刘杰,刘玉芝,郑艳霞,等.乡村旅游规划与开发[M].北京:经济科学出版社,2020.
④ 杨彦锋,吕敏,龙飞,等.乡村旅游:乡村振兴的路径与实践[M].北京:中国旅游出版社,2021.

理部门和投资方的需要。当前,部分地区乡村旅游规划的编制主体以旅游规划资质单位为主,以旅游规划的形式为主,主要引导旅游产品、旅游形象、旅游设施等内容,旅游发展与村庄建设往往出现两张"皮"的现象。乡村旅游不仅影响着游客的吃、住、行、游、购、娱六要素,还对村民生产、生活有直接影响。乡村旅游规划不仅要关注游客的需求,还应更多地关注村民的需求。因此,乡村旅游规划应该是促进区域旅游产业、乡村旅游产业和村民生产生活融合发展的综合引导规划。其在内容上需要与旅游规划及村庄规划对接,面向实际管理操作,以村庄旅游产业可持续发展为主要目的,构建系统的规划策略,在区域旅游资源整合、村庄布点规划、村庄发展规划、村庄建设规划等过程中起到统筹和协调的作用。应建立"开放式"规划体系,允许多重决策权(专家、政府、企业、群众)的协调参与,避免单纯根据委托方的意图编制规划。

二、乡村旅游规划的发展历程

乡村旅游规划是旅游规划在乡村旅游领域的具体实践,也是旅游规划中较晚出现的一个类型。理解我国旅游规划发展的历程,对全面掌握乡村旅游规划的发展规律与时代要求具有重要的指导意义。

(一)我国旅游规划的发展历程

我国的旅游规划编制始于20世纪70年代末,1979年国家建委在杭州召开全国园林绿化工作会议,首次提出了"风景名胜区"概念,研究了重点风景区的保护和规划工作。随后,杭州、峨眉山、庐山、泰山、黄山、千山等城市和景区开展了资源调查和总体规划编制。同年7月,邓小平同志视察黄山时提出了旅游规划的问题;9月,国家旅游总局在全国旅游工作会议上讨论了《关于1980年至1985年旅游事业发展规划(草案)》,这是我国最早的旅游业规划。中国旅游规划40余年的发展历程,可以划分以下几个阶段。

1.1980—1989年的资源导向:探索阶段

20世纪80年代,中国的旅游市场开始发育,观光旅游产品占据主导地位。以下四个方面因素共同推进了这一阶段旅游规划的发展。

一是旅游业的产业性质逐渐明确,为国家和地方制定旅游发展规划奠定了政策基础。1981年,国务院第一次组织召开全国旅游工作会议时明确指出:旅游事业是一项综合性的经济事业。1986年初,国务院通过了《全国旅游事业发展规划(1986—2000年)》,并首次将旅游事业发展规划列入国家"七五"计划,同时明确了旅游业的产业定位,从实质上实现了旅游业由事业型向产业型的转变。

二是风景资源体系的逐步建立,产生了一批区域旅游规划编制需求。1982年,国务院将原来的张家界林场命名为"张家界国家森林公园",这是我国第一个国家森林公园,国家森林公园建设开始起步。同年11月,国务院审定了第一批44处国家级风景名胜区,并要求抓紧编制国家风景名胜区规划。1985年,《风景名胜区管理暂行条例》颁布,再次对风景名胜区规划的编制提出了明确要求。

三是一些地理专家在进行国土资源调查和规划的同时做了一些旅游资源评价和

利用规划。如1984年郭来喜等主持的"华北海滨风景区昌黎段开发研究",是此类规划中的成功范例。①

四是政府主导的市域旅游战略规划开始出现,例如1985年编制的《北京市旅游发展战略规划》、1988年编制的《秦皇岛市旅游总体规划》等,都属此列。

这一阶段的旅游规划在理论指导和实践经验方面都存在不足,规划编制程序与内容体例尚未有明确的范式,呈现出典型的探索期特征。旅游规划的核心任务是挖掘规划区的旅游资源,以吸引更多游客,在规划思想上,强调旅游资源是旅游发展的根本前提和条件。

2.1990—1999年的市场导向:多元化阶段

20世纪90年代,我国的旅游需求逐渐旺盛,一些缺乏传统旅游资源的区域,通过建设人造吸引物吸引了大量游客,旅游发展中的市场需求比前一阶段更加凸显,市场导向型旅游规划思想开始占据主流。

在传统的风景名胜区、历史文化名城和文物保护单位之外,旅游目的地类型开始多元化,旅游规划的研究对象也随之丰富。一方面,度假区和度假村规划开始增多。1992年,《国务院关于试办国家旅游度假区有关问题的通知》发布,标志着国家开始重视度假旅游的发展。同期,南方沿海地区房地产业空前膨胀,旅游度假村的建设与度假区规划的市场需求蓬勃。另一方面,《上海市旅游发展战略规划》(1990年)、《三亚市旅游发展战略规划》(1992年)、《深圳市旅游发展规划》(1992年)、《北海市旅游业发展与布局总体规划(1997—2020)》(1997年)等规划的陆续编制,表明城市旅游规划已成为重要的旅游规划类型。1998年优秀旅游城市创建工作正式启动。1999年,国家旅游局公布全国首批54个中国优秀旅游城市,随后又有127个城市参加创优。在优秀旅游城市创建过程中,规划编制被作为重要指标之一纳入评比中,进一步刺激了城市旅游规划的需求。

1997—1999年是我国旅游规划发展的低潮期。受我国经济发展的影响以及亚洲金融风暴的波及,旅游业出现游客与收入"滞胀"现象,人造旅游吸引物、主题公园、度假区建设偶有失误,人们对旅游业的投入持观望态度,规划编制数量不多,学界对规划的失误开始反思,同时也开始探索寻求突破。但与此同时,旅游业在我国国民经济体系中的重要地位也日益凸显,1998年召开的中央经济工作会议提出将旅游业作为国民经济新的增长点,旅游业的地位被提高到一个新的高度。

3.2000—2009年的产品导向:规范化阶段

随着亚洲经济复苏,我国宏观经济走势趋强,旅游市场迅速发展。1999年国庆期间,出现了第一个旅游黄金周的井喷现象,国内旅游业呈现出"大产业、大旅游、大市场"的格局。2004年,全国旅游外汇收入达到470多亿美元,在世界的排名从1990年的第25位上升到第5位。旅游业的快速发展催生了大量的旅游规划编制需求,全国出现了编制旅游发展规划的热潮。

一是受项目申报制度的驱动,地方性旅游规划和旅游目的地规划的需求激增。2000年,国家发行两期13亿元旅游国债,全国共设110个项目,申请旅游国债资金的前

---

①范业正,胡清平.中国旅游规划发展历程与研究进展[J].旅游学刊,2003(6).

提之一就是需要编制规划。2001年,国家正式启动生态旅游规划示范区、旅游扶贫开发区、旅游度假区"三区"建设工程,申报时也必须有相应的规划。

二是旅游规划的队伍不断壮大,各类旅游规划设计机构在全国各地涌现。

三是外国专家参加省级旅游规划的编制引起各方面的广泛关注。

四是旅游规划的规范化趋向明显。1999年,国家旅游局颁布了《旅游发展规划管理办法》,又于2000年颁布了《旅游规划设计单位资质认定暂行办法》,于2003年颁布了作为国家标准的《旅游规划通则》(GB/T 18971—2003)。这3个文件的颁布实施,使旅游规划工作在综合性规范、内容规范、编制单位规范上有章可循,是我国旅游规划走向规范化的重要步骤。①

旅游规划作为一种商业行为,在这一阶段呈现出多类型、多层次、多学科背景的特点。②经过前两个阶段的实践积累和理论积淀,在综合资源导向与市场导向思想的基础上,产品导向型旅游规划思想成为这一阶段的主导思想,其重点是兼顾市场需求和资源实际两个方面,强调资源优势和市场优势"双向"发挥,其目标是"旅游产品体系建设"。③

4.2010—2019年的产业导向:融合阶段

2009年12月出台的《国务院关于加快发展旅游业的意见》(以下简称《意见》)指出把旅游业培育成国民经济的战略性支柱产业,旅游业在国民经济中的地位实现了历史性突破并得到高度认同式再确认。④《意见》还提出,"编制和调整城市总体规划、土地利用规划、海洋功能区划、基础设施规划、村镇规划要充分考虑旅游业发展需要","抓紧旅游综合立法,加快制定旅游市场监管、资源保护、从业规范等专项法规,不断完善相关法律法规",对旅游规划体系提出了更高的要求。

"十二五"期间,在旺盛的国内旅游需求推动下,我国旅游业发展迅猛,产业规模持续扩大,产品体系日益完善,产业链条逐渐完整,乡村旅游、生态旅游、红色旅游等新型旅游方式蓬勃发展。旅游景区建设如火如荼,全国各类旅游景区景点达2万多家。⑤这一时期,"规划先行"的发展理念已经成为旅游业发展的共识,旅游规划编制的队伍也逐渐壮大。截至2013年,全国共有93家甲级、270家乙级旅游规划资质单位,以及大量丙级资质单位。同期,美丽乡村建设、传统村落保护、精准扶贫的推进和乡村旅游的迅速发展,也推动了各地乡村旅游规划的编制。2015年,国家旅游局会同扶贫办共同遴选出560个建档立卡贫困村试点开展乡村旅游扶贫,组织全国旅游规划资质单位编制了560个试点村的旅游扶贫公益规划。

全域旅游是"十三五"期间我国县区级旅游行政管理部门工作的重头戏之一。2015年,国家旅游局启动开展"国家全域旅游示范区"创建工作,颁布《关于开展"国家

---

① 魏小安,陈维平,刘滨谊,等.中国旅游业需要什么样的旅游规划——由当前旅游规划热引发的思考[J].旅游学刊,2001(2).

② 吴承照.中国旅游规划30年回顾与展望[J].旅游学刊,2009(1).

③ 邹再进.我国旅游规划思想导向的演进[J].旅游学刊,2008(7).

④ 程玉,杨勇,刘震,等.中国旅游业发展回顾与展望[J].华东经济管理,2020(3).

⑤ 于士航.旅游业成为国民经济新亮点[EB/OL].(2016-03-10)[2022-08-15].http://www.gov.cn/xinwen/2016-03/10/content_5051676.htm.

全域旅游示范区"创建工作的通知》。2016年,国家旅游局公布了首批和第二批国家全域旅游示范区创建名单,两批共计500个创建单位入选。2017年,国家旅游局发布《全域旅游示范区创建工作导则》。2018年,国务院办公厅印发《关于促进全域旅游发展的指导意见》。为贯彻全域旅游发展理念,各地也陆续开展省级层面全域旅游示范区的创建工作。全域旅游规划的编制、以旅游为引领的多规融合是创建验收的标准之一,激发了大量县区级区域编制全域旅游规划的需求,在很大程度上,2018年以后的县区全域旅游规划基本取代了旅游发展总体规划。

随着旅游业内涵不断丰富,外延不断拓展,产业融合进程加快,产业边界趋于模糊,旅游与农业、工业、科技、娱乐、会展、房地产、医疗等多个行业的融合不断加速深化。2018年3月,文化和旅游部的组建奠定了下一阶段文旅融合发展的基调。融合态势下,各种"旅游+"和"+旅游"的创新业态不断涌现,旅游规划呈现出外延扩大的趋势,逐渐涵盖旅游资源的深度挖掘与整合、跨产业交叉融合以及规划利益相关主体的综合考量等多元问题。规划编制中,对旅游业产业链的打造、产业转型升级和跨产业的交叉融合成为重要内容。①

5.2020年以来的空间导向:转型阶段

2019年,国务院出台了《关于建立国土空间规划体系并监督实施的若干意见》,标志着我国的国土空间规划进入了一个崭新的时期。国土空间规划是国家空间发展的根本性指南,也是我国实现可持续发展重要的空间蓝图。②承接国土空间规划的纲领性要求,对旅游规划重新认知和定位,明确其作用边界和作用方式,将其更好地融入"多规融合"和全域"一张图"的框架中,是新时代要求的必然。2021年9月,文化和旅游部印发《关于不再开展旅游规划设计单位资质认定和备案工作的通知》,明确不再开展旅游规划设计单位资质认定和备案工作。旅游规划资质经过20余年的发展,在我国旅游业快速发展阶段的历史使命基本完成,新的发展阶段,新业态、新场景、新客群都在呼吁旅游规划的转型。

新时代下,应从以下几个方面推进旅游规划转型。

一是规划技术转型,强调技术革新和融合应用。通过不断丰富大数据、云计算等旅游规划技术手段,针对旅游空间分析、旅游项目规划等进行技术创新,革新实用性更强的旅游资源评价技术,切实提高旅游规划水平和质量。

二是规划理念转型,强调融合理念和空间思维。树立底线思维,严守生态文明建设和绿色发展等基本原则。基于文旅行政部门事权划分,确定旅游规划的主要任务边界。分类型划定旅游规划空间,厘清旅游规划的边界。

三是规划内容转型,由广而全转变为专而精。在国土空间规划指导下,旅游规划需要更专注于自身能够解决、其他专项规划难以解决的问题,具体解决深化客源市场研究、确定规划重点空间区域、规划旅游项目、安排产业要素和配套设施、明确旅游市场推广策略5个核心问题。③

---

①陆林.旅游规划实践的若干思考[J].旅游学刊,2014(6).
②尹敏.国土空间规划背景下城市旅游规划的定位与转型[J].社会科学家,2021(9).
③龙江智,朱鹤.国土空间规划新时代旅游规划的定位与转型[J].自然资源学报,2020(7).

（二）我国乡村旅游规划的发展历程

1. 萌芽阶段（2000年以前）

1978年，我国开始启动以家庭联产承包制为代表的农村经济改革，农村经济复苏，引发了农村地区大规模农房建设潮。为遏止建房侵占耕地、规范农村建设行为，中央成立了乡村建设管理局，指导和协调全国农村房屋建设工作。1982年，全国第二次农村房屋建设工作会议提出对乡村及周边环境进行综合规划。同年，城乡建设环境保护部成立，并依据中央文件开始组织村镇规划编制工作。至1986年底，全国3.3万个小城镇和280万个村庄编制了以安排农民住宅建设用地为主要内容的初步规划，结束了村镇自发建设的历史，这是我国第一次大规模地开展乡村规划编制工作。随着乡村建设逐步有规可循，乡村规划的理论基础、方法、技术和标准也初现雏形。

为加强村庄、集镇的规划建设管理，1993年国务院颁布了《村庄和集镇规划建设管理条例》，1997年建设部发布《1997村镇建设工作要点》，2000年建设部发布《村镇规划编制办法》，2002年国家环境保护总局与建设部联合印发《小城镇环境规划编制导则（试行）》。这一系列规范性文件的发布，逐步推动我国乡村规划步入法制化轨道。

这一阶段是我国乡村旅游规划的萌芽期。就规划研究和实践领域而言，这一时期的重点集中在城市规划，对乡村规划关注不多。尽管在2000年以前，我国乡村旅游已经步入快速发展阶段，但经营者以自发性、零散性经营的农家乐为主体，编制乡村旅游规划的动力与能力不足。同期的旅游规划多集中在度假区规划和城市旅游规划领域。总体而言，这一阶段，学界和业界对乡村旅游规划的引领与指导作用尚未形成共识，但是对旅游功能在村镇社会经济发展中的作用已有认识。例如，在1988年桂林市阳朔县兴坪镇规划中，研究人员对紧邻热点旅游区的村镇旅游发展规划做了初步思考。①

2. 探索阶段（2000—2005年）

2000年，建设部在总结《中华人民共和国城市规划法》《村庄和集镇规划建设管理条例》实践经验的基础上，按照城乡统筹的思路，起草《中华人民共和国城乡规划法》。2003年，党的十六届三中全会将"统筹城乡发展"摆在国家全面发展战略构想中"五个统筹"的首位，乡村在社会经济发展中的地位有明显提升，从国家到地方各级政府逐渐重视乡村建设工作，乡村地区的规划研究和实践也日益增多。这一阶段，一些经济发达省份开始开展大范围的乡村建设工作，较典型的如浙江省2003年启动的"千村示范、万村整治"工程。

随着乡村旅游产业规模持续壮大，在产业体系中的地位进一步提升，相关部门和乡村旅游发展较早的地区开展了一系列规范标准建设工作。这些规范标准多立足于农业旅游点、农家乐、乡村旅舍等接待点层面，从硬件设施方面引导乡村旅游接待点的建设，并划分不同等级，为游客选择设施服务提供依据。受行业发展阶段特征的影响，同期乡村旅游运营主体、管理部门和规划设计人员对乡村旅游地建设规划的探讨也多从接待点层面开展，尚未形成乡村旅游区域性建设和整体规划的思路，带有典型的探索阶段特征。

---

①粟历艰，孙海林，杨克致，等.兴坪镇规划设想[J].小城镇建设，1988(2).

3. 发展阶段（2006—2011年）

这一阶段，乡村在社会经济发展中的地位进一步提升。2005年，党的十六届五中全会提出"建设社会主义新农村"，同年召开的中央农村工作会议正式提出了"新农村建设"概念。2008年，《中华人民共和国城乡规划法》颁布，乡村建设正式纳入法制体系内。《中华人民共和国城乡规划法》明确了乡规划与村庄规划内容，有力地遏制了各地农村无序建设、违法建设的混乱现象。原建设部调整为住房和城乡建设部后，又颁布了村庄整治工作技术法规方面的国家标准，推动村庄整治工作深入展开。在国家战略调整和乡村规划法规建设的共同推动下，我国乡村规划建设工作走向了一个全新的高潮，新农村规划实践大量开展，乡村规划类型延伸至村庄布点规划、建设规划与整治规划、乡村地区发展规划等方面。①

乡村旅游是新农村建设的重要组成部分。2008年，党的十七届三中全会明确了要加强农村制度建设、积极发展现代农业、加快发展农村公共事业，并提出要根据我国国情因地制宜发展乡村旅游。受政策与市场双重利好影响，这一时期我国各地发展乡村旅游的热情高涨，乡村旅游发展"规划先行"的观念逐步形成，一些重视乡村旅游发展的地方政府积极委托旅游规划资质单位编制乡村旅游规划，乡村旅游规划开始成为旅游规划的常见类型。这个阶段的乡村旅游规划，以村落层面的规划为主，在体例上多遵循《旅游规划通则》的要求，在内容上多聚焦于乡村旅游资源的保护与利用。

4. 丰富阶段（2012—2017年）

美丽乡村建设是这一时期乡村建设的基调和大方向。2012年，党的十八大提出"美丽中国"的概念；2013年，中央一号文件提出建设"美丽乡村"；2015年，中央一号文件表明"中国要美，农村必须美"，同年中央发布《美丽乡村建设指南》；2017年，党的十九大报告提出要走中国特色社会主义乡村振兴道路，美丽乡村建设仍然是国家发展战略的重点。在国家战略的指引下，乡村规划政策理论与实践发展迅速。政策理论方面，2014年第一届全国村镇规划理论与实践研讨会召开，推动了乡村规划地位和影响力的迅速提升。之后，住房和城乡建设部又印发了《村庄规划用地分类指南》《关于改革创新、全面有效推进乡村规划工作的指导意见》等。各地也紧跟宏观政策的要求，出台了大量乡村规划的政策、导则、标准以及规范。规划实践方面，2013年2月，住房和城乡建设部启动了全国村庄规划试点工作；同年3月，又启动美丽宜居小镇、美丽宜居村庄示范工作，并陆续公布了190个美丽宜居小镇、565个美丽宜居村庄，一大批村庄编制了美丽乡村建设规划。其中，不少村庄将乡村旅游纳入规划内容。

这一时期，对传统村落保护发展工作的重视力度明显加强。2012年，中央一号文件中提出"加大力度保护有历史文化价值和民族、地域元素的传统村落和民居"。同年，住房和城乡建设部、文化和旅游部、财政部与国家文物局联合开展传统村落调查，明确了"传统村落"的定义，将其与"古村落"的概念相区分。同年12月，住房和城乡建设部、文化和旅游部、财政部为传统村落建立认定体系，公布了第一批"传统村落"名单，并陆续发布了第二、三、四批传统村落名录，共计4100多个。2012年出台的《关于加

---

① 梅耀林,许珊珊,杨浩.更新理念 重构体系 优化方法——对当前我国乡村规划实践的反思和展望[J].乡村规划建设,2015(2).

强传统村落保护发展工作的指导意见》中,明确要求"各级传统村落必须编制保护发展规划",极大地推动了传统村落规划的编制。

2015年以后,随着精准扶贫工作的深入推进,旅游被各个层面视为乡村地区实现脱贫攻坚的有力抓手。2015年,国家旅游局会同扶贫办组织全国旅游规划资质单位编制了560个建档立卡贫困村的旅游扶贫公益规划。一些旅游资源优势比较突出的贫困村,也在这一时期编制了以旅游扶贫为重心的乡村旅游规划。

综上,在乡村旅游市场蓬勃发展的背景下,加之美丽乡村建设、传统村落保护发展、旅游扶贫的共同推动,这一阶段乡村旅游发展相关的政府投入、社会资本投资和乡民自主创业激情都明显优于前两个阶段,乡村旅游开发中的"规划引导""规划先行"理念深入人心,大量乡村地区编制了各种类型的乡村旅游规划,规划目标与内容也受到上述三个方面的深刻影响,呈现出丰富多元的特征。此外,部分乡村旅游发展较好的地方开始编制区域性的乡村旅游规划。例如,2013年江西省发展改革委和江西省旅游局共同编制了《江西省乡村旅游发展规划(2013—2017)》,乡村旅游规划的类型进一步丰富。

5.高质量发展阶段(2018年以来)

2018年9月,中共中央、国务院印发了《乡村振兴战略规划(2018—2022年)》,要求各地区各部门结合实际认真贯彻落实,乡村振兴成为我国乡村发展的根本战略。乡村振兴战略的实施,一方面推动了乡村规划地位与作用的提升,例如要"推动村庄规划管理全覆盖";另一方面,也对乡村规划提出了新的更高的要求,例如要"强化国土空间规划对各专项规划的指导约束作用"。在乡村振兴战略的实施进程中,乡村旅游被赋予更重要的使命,在推进旅游村落"产业兴旺、生态宜居、乡风文明、治理有效、生活富裕"方面均可有所作为,旅游规划的编制成为乡村旅游开发过程中的必要环节和常规工作。

从乡村旅游所处的产业发展阶段来看,乡村旅游经过一段时间的提质升级,已经由高速增长阶段转向高质量发展阶段,行业管理部门对乡村旅游的引导也凸显了高质量发展的基本期望和要求,这在2022以来各地编制的区域性乡村旅游规划中有鲜明体现,典型的如《广西乡村旅游高质量发展专项规划(2022—2025年)》《安徽省乡村旅游高质量发展行动计划(2022—2024年)》等。市场、属地管理部门、经营主体对乡村旅游地的规划建设水平都提出了更高的要求,简单拼凑、复制粘贴的乡村旅游规划时代早已过去,乡村旅游规划正处于一个国土空间规划指导下的高质量发展新阶段。

第三节　乡村旅游规划的类型

《旅游规划通则》中,旅游规划包括旅游发展规划和旅游区规划两类。结合乡村旅游规划编制的实际需求,本书将乡村旅游区概念性规划也纳入旅游区规划中,并对乡村旅游专项规划进行相应的介绍。

一、乡村旅游发展规划

发展规划是旅游业发展的宏观指导性规划,乡村旅游发展规划是某区域未来一段时间内乡村旅游发展的战略性指导思想。

(一)旅游发展规划的界定、特点与分类

《旅游规划通则》将旅游发展规划界定为:根据旅游业的历史、现状和市场要义的变化所制定的目标体系,以及为实现目标体系在特定的发展条件下对旅游发展的要素所做的安排。

旅游发展规划具有以下特点:第一,它是旅游业发展的宏观指导性规划,是规划区域国民经济和社会发展总体规划的组成部分;第二,它始终以市场需求为导向,以市场需求和资源优势的结合作为项目开发和设计的出发点和指导思想;第三,它一般只提出整体旅游形象、产业发展指标、旅游产品开发的总体布局、旅游中心区域主体功能、重点项目、旅游市场营销、投入产出匡算以及实现发展目标的措施,无须过细的建设技术;第四,它应具有前瞻性和项目成果的适度超前性,以保证旅游业的可持续发展。

按规划范围和政府管理层次,旅游发展规划分为全国旅游发展规划、区域旅游发展规划和地方旅游发展规划。其中,地方旅游发展规划又可分为省级旅游发展规划、地市级旅游发展规划、县级旅游发展规划和乡(镇)级旅游发展规划。

根据规划期限的不同,旅游发展规划可区分为近期发展规划(3~5年)、中期发展规划(5~10年)和远期发展规划(10~20年)。

(二)乡村旅游发展规划的任务与内容

1. 乡村旅游发展规划的主要任务

乡村旅游发展规划的主要任务是明确乡村旅游在区域国民经济和社会发展中的地位与作用,提出乡村旅游发展目标,优化乡村旅游发展的要素结构与空间布局,安排乡村旅游发展优先项目,促进乡村旅游持续、健康、稳定发展。

2. 乡村旅游发展规划的主要内容

根据《旅游规划通则》的要求,乡村旅游发展规划的主要内容如下。

(1)全面分析规划区乡村旅游发展历史与现状、优势与制约因素,以及与相关规划的衔接。

(2)分析规划区乡村旅游客源市场需求总量、地域结构、消费结构及其他结构,预测规划期内客源市场需求总量、地域结构、消费结构及其他结构。

(3)提出规划区乡村旅游主题形象和发展战略。

(4)提出规划区乡村旅游发展目标及其依据。

(5)明确乡村旅游产品开发的方向、特色与主要内容。

(6)提出乡村旅游发展重点项目,对其空间及时序做出安排。

(7)提出要素结构、空间布局及供给要素的原则和办法。

(8)按照可持续发展原则,注重保护和开发利用的关系,提出合理的措施。

(9)提出规划实施的保障措施。

(10)对规划实施的总体投资分析,主要包括旅游设施建设、配套基础设施建设、旅游市场开发、人力资源开发等方面的投入与产出方面的分析。

对于一些中观或宏观性质的乡村旅游发展规划,上述内容中有部分较难体现,如总体投资分析这部分内容,在省级乡村旅游发展规划中,规划期内各地市旅游设施和配套基础设施的投资情况难以形成量化的指导指标。因此,实践中有部分旅游发展规划并不具备完整的十项内容。

(三)乡村旅游发展规划的成果要求

乡村旅游发展规划成果包括规划文本、规划图表及附件。其中,规划图表包括区位分析图、乡村旅游资源分析图、乡村旅游客源市场分析图、乡村旅游发展目标图表、乡村旅游发展规划图等。附件包括规划说明和基础资料等。

二、乡村旅游区规划

乡村旅游区规划是指为了保护、开发、利用和经营管理乡村旅游区,使其发挥多种功能和作用而进行的各项旅游要素的统筹部署和具体安排。乡村旅游区规划按规划层次,分为总体规划、概念性规划、控制性详细规划、修建性详细规划等。不同层次的规划,其任务、内容、编制程序与成果要求不尽相同。

(一)乡村旅游区总体规划

1. 乡村旅游区总体规划的概念

乡村旅游区总体规划是指对一个地域综合体(多为一个法定范围)内乡村旅游系统发展目标进行整体性部署的过程。该规划经相关政府审批后,可作为该区域乡村旅游开发和项目规划的依据。根据《旅游规划通则》的要求,"旅游区在开发、建设之前,原则上应当编制总体规划。小型旅游区可直接编制控制性详细规划"。旅游区总体规划是旅游区详细规划的基础,是从整体角度对旅游区旅游资源进行优化配置,是从发展旅游业的长远角度考虑的旅游产业规划设计。旅游区总体规划的期限一般为10~20年,同时可根据需要,对旅游区的远景发展做出轮廓性的规划安排。对于旅游区近期的发展布局和主要建设项目,亦应做出近期规划,期限一般为3~5年。

2. 乡村旅游区总体规划的任务与内容

乡村旅游区总体规划的任务是分析旅游区客源市场,确定旅游区主题形象,划定旅游区用地范围及空间布局,安排旅游区基础设施建设内容,提出开发措施。

乡村旅游区总体规划的内容包括如下几点。

(1)对旅游区客源市场的需求总量、地域结构、消费结构等进行全面分析与预测。

(2)界定旅游区范围,进行现状调查和分析,对乡村旅游资源进行科学评价。

(3)确定旅游区的性质和主题形象。

(4)规划旅游区的功能分区和土地利用,提出规划期内的旅游容量。

(5)规划旅游区对外交通系统的布局和主要交通设施的规模、位置,规划旅游区内部其他道路系统走向、断面和交叉形式。

(6)规划旅游区景观系统和绿地系统的总体布局。

(7)规划旅游区其他基础设施、服务设施和附属设施的总体布局。

(8)规划旅游区的防灾系统和安全系统的总体布局。

(9)研究并确定旅游区资源的保护范围和保护措施。

(10)规划旅游区的环境卫生系统布局,提出防止和治理污染的措施。

(11)提出旅游区近期建设规划,进行重点项目策划。

(12)提出总体规划的实施步骤、措施和方法,以及规划、建设、运营中的管理意见。

(13)对旅游区开发建设进行总体投资分析。

3.乡村旅游区总体规划的成果要求

乡村旅游区总体规划的成果包括文本、图件和附件。其中,图件包括旅游区区位图、综合现状图、旅游市场分析图、旅游资源评价图、总体规划图、道路交通规划图、功能分区图及其他专业规划图、近期建设规划图等。图纸比例可根据功能需要确定。附件包括规划说明和其他基础资料等。

(二)乡村旅游区概念性规划

1.旅游区概念性规划的概念

旅游区概念性规划是指从城市与区域规划领域引入借鉴概念规划的理念,并与旅游规划结合形成的一种旅游规划模式,是以宏观性、全局性、战略性、前瞻性、创新性、操作性为一体的规划视角,从未来学和发展观的角度,在注重"规划"与"研究"并重的基础上,通过综合、全面分析规划区的背景与发展条件,最终针对规划区的关键问题、特殊思想、特有理念、核心主题、阶段目标与主体战略等内容,在宏观把握、中观引导、微观指导三个层面上,对规划区在结构上、整体上的未来旅游业发展的战略构思谋划。概念性旅游规划在结合规划地各项规划以及旅游总体规划的前提下,通过综合分析规划的资源、环境、市场、社会等层面的优劣势基础要素,以一种超前的眼光、创造性的思维,对规划区旅游业发展模式、发展方向、发展战略、发展目标、市场定位以及总体布局与功能分区进行整体把握,为规划区旅游发展提供创新性、纲领性、概念性的指导。

刘德谦是国内最早提出"概念性旅游规划"这一概念的学者,他强调概念性旅游规划的标志应该是在"旅游"概念的统领下,把握地域和时代的特点,努力实现"四高""四宽"原则,包括:规划理念和总体构想更具充分的前瞻性;理论基础和规划手段更重科学的探索性;运行机制和结构组成更富有机的关联性;资源配置和因素聚集更需整合的一致性;中心概念对当前现实,允许留有相当的距离间隔度;布局安排对土地环境,允许留有一定的可变适应度;规划本身对实施细节的非约束性;规划本身对时段限定的可模糊性。概念性旅游规划解决了区域或景区规划前期战略层面的发展思路问题,是一个软规划,为后期规划提供了一个很好的框架,能弥补当前规划中战略策划的不足。①

---

①范业正,胡清平.中国旅游规划发展历程与研究进展[J].旅游学刊,2003(6).

2. 旅游区概念性规划的特点、功能与内容

旅游区概念性规划具备以下特点：①区域政策的战略指导性；②区域市场、资源、主题、目标的研究性；③理论支撑与技术路线的创新性；④框架构架、方案设计的整体方向性；⑤实施与管理的灵活性。

旅游区概念性规划的功能主要包括：①具有对旅游发展规划、旅游总体规划、旅游详细规划方向性指导的功能；②具有对旅游区未来发展主题、项目设置、产品设计、实施管理等的战略引导功能；③具有对旅游区发展总体方向、整体布局的导向功能。

旅游区概念性规划的内容一般应涵盖：①旅游区大背景大环境的研究；②旅游区发展的关键性问题诊断；③旅游区发展现状识别；④旅游区规划的总体方案及初步设计；⑤旅游区发展的战略选择；⑥旅游区发展的实施与管理。

根据旅游区概念性规划的内容，这类型规划在编制时一般遵循以下技术路线：旅游地大背景大环境研究→旅游地发展现状及条件识别→旅游地发展关键性问题诊断→旅游地发展战略分析→旅游地总体方案设计（包括发展目标、主题设计、形象设计、项目设计、产品设计、游览线路设计、景观节点设计等）→旅游地发展实施管理方案策划。

（三）乡村旅游区控制性详细规划

在旅游区总体规划的指导下，为了近期建设的需要，可编制旅游区控制性详细规划。控制性详细规划属于详细规划，侧重于技术经济指标体系的控制，是对旅游区地块性质、开发强度和综合环境提出规划控制要求，以指导地块的建设。控制性详细规划的落脚点是一套指标控制体系。

1. 旅游区控制性详细规划的任务与主要内容

旅游区控制性详细规划的任务是：以总体规划为依据，详细规定区内建设用地的各项控制指标和其他规划管理要求，为区内一切开发建设活动提供指导。

旅游区控制性详细规划的主要内容包括如下几点。

（1）详细划定所规划范围内各类不同性质用地的界线，规定各类用地内适建、不适建或者有条件地允许建设的建筑类型。

（2）分地块规定建筑高度、建筑密度、容积率、绿地率等控制指标，并根据各类用地的性质增加其他必要的控制指标。

（3）规定交通出入口方位、停车泊位、建筑后退红线、建筑间距等要求。

（4）提出对各地块的建筑体量、尺度、色彩、风格等要求。

（5）确定各级道路的红线位置、控制点坐标和标高。

2. 旅游区控制性详细规划的成果要求

根据《旅游规划通则》，旅游区控制性详细规划的成果主要包括如下内容。

（1）规划文本，即一份以规划控制指标体系为核心的，包括规划范围内土地使用及建筑管理规划规定的、经批准后具有法律效力的法规文件。

（2）附件，包括规划说明及基础资料。

（3）图件，包括旅游区综合现状图、各地块的控制性详细规划图、各项工程管线规划图等。图纸比例一般为1:1000—1:20000，规划图纸与规划文本具有同等的法律

效力。

(四) 乡村旅游区修建性详细规划

对于旅游区当前要建设的地段,应编制修建性详细规划。修建性详细规划侧重于在某一局部地区或地块内,在规划指标指导下,对该地区或地块的建设方案提出详细的布局和配套方案。修建性详细规划的落脚点在以指标控制为前提的平面布局规划上。

1.旅游区修建性详细规划的任务与主要内容

旅游区修建性详细规划的任务是:在总体规划或控制性详细规划的基础上进一步深化和细化,用以指导各项建筑和工程设施的设计和施工。

旅游区修建性详细规划的主要内容包括:①综合现状与建设条件分析;②用地布局;③景观系统规划设计;④道路交通系统规划设计;⑤绿地系统规划设计;⑥旅游服务设施及附属设施系统规划设计;⑦工程管线系统规划设计;⑧竖向规划设计;⑨环境保护和环境卫生系统规划设计。

2.旅游区修建性详细规划的成果要求

旅游区控制性详细规划的成果包括规划设计说明书和图件。其中,图件包括综合现状图、修建性详细规划总图、道路及绿地系统规划设计图、工程管网综合规划设计图、竖向规划设计图、鸟瞰或透视效果图等。图纸比例一般为1:500—1:2000。

三、乡村旅游专项规划

旅游区可根据实际需要编制项目开发规划、旅游线路规划和旅游地建设规划、旅游营销规划、旅游区保护规划等功能性专项规划。乡村旅游规划实践中,较为典型的专项规划包括以下几个类型。

(一) 乡村旅游线路规划

乡村旅游线路规划是围绕乡村旅游目标市场需求,对区域内的旅游资源(或景点)、旅游设施、旅游服务和旅游时间等基本要素所做的安排。大部分乡村旅游规划会将线路规划纳入规划内容进行部署,但也有部分地区编制有专项的乡村旅游线路规划。

(二) 乡村旅游景观规划

乡村旅游景观是指在乡村地域内由自然景观要素、乡土人文要素、非物质文化要素所构成的具有乡村特色的综合性景观。①乡村旅游景观规划是围绕规划区综合性景观功能对景观进行优化与提升的一类专项规划。

---

①郭元棣."山水林田湖草生命共同体"理念下的乡村旅游景观规划[D].泰安:山东农业大学,2022.

(三)乡村旅游政策性规划

乡村旅游政策性规划,是指在不同的国家和区域政策背景下,为指导乡村旅游发展能够更好地落实相关政策、实现特定发展目标而编制的规划,具体包括旅游扶贫规划、乡村一二三产融合规划、乡村振兴规划等。

(四)乡村旅游业态专项规划

乡村旅游业态专项规划,是指根据规划区域发展需要编制的某一项或多项乡村旅游业态的专项规划,如乡村旅游民宿专项规划。这类规划属于乡村旅游与细分行业规划的结合,在实践中较少出现。

本章小结

乡村旅游是指发生在乡村空间范围内,以具有乡村性的自然、人文景观为吸引物,吸引旅游者前往开展旅游活动,并为其提供旅游服务的一种旅游方式,具有旅游资源的多样性、核心吸引物的乡村性、旅游产品的文化性、旅游活动的参与性4个主要特征。我国现代乡村旅游的发展经历了萌芽阶段、快速发展阶段、全面发展阶段、提质升级阶段4个阶段。

乡村旅游规划是根据某一区域内乡村旅游发展的基础和市场要素变化制定目标体系,围绕保护、开发和利用乡村旅游资源,以实现其社会、生态、经济效益所做出的统筹部署和安排。乡村旅游规划是一个动态过程,要兼顾科学性与可操作性,统筹多元目标的实现和多元主体的发展需要。在我国旅游规划40余年的发展历程中,乡村旅游规划出现较晚,其发展大致可分为萌芽阶段、探索阶段、发展阶段、丰富阶段和高质量发展阶段这5个阶段。

根据乡村旅游规划的目标、任务与内容,乡村旅游规划可以划分为乡村旅游发展规划、乡村旅游区规划、乡村旅游专项规划3种类型。常见的乡村旅游区规划包括旅游区总体规划、旅游区概念性规划、旅游区控制性详细规划、旅游区修建性详细规划4类。乡村旅游专项规划的形式较为灵活,常见的有乡村旅游线路规划、乡村旅游景观规划、乡村旅游政策性规划与乡村旅游业态专项规划几类。

复习思考题

根据小组负责区域/村落乡村旅游发展的情况,判断该区域/村落当前需要编制哪些类型的乡村旅游规划,并说明理由。

第二章
乡村旅游规划编制程序

学习目标
1. 了解乡村旅游规划编制的基本程序；
2. 了解乡村旅游规划编制准备阶段、编制阶段、评审阶段规划团队的工作内容和应提交的阶段性成果。

重点难点
1. 规划编制工作方案的编写；
2. 不同规划类型乡村旅游规划编制协议书的内容；
3. 乡村旅游规划项目的招标程序。

对于旅游规划的编制程序，学界有较多的研究，并提出了多种观点。根据《旅游规划通则》（GB/T 18971—2003）中对旅游规划程序的描述，可将旅游规划分为任务确定阶段、前期准备阶段、规划编制阶段、征求意见阶段4个阶段。世界旅游组织则将旅游规划编制程序分为6个步骤，分别为研究准备、目标确定、实地调查、分析和综合、政策与规划的形成、实施与调整。全华等（2003）把旅游规划全过程划分为立项、选定规划编制者（招标）、组建规划机构、编制规划工作计划、实地考察与调研、编制规划纲要成果、编制规划初稿与图件及其汇报（中期汇报）、提交终审稿与图件资料、评审9个阶段。严国泰（2006）把旅游规划程序划分为选择规划单位、明确规划任务、签订规划合同、评审规划成果、报批规划成果5个步骤。陆林（2014）把旅游规划工作流程分为规划准备阶段、方案编制阶段、规划优选与实施阶段、规划成果保障阶段4个阶段。尽管各种旅游规划编制的程序有较大的差异，有的形成9个阶段，有的只有5个步骤，但是综合比较，我们发现其编制程序大同小异，所包含内容大致相同，其差异主要体现在步骤的繁简上面。综合以上各种旅游规划的编制程序，旅游规划一般应遵循的程序如图2.1所示。

乡村旅游规划编制程序与其他类旅游规划编制的程序基本相同，即主要可分解为规划项目立项、选择编制单位、组建规划编制组、制定工作计划、资料收集与实地调研、编制规划初稿、规划修改及审议、编制规划终稿、规划评审及修订等环节。本章将从规划编制的前期工作、规划编制阶段、规划沟通与评审这三个方面对乡村旅游规划的编制程序做一个简要的说明。

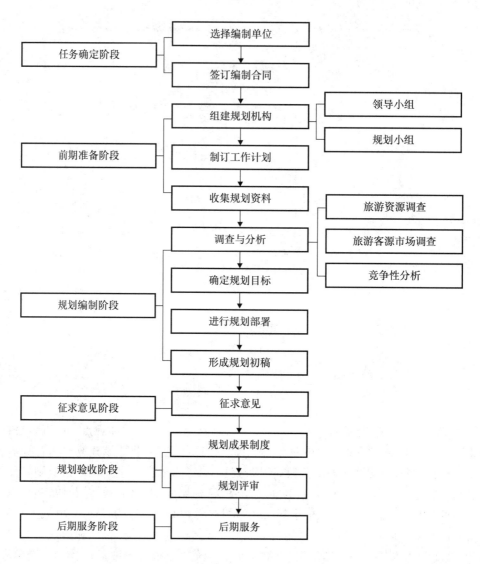

图 2.1　旅游规划编制程序示意图

第一节　规划准备阶段

一、乡村旅游规划项目来源

目前,从乡村旅游规划设计项目的来源情况来看,主要有政府主导型项目和企业主导型项目两类。

(一)政府主导型项目

政府主导型项目,即政府作为乡村旅游规划设计委托方的项目。政府主导型项目的特点体现在以下几个方面:一是项目更为关注从政府行业管理职能进行乡村旅游产业发展指导的顶层设计;二是项目要求有明确的乡村旅游发展定位和目标,能够对区域乡村旅游发展提供指导;三是项目要求成果项目和产品体系明晰,能够为政府的下一步工作提供强有力的指导;四是项目要求成果规范,能够满足上报审批的要求。

因此,政府主导型项目对于旅游规划设计机构的机构品牌、资质级别、团队构成、项目经验有较高要求;对规划设计成果的内容要求有较高的规范性、创新性、前瞻性、灵活性、实现性,以便可以实现项目的委托和落地,同时对于项目成果按照约定时间提交有较高的期望。

政府主导型的乡村旅游规划项目一般包括省、市、县(区)、乡(镇)、村等级别的乡村旅游发展规划、乡村旅游专项规划、A级乡村旅游点提升规划、田园综合体专项规划等,其规划内容偏向于宏观层面。

(二)企业主导型项目

企业主导型项目,即企业作为规划设计委托方的项目。企业主导型项目的特点体现在以下几个方面:一是项目的目的明确;二是项目要求具有很高的时效性;三是较为关注真实的投入产出分析;四是要求项目成果具有较强的可操作性。

因此,企业主导型项目对于旅游规划设计机构的品牌知名度、性价比以及团队的专业性有较高要求。与政府主导型项目相比,企业主导型项目对机构旅游规划设计的资质等级关注不多,但是较为关注机构的类似项目经验。同时,企业主导型项目对规划设计成果的规范性要求不高,但在灵活性以及项目的可操作性方面有较高要求。

企业主导型的乡村旅游规划项目主要落实在一个比较具体的区域,区域面积相对较小,其规划内容偏向于微观层面,主要包括乡村旅游专项规划、A级乡村旅游点提升规划等。

二、项目编制单位选取

乡村旅游规划设计的委托形式是旅游规划设计需求方运用各种手段确定旅游规划设计机构的方式,是在综合了编制规划的具体要求、项目时效性的要求和成本控制等综合因素后项目委托方进行的最优选择。一般来说,乡村旅游规划设计项目的委托形式包括公开招标和非公开招标。其中,非公开招标的委托形式又包括直接委托、竞争性谈判等。

(一)公开招标

1.公开招标的性质

招标是在一定范围内公开货物、工程或服务采购的条件和要求,邀请众多投标人参加投标,并按照规定程序从中选择交易对象的一种市场交易行为。乡村旅游规划设计项目的公开招标是乡村旅游规划设计委托方委托招标机构或自行对项目进行的有限制条件的乙方甄选行为,参与招标的旅游规划机构要提供符合要求的竞标方案,甲方以竞标方案作为优劣评定的最终依据。近年来,随着旅游规划行业的规范和系统发展,公开招标正成为旅游规划项目委托的主要形式。公开招标使规划设计委托方能够在较短时间内得到相对较优的成果,但多数公开招标项目还要求甲方为未中标单位提供竞标补偿,使得规划设计项目委托的时间和费用成本较高。

2.公开招标的程序

旅游规划设计委托方对项目进行公开招标的工作程序一般分为以下几个阶段:招标准备阶段、开标评标阶段、决标签约阶段等。招标程序如图2.2所示。当然,图示的招标程序是指一个完整的工作过程,实际上对于大多数中小型规划项目招标而言,并不需要经过每一个步骤。但对于复杂的规划项目招标,可能会因为实际情况而增减一些程序。

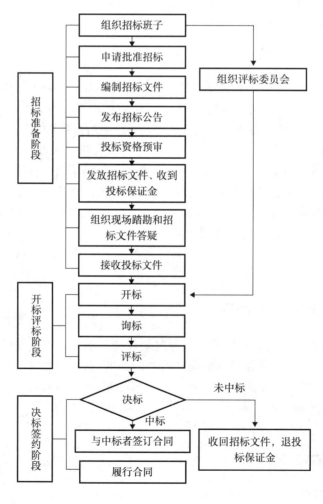

图2.2 招标程序

1)招标准备阶段

招标准备阶段一般是由规划项目发标方或由其委托的专业监理单位、咨询单位承担的。它通常包括组织招标班子、申请批准招标、编制招标文件、发布招标公告,同时组织评标委员会。当然,后一项工作也可以在开标评标前进行。

2)投标准备阶段

这一阶段主要针对投标方,即旅游规划方而言。在该阶段,投标方的主要目的是在投标资格基础上,编制出投标书以供评标议标。这一阶段主要包括投标资格预审、根据招标书里的条件编制投标书以及准备相应的资料、投递标书及投标保证金。

3)开标评标阶段

招标方或招标监理方在收到投标方投递的投标书后,组织评标委员会进行开标和评标,通常会组织一个小型的会议,视投标单位数量而定。会议上,由投标方对标书进行陈述和解释,然后评标委员会专家对各投标单位进行评标。

4)决标签约阶段

对所有投标单位进行评标工作后,由评标委员会针对各投标单位的标书、投标方的陈述、条件等进行综合评定,根据一定的选择标准评定中标单位,并与之就进一步的合同签订进行再次磋商。对于未中标单位,则应退还其投标保证金。

3. 招标文件的组成和编制

招标文件是标明规划项目范围、质量、要求和招投标双方责权关系的书面文件。招标文件一般包括招标邀请书、投标人须知、合同条款、技术规范、投标书和投标保证书、规划项目资料、补充材料、协议书、履约保证书等。

投标人须知包括项目概况、投标单位的资格要求、时间安排及相应的规划、投标书的编制要求、开标时间、评标与定标的基本原则等。

合同条款主要包括:①基本条款,包括当事人的权利与义务、承接方式、合同语言、通知、保密等;②主要条款,包括有关的规划任务、内容、任务变更、支付和结算、规划要求等;③保证条款,包括有关的保证金、延误罚款等;④法律条款,包括有关合同的生效和终止、合同的变更与中止、合同的废除、不可抗拒因素确定等;⑤其他条款。

(二)非公开招标

1. 直接委托

1)直接委托的性质

直接委托是规划设计委托方对旅游规划设计项目进行的单一定向委托。一般来说,下列情况规划设计委托方可采用直接委托方式确定旅游规划设计项目的被委托方:一是项目时间紧,要求短期内确定被委托方或者因为多种原因不能进行招标的项目;二是项目委托方充分了解相关规划设计机构的业务内容及其优劣势,如双方之前有过较为顺利的合作。因此,直接委托具有减少招标时间和节省项目操作成本的优势,但是在对旅游规划设计机构没有充分了解、认识和对比的情况下,委托方是很难做出最优选择的。

2)直接委托的程序

(1)委托方编制计划,确认可以进行直接委托。

(2)机构甄别。选定一批符合项目成果编制条件的机构,通过行业口碑、网站分析、第三方推荐、实地考察交流等方式,全面评估旅游规划设计机构的业务能力,最终选定被委托方。

(3)依据相关程序确定委托编制机构,委托方与被委托方签订合同。

(4)进入合同履行阶段,开始项目的编制。

3)直接委托项目的获得

旅游规划设计机构能够获得直接委托项目,主要是基于机构品牌及知名度、与甲方有深入沟通和了解、行业垄断性以及其他(如个人偏好、价格优势、情感因素等)方面的原因。一般来说,直接委托方式对旅游规划设计机构来说是最为节约成本的项目来源。因此,旅游规划设计机构必须十分重视直接委托类项目的获得。总结来说,针对旅游规划设计委托方直接委托的项目,需要规划设计机构重点做好市场宣传,并与委托方保持长期的沟通。其中,市场宣传既包括旅游规划设计机构通过各类媒体提高自身市场知名度和影响力,也包括旅游规划设计机构的市场拓展人员针对潜在客户的上门宣传服务和针对委托方的长期沟通。

2. 竞争性谈判

1)竞争性谈判的性质

竞争性谈判是指旅游规划设计委托方或者委托代理机构直接邀请三家以上供应商就采购事宜进行竞争性谈判的方式。竞争性谈判的特点体现在以下几个方面:一是可以缩短规划设计项目的准备期,有利于推进规划设计成果的编制进度;二是减少工作量,相对于公开招标省去了大量的开标、投标等程序性工作,有利于提高工作效率;三是通过供求双方长期的沟通交流,使得项目委托方能够更准确地判断参与竞争性谈判的旅游规划设计机构的优劣势,保证委托方确定最合适的被委托方;四是委托方除了获得被委托方的规划设计成果,还能参考吸纳其他未获通过的设计机构的工作成果,有利于编制出高水平的规划设计成果。因此,与直接委托方式相比,此种方式能够获得较优的成果,同时又比公开招标节省时间,所以这种方式受到越来越多项目委托方的青睐。竞争性谈判的缺点体现在以下两个方面:第一,规划设计项目编制费用不高,可能出现参与竞争性谈判的单位数量较少,难以获得理想效果;第二,编制费用较高的项目为尽可能地甄别出最理想的规划设计机构,则需要为参加竞争性谈判的机构每一阶段的成果付费,因此成本较高,适合规划设计资金较为充裕的项目。

2)竞争性谈判的程序

(1)委托方编制计划,选定参与竞争性谈判的机构。

(2)组织竞争性谈判,一般分阶段进行竞争性谈判,参与竞争的机构根据每一阶段相关要求完成成果,由委托方组织对成果进行评选,实施末位淘汰制,剩下的机构进入下一阶段,最终遴选出一家作为被委托方。

(3)确定的被委托方与委托方签订合同,并进入项目成果正式编制阶段。

3)竞争性谈判项目的获得

对于旅游规划设计机构而言,参与竞争性谈判相对于参与公开招标风险较小,且采用竞争性谈判方式委托的旅游规划设计项目日益增多,必须充分重视。总体来说,旅游规划设计机构针对委托方采用竞争性谈判进行委托的项目应注意四个方面的问题:一是竞争性谈判要求参与的旅游规划设计机构有一定的品牌知名度和市场影响力;二是要求旅游规划设计机构具有较高的专业能力与服务意识,配合委托方完成各类相关工作;三是委托方对机构在竞争性谈判期间编制的成果要求较高,要求既保证成果质量,又节省时间;四是除了竞争性谈判期间要求的成果内容外,旅游规划设计机构更需要表现出机构在规划设计成果落地性和可操作性方面的能力,以便委托方能够快速启动下一阶段工作。

3. 其他

旅游规划设计项目的委托以筛选出最符合条件的旅游规划机构为最终目标。因此,在实际操作过程中,委托方可以根据需要采用灵活的委托形式,非公开招标类的委托形式除了直接委托和竞争性谈判外,还包括联合竞标、服务外包等。

案例2.1 ××市乡村旅游规划及精品线路设计项目竞争性磋商公告

××机电设备招标有限公司受××市旅游局的委托,对××市乡村旅游规划及精品线路设计进行公开招标采购,欢迎符合资格条件的供应商投标。

一、采购项目编号:442000-20××04-×××-××××。

二、采购项目名称:××市乡村旅游规划及精品线路设计。

三、采购项目预算金额(元):××。

四、采购数量:1项。

五、采购项目内容及需求:(采购项目技术规格、参数及要求,需要落实的政府采购政策)

1. 项目内容:××市乡村旅游规划及精品线路设计。

2. 简要技术要求或招标项目的性质:详见招标文件"用户需求书"的采购项目内容。

3. 本项目不接受备选方案,每家供应商只允许以一个投标方案参与投标。

4. 供应商购买招标文件需提供以下资料(加盖公章):①在"××市公共资源交易平台"报名成功的网页截图;②有效营业执照复印件;③《旅游规划设计资质证书》乙级或以上证书复印件;④授权报名代表身份证复印件,符合供应商资格要求的投标人即可购买招标文件(购买招标文件的单位,均被视为已充分理解本公告的有关要求,采购人及采购代理均无责任承担其是否符合供应商资格条件而引起的一切后果)。

六、供应商资格:

1. 供应商须符合《中华人民共和国政府采购法》第二十二条的要求。

2. 供应商须为在中华人民共和国境内注册的法人或其他组织,独立于采购人及采购代理机构。

3. 供应商须具有有效的《旅游规划设计资质证书》乙级或以上等级(提供复印件加盖公章)。

4. 供应商须提供近三年内(成立不足三年的可从成立之日起算)无行贿犯罪记录,

由供应商营业执照住所地或业务发生地人民检察院出具《行贿犯罪档案查询告知函》的原件,原件装订在投标正本(复印件无效),开具日期须在本招标公告发布之后。

5.采购人或采购代理查询供应商信用记录,查询截止时点为提交投标文件之日,由采购人或采购代理机构通过"信用中国"网站(http://www.creditchina.gov.cn)及中国政府采购网(http://www.ccgp.gov.cn)等渠道查询相关供应商近三年信用记录,将查询的供应商信用记录(网页截图)提供给评审现场;被人民法院列入失信被执行人、重大税收违法案件当事人名单、政府采购严重违法失信行为记录名单及其他不符合《中华人民共和国政府采购法》第二十二条规定条件的供应商禁止参加政府采购活动(处罚期限届满的除外)。

6.本项目不接受联合体投标。

7.供应商须在××市公共资源交易中心网上成功报名的。

8.符合资格的供应商应当在20××年8月1日8:30至20××年8月7日17:30期间进行网上报名。(招标文件电子文档自行下载)

(1)本项目采用网上报名的方式。供应商须先在××市公共资源交易网(http://p.zsjyzx.gov.cn/port/)上注册登记后,才能参与本项目的投标。(具体操作方法见招标文件"温馨提示")

(2)已注册登记的供应商应当在采购公告规定时间内,登录"政府采购交易系统"完成网上报名,上传投标文件和确认投标等操作。(具体操作方法见招标文件"温馨提示")

9.符合资格的供应商应在20××年8月1日8:30分至20××年8月16日18:00期间缴纳投标保证金,并成功到达指定账户,投标保证金×万元(×万元整)。投标保证金账号由供应商通过交易系统申请,按照缴款通知书上内容通过转账方式缴纳,缴纳投标保证金的账号要求已在××市公共资源交易平台上注册登记并审核通过。(具体操作方法见招标文件"温馨提示")

七、符合资格的供应商应当在20××年8月1日至20××年8月7日(上午09:00至12:00,下午14:30至17:30,法定节假日除外,不少于5个工作日)到××省机电设备招标有限公司(详细地址:××市××道××号××中心708室)购买招标文件,招标文件每套售价××元(人民币),售后不退。

八、投标截止时间:20××年8月21日15:00。

九、提交投标文件地点:××市公共资源交易中心(××市××路××号行政服务中心二楼D区,详见开标当天开标室安排)。

十、开标时间:20××年8月21日15:00。

十一、开标地点:××市公共资源交易中心(××市××路××号行政服务中心二楼D区,详见开标当天开标室安排)。

十二、本公告期限(5个工作日)自20××年8月1日至20××年8月7日止。

(案例来源:中国政府采购网 http://www.ccgp.gov.cn/cggg/dfgg/gkzb/201707/t20170731_8608450.htm。)

(三)签订项目合同

合同是旅游规划设计项目双方之间设立、变更、终止民事关系的协议。一般来说，旅游规划设计书面合同的内容包括项目概况、规划成果及内容、工作时间及进度安排、规划费用及付款方式、权责及纠纷的解决办法等方面的内容。

1. 项目概况

项目概况具体内容包括项目名称、项目地址、规划范围、规划期限等项目的基本情况概述。

2. 规划成果及内容

一般来说，在签订的书面合同内，应尽量详细地规定旅游规划设计成果内容、深度以及成果形式，以防止委托方与被委托方在执行合同过程中出现各类纠纷和问题。

3. 工作时间及进度安排

旅游规划设计的工作时间除了规定规划设计机构完成相关成果的时间外，为保证旅游规划设计项目的质量，合同中的工作时间还应该详细规定规划设计团队在某方面的工作时间，如规定规划编制团队在现场工作时间不低于多少天等。同时，规划设计机构在签订合同时，也应该考虑规划编制团队其他相关工作任务安排，合理安排工作时间，切忌为获得项目而刻意在合同中缩短工作时间。

进度安排是指根据实际情况而规定的旅游规划设计进展的时间节点。合理的进度安排应考虑规划设计内容及工作量、编制团队时间安排、委托方的需求及其工作时间安排等方面的因素，以便委托方与被委托方能够进行良好的配合与协作。

4. 规划费用及付款方式

规划设计费用是合同内容的核心。一般来说，规划设计项目计费标准包括按照规划设计面积、内容、深度、工作时间等方式进行计费。付款方式主要包括对付款时间、额度的规定。值得注意的是，规划设计机构为保证相关费用能够按时收回，在合同的付款方式中，付款时间及额度是与规划设计项目工作进度安排紧密联系的。如完成某一阶段成果之前或之后规定时间内，委托方必须按照合同付款等。

5. 权责及纠纷的解决办法

甲乙双方在项目操作过程中的责任和义务及纠纷的解决办法，包括知识产权、争议解决、保密条款、违约处理办法、合同变更和解除等。

三、任务确定与实地调研

(一)任务确定阶段

对于规划设计机构来说，任何乡村旅游规划设计项目编制工作的第一步都是针对规划设计项目的工作内容，确定承担相关工作的编制团队，并配备合理规划设计编制人员。其中，最为重要的是确定规划设计项目的项目负责人，由项目负责人牵头组建编制团队。在编制团队的人员构成方面，除了规划设计机构内部员工，根据规划设计项目的特点，还应该考虑组织机构外部的相关专家进入编制团队。

补充资料

××市乡村旅游规划编制协议书

(二)召开项目启动会

由规划设计项目负责人组织项目编制团队召开项目启动会,主要有以下几点内容:一是与编制团队交流沟通项目背景,明确本次规划设计项目的目标和重点;二是通报本次规划设计编制的相关费用和合同要求;三是项目编制团队成员就规划设计项目的相关疑问和问题进行初步讨论,并形成工作计划和技术方案;四是通过项目启动会确定工作计划后,确定每个项目成员的具体职责和工作任务安排。

(三)资料收集阶段

为了更好地、更有针对性地进行旅游规划设计项目现场踏勘,在此之前,必须进行必要的资料收集工作。一般来说,项目负责人要根据规划任务书委托和规范要求,结合项目实际,编写基础资料收集提纲。按照资料收集提纲,规划设计编制团队通过文献研究、媒体资料研究(如报纸、网络等)、专家访谈等方式广泛深入收集社会经济背景、旅游业发展现状与市场信息、相关规划等方面的资料。

为了较好地初步明确基础资料实地调查、考察工作的目标、重点、步骤、方法以及调查人员的构成等问题,有必要在进入旅游规划区着手实地调查、考察前阅读一些与旅游规划区地方文脉有关的文献资料,大概地了解旅游规划区地方文脉的一些情况;同时,还有必要阅读一些有关旅游规划区可能要开发的旅游项目的文献资料,粗线条地形成一个旅游规划区旅游项目开发的思路。

旅游规划编制承担方在进入旅游规划区进行实地调查、考察前应向旅游规划编制委托方索取部分文献资料,这样不仅便于拟定基础资料实地调查、考察工作计划,较快地展开实地调查、考察工作,还可以节省实地调查、考察的时间。

一般来说,旅游规划编制承担方在进行实地调查、考察前,可列出以下几个方面的基础资料清单交给旅游规划编制委托方,并请求旅游规划编制委托方尽快提供这些资料。

(1)旅游规划区所在行政区域国民经济与社会发展规划。
(2)旅游规划区所在行政区域近5年内各年度的统计年鉴。
(3)旅游规划区所在行政区域近期建设项目。
(4)旅游规划区所在行政区域工业、农业、交通、商业、文化产业等相关产业发展规划。
(5)旅游规划区所在行政区域城镇建设规划。
(6)旅游规划区所在行政区域及其上一级行政区域旅游业发展规划。
(7)旅游规划区所在行政区域国土规划、土地利用规划资料及其他上位规划。
(8)旅游规划区所在行政区域的地方志。
(9)旅游规划区所在行政区域地形图、行政区划图、交通网等。
(10)旅游规划区所在行政区域文物保护规划资料。

（四）实地调研阶段

实地调研阶段是应用实地调查的方法对规划范围进行实地考察和分析的过程，现场考察主要包括规划区现场考察和其他区域考察。

1. 规划区现场考察

规划区现场考察的任务是通过考察，使规划设计团队能够对规划设计区域内的旅游发展背景、旅游资源状况、场地条件和相关问题有深入、客观的认识和理解，以期更好地完成下一阶段旅游规划设计编制工作。规划区现场考察是旅游规划设计项目编制重要的工作之一，在规划现场考察中要做好以下几方面的工作。

（1）旅游规划设计项目负责人应提前做好前期准备阶段工作计划，安排好每位编制团队成员的现场工作任务。

（2）为保证现场考察效果，项目负责人应在每天的考察任务结束后召开现场考察总结会。讨论每位编制团队成员的当日现场考察心得与项目思路，并安排专人记录。

（3）地域型乡村旅游发展规划还应与当地政府相关部门召开座谈会，包括规划、国土、发改、环保、城市建设管理等部门，交流讨论各相关部门对本次旅游规划设计的意见和建议。

（4）与当地居民及利益相关者进行交流，了解他们对本次旅游规划设计的看法，既有利于规划设计者更好地了解规划区的背景条件，同时也有利于规划设计者的规划成果能够对利益相关者进行合理安排，从而使得规划设计更具落地性。

（5）旅游规划设计项目负责人要安排专人撰写考察报告。

（6）根据实际情况，旅游规划设计团队可能需要进行多次现场考察。

2. 其他区域考察

除了规划区的现场考察外，旅游规划设计团队还需要对其他相关区域进行考察，以便更好地指导本次旅游规划设计工作。对其他相关区域考察的重点是研究与规划区的竞争与合作关系。

第二节 规划编制阶段

规划编制阶段是乡村旅游规划设计项目开展的核心和重点。一般来说，一个乡村旅游规划设计项目的编制包括规划大纲编制、初稿编制、中期稿编制和评审稿编制。

一、规划大纲编制阶段

规划编制团队在实地调研和基础资料收集整理后，接下来就要着手规划大纲编制。乡村旅游规划大纲便是要确定该规划的主要内容，包括规划详细目录、规划主要内容、规划重点等。大纲是面向规划操作的，在大型旅游规划中，旅游规划大纲甚至要经过委托方的评审过程。旅游规划大纲代表了旅游规划成果的纲要性内容，这与委托方的要求、规划方对旅游规划的理解、规划地旅游发展的实际需要有关,而并非一成不变。

二、初稿编制阶段

(一)主要任务

初稿是在前期材料准备、现场踏勘的基础上,通过各种规划设计方法,对本次规划设计任务的思路性成果。一般来说,旅游规划设计初稿成果包括本次规划设计的目标、原则、战略思路等内容。初稿不要求成果的完整性,但要求成果有准确的定位、明确的目标、合理的战略、明晰的重点和切实可行的工作安排。初稿是一个旅游规划设计项目的引领性成果,初稿成果如果能较好地完成,把握好工作方向,会对下一步工作起到事半功倍的作用。反之,如果初稿成果质量较差,没有很好地解决相关问题,将会对下一阶段工作造成较大的阻碍。因此,旅游规划设计编制团队需要高度重视初稿工作,应尽可能高质量地完成初稿工作。一般来说,为了达到初稿的预期效果,旅游规划设计被委托方可能需要对初稿成果进行多次修改和调整,并及时向委托方汇报,与委托方进行交流,以便最大限度地保证初稿完成。

(二)工作程序

1. 首次头脑风暴会

在完成现场踏勘调研的基础上,项目负责人应尽快组织规划设计编制团队人员召开首次头脑风暴会,就本次规划设计项目在资料分析、现场踏勘后各成员对于项目的想法等方面进行讨论,并针对本阶段出现的新问题和新要求,对编制团队的人员和工作任务进行新的调整。

2. 成果编制

成果编制阶段,规划编制团队开始正式进行旅游规划设计项目编制案头工作。为保证工作质量和效率,编制团队人员应集中时间尽快完成相关工作,并由项目负责人负责每一阶段的成果统稿,并组织编制团队进行多次头脑风暴会,就编制团队人员各自的最新成果内容进行讨论修改。在本阶段工作时,项目负责人除了需要准确把握规划设计成果编制的工作方向和重点,还应该通过各种方法,使规划编制团队团结一致,并各负其责、保质保量地完成工作任务。

3. 专家咨询会

在规划编制团队完成初稿成果后,需要及时召开专家咨询会就初稿成果听取各方面建设性、指导性甚至是批评性意见。①通过专家咨询会,一方面,解决编制团队在本次规划设计成果内容中团队成员无法解决的问题(或疑问);另一方面,专家咨询会也是一次很好的预评审和预汇报,可以借专家咨询会进行一次规划设计成果的第三方评估,以便更好地推进规划设计项目。因此,编制团队要高度重视专家咨询会,在召开咨询会之前,应该对需要专家讨论的内容进行系统梳理,以便高效地召开咨询会。

---

① 林振华.旅游规划项目管理[J].中南林业调查规划,2003(4).

4.初稿汇报

根据专家咨询会的合理意见和建议,编制团队对旅游规划设计初稿成果进行再一轮的调整和修改,并积极联系旅游规划设计委托方召开初稿汇报会。初稿汇报会一般由项目委托方组织召开,参加人员包括项目委托方的主要决策人员和编制组的核心人员。在汇报过程中,编制团队应尽量突出规划设计成果内容的重点,并通过汇报会后的沟通交流,进一步明确规划方向和内容,安排好下一阶段的工作。

三、中期稿编制阶段

(一)主要任务

中期稿是旅游规划设计成果编制团队就规划设计初稿向项目委托方进行汇报后,根据各方面的意见和建议,修改完成的旅游规划设计成果。一般来说,旅游规划设计成果的中期稿包括本次规划设计合同规定的所有成果内容。中期稿在工作时间要求上较初稿长,在内容上要求在初稿基础上,全面完成成果的主体。中期稿阶段是一个旅游规划设计项目的重点阶段,因为通过初稿阶段,旅游规划设计编制团队和规划设计委托方已经就双方对项目的理解进行过较为深入的思想交流,旅游规划设计的目标、工作方向以及内容也都进一步明确。因此,旅游规划设计编制团队本阶段的工作重点是根据相关意见和建议,全面完成规划设计成果。

(二)工作程序

1.项目讨论会

在完成初稿汇报的基础上,项目负责人应尽快组织规划设计编制团队人员召开项目讨论会,就本次规划设计成果中期稿各方面的建议和意见向全体编制团队进行汇报,并针对问题进行交流讨论,安排下一阶段的工作内容和任务。

2.成果编制

旅游规划设计成果中期稿编制阶段,项目负责人的工作重点是把握工作方向,组织团队分工明确、集中力量、保质保量地完成包括背景分析、战略目标、主题定位、功能布局、产品规划、保障服务等方面的完整规划设计成果内容,并随时就最新成果进行内容讨论或与项目委托方进行沟通交流,保证高效开展旅游规划设计编制工作。

3.专家咨询会

在项目编制团队完成中期稿成果后,与规划成果初稿类似,规划设计团队还需要召开专家咨询会就成果进行相关咨询。通过专家咨询会,就本次规划设计编制的难点和重点进行讨论。

4.成果论证会

根据专家咨询会的合理意见和建议,编制团队对旅游规划设计成果进行再一轮的调整和修改,并积极联系旅游规划设计委托方召开成果论证会。成果论证会参加人员包括项目委托方的主要决策人员和编制团队的核心人员,主要论证本次成果内容的合理性和可操作性,并根据双方对成果内容的意见确定能否进入规划设计评审稿阶段。

四、评审稿编制阶段

(一)主要任务

评审稿是进行专家评审的旅游规划设计成果。一般来说,旅游规划设计的评审稿除了在内容上需要完整的成果内容外,还要求有较为规范的成果形式,包括本次旅游规划设计的说明书、文本及图件。评审稿编制阶段在工作时间要求上较短,因此,旅游规划设计编制团队本阶段的工作重点是根据相关意见和建议进行成果调整,并按照相关规范要求制作出规划设计成果。

(二)工作程序

1.项目讨论会

在确定旅游规划设计成果进入评审阶段后,项目负责人应尽快组织规划设计编制人员召开项目讨论会,就本次规划设计中期各方面的建议和意见向全体编制团队进行汇报,并针对问题进行交流讨论,安排评审工作内容和任务。

2.成果编制

旅游规划设计成果评审稿编制阶段,项目负责人的工作重点是把握旅游规划设计评审稿的质量和规范,并与项目委托方沟通交流,确定成果评审的相关事宜,如评审时间、评审专家、评审成果形式等。

第三节 规划评审阶段

旅游规划评审作为旅游规划管理中的一环,它不仅是评价和检验、监督规划成果的工作,也是对旅游规划进一步完善的过程。[①]通过评审人员的理论和经验,审视规划成果的优缺点,并提出对应的改善对策和措施。传统意义上,规划评审也是旅游规划整个工作的终结标志。旅游规划评审管理工作主要包括3个方面的内容:一是评审程序,评审程序的逻辑性、严密性和方法性;二是评审重点,即在整个评审过程中需要予以关注的要点;三是评审结论,作为评审工作的结束表征,结论直接反映整个评审过程质量以及对旅游规划的效用性。

一、评审方式

参照《旅游规划通则》的相关规定,乡村旅游规划评审一般由规划项目属地的县级及以上旅游行政管理部门组织,由行政管理部门、行业专家、相关部门共同组成规划评

---

①郭晓东,李莺飞,杨施思.旅游法实施背景下我国旅游规划法规体系建设的若干思考[J].北京第二外国语学院学报,2015(3).

审委员会,采用会议审查方式,决议是否通过,并形成书面评审意见。部分建设规模较大,特别是涉及土地利用和调整的乡村旅游规划,在评审后还需要上报规划委员会审议。

二、评审程序

乡村旅游规划评审通常包括3个主要阶段:评审准备阶段、评审会阶段和规划完善阶段。部分规划还需要经过规委会审议阶段。

(一)评审准备阶段

在组织评审前,邀请业内专家、主管部门等形成评审专家小组,并将规划设计委托方提交的规划评审稿,在会议召开5日前送达评审人员审阅,保证其在会前有充足的时间了解和深入研究规划成果。

乡村旅游规划的评审人员一般由规划委托方与上一级旅游行政主管部门商定。旅游规划评审组由5~7人以上组成,其中行政管理部门代表不超过1/3,本地专家不少于1/3。规划评审小组设组长1人,根据需要可设副组长1~2人。组长、副组长人选由规划评审组织方与规划评审小组协商产生。在评审会召开前,应组织评审组成员对规划区的主要旅游资源、设施和环境进行实地考察,这些工作一般由规划委托方完成。

(二)评审会阶段

评审会阶段通常包含4个主要内容:规划组陈述、评委和与会人员发言、规划组答辩、评委总结。规划编制组代表应就规划编制的过程、指导思想和基本内容向全体评委陈述,并向评委和与会人员展示规划图件及有关规划成果材料。之后,评委和与会人员分别就规划过程和规划成果发言,主要针对规划成果存在的问题或缺陷进行探讨,如有可能也要提出改进或完善意见。规划编制组的代表有义务回答与会人员的提问,对提出的意见做补充说明和回答。规划组答辩结束后,评委会应在规划双方回避的情况下单独举行会议,研讨评审意见或评审结论。规划的评审须经全体评审人员讨论、表决,3/4以上评审人员同意,方为通过。评审意见应形成文字性结论,并附有评审小组组长和全体组员的签名,评审意见方为有效。评审会最后,由评审组组长向全体与会人员宣读评审意见后,规划双方可对评审意见做必要的说明;也可在正式宣读前向双方通报评审意见的草案,然后正式宣读评审结论。

(三)规划完善阶段

对于通过评审的规划,规划方应按照评审会形成的意见,就规划成果中存在的问题和不足之处做进一步修改和完善,并提供修改完后的报批稿交予委托方,以便及时报批。对于未能通过评审的成果,规划双方应在理性的情况下对旅游规划进行磋商,探讨重新进行的可能性,对规划做进一步的修改,并重新举行评审会进行评审。

(四)规委会审议阶段

规委会的全称是城市(乡)规划委员会,是由各级党委、人民政府设立的规划管理议事机构。规委会设立的初衷是为了贯彻"政府组织、专家领衔、部门合作、公众参与、科学决策"的规划理念,将规划决策体系从封闭单一的行政管理向开放公共管理转变,让各方面利益代表都有机会参与规划决策,以避免规划决策权力过于集中。①实践中,一些建设规模大、涉及面广、投资体量大的乡村旅游规划项目在评审会之后,需要上报规委会进行审议。

本章小结

乡村旅游规划编制程序包括规划准备阶段、规划编制阶段、规划评审阶段三个阶段。

其中,规划准备阶段的主要工作有确定项目来源、选取委托单位、任务确定与实地调研三个方面。乡村旅游规划项目的来源有政府主导和企业主导两种,项目编制单位的确定有公开招标、非公开招标两种形式,非公开招标以直接委托、竞争性谈判两种具体方式为主。编制单位确定后,委托方与编制单位签订协议书,进一步明确规划任务,开展实地调研工作。

规划编制阶段一般需经过大纲编制、初稿编制、中期稿编制、评审稿编制四个阶段,初稿和中期稿的修改完善需充分征求规划项目委托方及相关部门、利益相关者群体的意见。达到规划编制协议约定的要求,并获得委托方认可后,可形成评审稿进入评审环节。

规划评审阶段的评审准备工作主要是按照规定选择评审人员和组建评审小组,并邀请评审组成员对规划区进行实地考察;评审会作为评审阶段的重中之重,其一般流程为:规划组陈述、评委和与会人员发言、规划组答辩、评委总结并宣读评审意见和评审结论;评审会后,规划设计委托方要结合评审意见对规划评审稿进一步修改完善。值得注意的是,部分乡村旅游规划还需要再经过规划委员会审议。

复习思考题

根据第一次小组讨论确定的乡村旅游规划类型,完成小组负责的乡村旅游规划项目工作方案和规划编制协议书的起草。

---

① 高捷,童明,徐杰.新规划体制下对我国"规委会"制度的研究回顾与探讨[J].城市发展研究,2020(5).

第三章
乡村旅游资源分类、调查与评价

学习目标

1. 了解乡村旅游资源的概念、特征以及分类体系，能够在规划编制过程中正确运用；
2. 掌握乡村旅游资源调查的内容与方法，能够在规划编制过程中准确把握、正确运用；
3. 了解乡村旅游资源评价的基本方法，熟悉《旅游资源分类、调查与评价》在乡村旅游规划编制中的应用，能够完成乡村旅游资源的定性与定量评价。

重点难点

1. 乡村旅游资源分类体系在实际操作中的运用；
2. 乡村旅游调查过程中对调查内容与方法的把握和选择；
3. 乡村旅游资源评价中定性方法与定量方法的综合使用。

第一节 乡村旅游资源分类

一、乡村旅游资源的概念

乡村旅游资源属于旅游资源的范畴，《旅游资源分类、调查与评价》(GB/T 18972—2017)对旅游资源做出的定义是：自然界和人类社会凡能对旅游者产生吸引力，可以为旅游业开发利用，并可产生经济效益、社会效益和环境效益的各种事物和因素。

从旅游资源的基本要点出发，乡村旅游资源是以自然环境为基础、人文因素为主导的人类文化与自然环境紧密结合的文化景观，是由自然环境、物质和非物质要素共同组成的和谐的乡村地域复合体。[1]它具有对旅游者的吸引功能，具有经济、社会、生态等综合效益功能，具有作为现代旅游活动的基本属性。

---

[1] 吴肖淮,李重.旅游资源规划与开发[M].北京:电子工业出版社,2009.

乡村旅游资源的定义丰富多样，学者从不同的角度进行了说明解释。

从景观学角度，乡村旅游资源即在乡村地域内凡能对旅游者产生吸引力，可以为乡村旅游业开发利用，并可产生经济效益、社会效益和环境效益的各种乡村特色景观。①

从内容角度，乡村旅游资源包含乡村景观、人文景观、生物景观、古迹建筑、农业生产活动和乡村民俗等，涵盖了乡村的自然资源和人文资源，是自然环境和人文环境组成的综合体。②

从功能的角度，乡村旅游资源是指能够满足消费者亲近自然、回归自然、参与自然的需求，具备使游客感受乡村气息和体验乡村生活功能的资源。③

从产生的角度，乡村旅游资源是指能吸引旅游者前来参与旅游活动，满足旅游者需求，产生经济、社会、生态效益的自然和人文环境相结合的一种乡村资源。④

综上所述，乡村旅游资源作为一个综合性的概念，在其旅游区域范围上有着较强的界定，但是其内容的广泛性又非常强。因此，针对所研究的乡村旅游资源，本书进行了界定，认为乡村旅游资源主要是指在一定的地域范围内，吸引旅游者前来旅游，依托自然环境和人文因素，凭借科技、规划、管理、资本等的支持，不断开发利用，实现两者的有效结合的文化景观，产生经济、社会、文化、生态等综合效益，由不同因素共同作用形成的乡村地域的综合体。

二、乡村旅游资源的特征

（一）人与自然的和谐性⑤

作为旅游资源的乡村景观，是人类长期以来与自然环境相互作用、相互影响形成的文化景观。这种景观的形成过程无一不是人与地理环境的不断磨合的过程。当人们掌握自然规律，遵循生态学的原理，人地关系协调时，大自然就给人们以恩惠，进而促进乡村社会经济的发展；反之，则受到大自然的惩罚。人们经过与自然环境的反复磨合，逐渐认识并掌握了自然规律。因此，人们对自然环境长期改造和适应形成的乡村景观是人与自然共同创造的和谐的文化景观。

（二）资源特色的地域性

乡村旅游资源与自然环境、社会环境的关系十分密切。在不同的环境影响下，形成了不同的景观类型。即使同一种景观类型，在不同的自然条件下又有不同的特征，如不同气候带形成了相应的农业带。而由政治、宗教、民族、文化、人口、经济、历史等

---

①王云才，郭焕成，徐辉林.乡村旅游规划原理与方法[M].北京:科学出版社，2006.
②孙赫.山东省乡村旅游资源开发与产业发展模式探析[J].中国农业资源与区划，2016(11).
③胡粉宁，丁华，郭威.陕西省乡村旅游资源分类体系与评价[J].生态经济(学术版)，2012(1).
④王敏，陈国忠，孙文秀.乡村旅游资源分类与评价体系探讨——以山东临清市乡村旅游规划为例[J].齐鲁师范学院学报，2015(4).
⑤骆高远，吴攀升，马骏.旅游资源学[M].杭州:浙江大学出版社，2006.

要素组成的社会环境的差异性又往往形成了不同的乡村民俗文化,如民族服饰、信仰、礼仪、节日庆典等。由于地球上自然环境和社会环境的地域差异性,乡村旅游资源具有明显地域性的特点。

(三)资源内涵的民族性

民族文化是乡村旅游资源的重要内容,各民族都有本民族特有的文化。在信息交流频繁的城市,原来的民族文化较多地融合了其他民族的文化,形成了多民族文化的交融,使原有的民族文化发生变异。而广大乡村,由于地理区位、交通和信息条件的限制,民族文化的传承性较强,传统的原汁原味的民族文化能较完整地保留下来,故乡村旅游资源有明显的民族性特点。越是民族性强的旅游资源,越具有吸引力。

(四)乡土文化的艺术性[①]

我国的乡土文化艺术古老、朴实、神奇,深受中外游人的欢迎。如盛行于我国乡村的舞龙灯、舞狮子,以及陕北农村的大秧歌、东北的二人转、西南的芦笙盛会、广西的唱哈节、江苏里下河水乡的荡湖船等,脍炙人口。我国广大乡村出产的各种民间工艺品备受游客的青睐,如我国著名的四大年画、贵州的蜡染、南通的扎染、常熟的花边,以及各种刺绣、草编、竹编、木雕、石雕、泥人、面人等,无不因其浓郁的乡土特色而深受游人欢迎。

(五)民俗风情的丰富性

我国民族众多,各地自然条件差异悬殊,乡村的生产活动、生活方式、民情风俗、宗教信仰、经济状况各不相同。如云南的傣乡、贵州的苗乡、广西的壮乡、湖南的瑶乡、海南的黎乡、新疆的维乡、浙江的畲乡、西藏的藏乡等都具有引人入胜的民俗风情景观。这些少数民族,或能歌,或善舞,或热情奔放,或含蓄内在,或以种植为主,或以游牧为生,或过着原始的渔猎采集生活,或以独特的生活习惯世代繁衍生存。这些为旅游者深入领略中华风情、探索人类社会的进化历程提供了极其丰富的源泉。

三、乡村旅游资源的分类体系

乡村旅游开发必须以乡村旅游资源的分类与综合评价为前提,乡村旅游资源的分类与综合评价是组织乡村旅游活动的依据和基础。《旅游资源分类、调查与评价》将旅游资源分为8个主类、23个亚类、110个基本类型,该分类体系对乡村旅游资源分类具有指导意义,是当前旅游规划编制中经常使用的资源分类方案。此外,郭来喜等(2000年)也提出的3个景系、10个景类、98个景型的分类方法。[②]但乡村旅游资源又有自身独特的个性,如果仅仅套用国标对乡村旅游资源进行分类和评价,很难对乡村旅游资源的类型做出具有实践意义的判断。因此,可以使用国标中两分法方案,也可以根据

---

①徐学书.旅游资源开发与保护[M].南京:东南大学出版社,2009.
②郭来喜,吴必虎,刘锋,等.中国旅游资源分类系统与类型评价[J].地理学报,2000(3).

规划区的具体情况和规划编制需要,选择其他的分类体系。

以不同原则,可以从成因、属性、特征、开发利用等不同的层面,对乡村旅游资源进行不同的类型划分。

(一)按旅游资源的结构、组合方式划分①

1. 乡村田园景观旅游资源

自然田园风光是乡村旅游资源中主要的构成部分,包括大规模连片的农田带、多种类型的经济果林与蔬菜园区、一定面积的天然或人工水面等。

2. 乡村聚落景观旅游资源

聚落是人类活动的中心,它既是人们居住、生活、休憩和进行社会活动的场所,也是人们进行生产劳动的场所。我国乡村聚落主要分为3种:一是集聚型,即团状、带状和环状村落;二是散漫型,即点状村落;三是特殊型,表现为帐篷、水村、土楼和窑洞。乡村聚落的形态、分布特点及建筑布局构成了乡村聚落景观旅游资源丰富的内涵。这些旅游资源景观具有整体性、独特性和传统性等特点,反映了村民们的居住方式,往往成为区别于其他乡村的显著标志。

3. 乡村建筑景观旅游资源

乡村建筑包括乡村民居、乡村宗祠建筑以及其他建筑形式。不同地域的乡村民居均代表一定的地方特色,其风格迥异,给游客以不同的感受。如青藏高原的碉房、内蒙古草原的毡包、喀什乡村的"阿以旺"、云南农村的"干阑"、苗乡的寨子、黄土高原的窑洞、东北林区的板屋,以及客家的五凤楼、围垄及土楼等,千姿百态,具有浓郁的乡土风情。乡村宗祠建筑,如恢宏气派的祠堂、高大挺拔的文笔塔、装饰华美的寺庙等,是乡村发展的历史见证,反映出乡村居民生活的某一侧面。

4. 乡村农耕文化景观旅游资源

我国农业生产源远流长,乡村劳作形式种类繁多,有刀耕火种、水车灌溉、围湖造田、猎鹰捕鱼、采药摘茶等,这些都充满了浓郁的乡土文化气息,体现出不同的农耕文化,对于城市居民、外国游客极具吸引力。

5. 乡村民俗文化景观旅游资源

乡风民俗反映出特定地域乡村居民的生活习惯、风土人情,是乡村民俗文化长期积淀的结果。乡村传统节日五彩纷呈,如汉族有元宵节、清明节、端午节、中秋节等,藏族有浴佛节、雪顿节等,彝族有火把节等,傣族有泼水节等。还有农村的游春踏青、龙舟竞渡、赛马、射箭、荡秋千、赶歌、阿西跳月等,各种民俗活动都具有较高的旅游开发价值。乡村风俗习惯,如我国各地的舞龙灯、舞狮子、陕北的大秧歌、东北的二人转、西南的芦笙盛会等都脍炙人口。还有各地民间工艺品,如潍坊年画、贵州蜡染、南通扎染、青田石刻以及各种刺绣、草编、泥人、面人等,无不因其浓郁的乡土特色而深受游客青睐。

---

① 陶玉霞. 乡村旅游建构与发展研究[M]. 北京:经济日报出版社,2009.

(二)按乡村旅游资源的文化特性和类别划分

1. 乡村物质文化景观旅游资源

乡村物质文化景观是乡村人集体或个体智慧的外在显现部分,具有可视性、可触性特点。它包括乡村建筑、乡村服饰、乡村乡土纪念品及工艺品、乡村的特殊地域风光等。乡村建筑,如陕北窑洞、福建北部永定土楼建筑等。乡村服饰是乡村人审美意识的外在显现,它具有一定地域性、时代性、民族性特点,如土家族村落的土家织锦、壮族村落的蜡染布等。乡村工艺品是乡土艺人所创,反映乡村人心灵手巧的一面,如内蒙古村落的鼻烟壶、重庆綦江农村的版画。乡村地域风光,即乡村人在选择聚居地时各有千秋,有的是为防御,有的是被迫迁移,但不管怎样都是为了生存,生存方式各异而带来地域特色差异所形成的景观,如鄂伦春乡村的林海雪原风光、海南黎寨的热带雨林风光。

2. 乡村制度文化景观旅游资源

所谓乡村制度文化,指的是一定地域乡村人群为维护乡村社会的稳定、秩序而约定俗成的伦理道德及礼仪规范。它一般体现在乡村权力制度、乡村礼仪规范、乡村节庆程序方面。乡村权力制度,指乡村在长期历史过程中为了防御目的或维护乡村的凝聚力,树立乡村形象而约定俗成的权力规范。乡村权力制度由权力主持人(一般由族长或具有较高文化教养的人担任)、权力组织、权力奖惩制度组成。

在汉族古老村落,一旦某位村民犯戒或有功,权力主持人就会组织权力组织讨论,然后在乡村祠堂实行奖惩。乡村这种公共选择在汉民族地区随着法制的普及正逐渐消亡,但在偏远少数民族村落仍然存在。乡村礼仪规范包括乡村日常礼仪与重大礼仪两部分。日常礼仪又包括饮食礼仪、婚丧嫁娶礼仪等方面。乡村节庆程序是集中体现乡村礼仪规范的制度规范,乡村节庆可分为生产节庆、青年节庆、纪念节庆、新年节庆等。

3. 乡村精神文化景观旅游资源

乡村精神文化景观指一个乡村作为一个稳定共同体所具有的共同的心理结构与情感反应模式等,通常表现为乡村人的性格、价值观、人生哲学等,它潜存于物质文化景观与制度文化景观中。它是无形的,游客只有通过长期的体验才能领悟。如客家人(广东东部、闽北、赣南)的性格具有中原地区的内敛性特点,这一点与当地人的开放性性格形成强烈反差。这种性格决定下的物质文化景观之———民居建筑表现为以宗祠为中心,分3个圈层的同心圆结构。最外一层是防御外来入侵需要,中间一层是客家人居住区,最里一层是宗祠。在乡村景观构成中,精神文化景观是内核,决定了其他两种文化景观。制度文化景观是精神文化景观与物质文化景观的过渡部分,是维系乡村一体的纽带之一,物质文化景观是其表现形式。

(三)按资源种类划分[①]

1.山水环境资源

1)地质地貌类型

我国乡村具备山地、高原、丘陵、平原和盆地5大地貌基本类型,各种地貌都具有一定旅游价值,但又各有不同特点。我国是一个多山的国家,山区占全国面积的2/3。单纯从自然因素来看,山地的旅游价值最高,由于发育的不同,山地景观差异也很大。同时,由于海拔高度、地表物质组成成分、物质结构、坚硬程度和风化程度各不相同,尤其是地壳运动产生的高山幽谷、地层凹陷、断裂地带,形成了峰、崖、柱、谷、洞、火山口、石墩、树林和花果等不同的自然景观。平原、盆地由于历史的原因,往往人文旅游资源比较丰富,自然景观与人文景观容易融合成景。高原以其神奇、幽秘和旷远令人产生遐想。丘陵起伏绵延,兼具山地、高原和平原的部分特征和综合要素。

2)水体形态

我国从南到北,河流成网,湖泊棋布,仅地表水就分为江河、湖泊、海洋、溪涧、瀑布、急流、池塘、冰雪、泉眼等。此外,还有一些地下伏流、泉水喷涌。其中,仅自然形成的湖泊就有2万多个,都具备一定的景观价值。湖泊,按成湖的原因,可以分为泻湖、构造湖、火山湖、冰川湖、河成湖、溶蚀湖、火山堰塞湖和风成湖;按水的成分,可以划分为淡水湖、咸水湖。还有数以万计的人工水库。这些湖泊大多数与高山、丘陵相伴,山水相依,形成绿水青山、险壁深谷、深峡湍流、高山平湖以及龙潭、瀑布、跌水相映成趣的万千气象。

2.气候环境资源

我国疆域辽阔,南北地跨纬度近50°,地形上下高差几千米,不仅有寒温带、温带、暖温带、亚热带、热带和赤道带之分,在同一地区又因地形高差而形成明显的垂直气候带之别。同时,由于受季风环境影响,形成各地区之间的气候差异,极大地影响了农业生产、四季物产、动植物分布、自然景观和人居环境、社会习俗等。除了宜人的气候是发展乡村旅游的必备条件外,一些地方,特殊的气候条件还能形成特殊的旅游资源,如与山水资源组合形成的云海、佛光、彩虹、雪山、冰川、冰河、雾凇、海市蜃楼等。

3.生态环境资源

生态环境资源常常被分为自然生态环境资源与人工生态环境资源两种。特别是全国已经列入管理的上千处森林公园、各种类型的野生动植物自然保护区和植物园等,有丰富的生物资源和繁多物种,有世界上罕有的奇花异草、贵兽珍禽,已经形成了较好的自然(人工)生态体系与稀有动物自然保护体系,成为现代人推崇的天然氧吧、植物园和野生动物园。此外,我国还是一个多民族长期和谐相处、共同繁荣的大家庭,许多少数民族还保留了自然经济时代的生活环境与传统习俗,如浓郁的民族习性、民族风情和大量民俗节庆活动,甚至古代宗教与祭祀场所遗址等,也反映出人类早期的生态人文环境。

---

① 林光旭,唐建兵.乡村旅游项目创意策划与实践[M].成都:电子科技大学出版社,2011.

4. 田园环境资源

以乡村田园的农耕风貌为特色，以农民生产劳作与生活场景为主，所形成优美的乡村田园农耕景观，是全国多数乡村都具有的农耕文化和生活方式，也是乡村旅游发展中开发利用最普遍的本底资源。耕田、梯田、水塘、河流、耕牛、牧童、菜花、绿树、芦荡、水车、瓜果植物等这些田园风光的主要意象，结合不同的山、水、林、田、村、镇等地形地貌，和自然生态环境、人居环境、天象景观、季节特征以及劳作方式、农耕器具，形成动态和丰富多变的、不同时节迥异的景象，体现出人与自然的和谐相处以及乡村生活的四季节奏。随着农业现代化的快速发展，各地不断新增的高科技农业、设施农业和集约化农业生产项目，甚至废弃的生产地、废城与聚落遗址，也成为游客满足好奇、探新、求知心理的游览目标。

5. 经济物产资源

经济物产资源，以乡村随处可见的稻、麦和草场等农牧作物为主，时令杂果、瓜蔬、花卉、苗木、大棚、药材、牲畜、鱼塘、荷塘、简单副食品加工等特色经济作物，农副产品加工和畜牧业、禽业、渔业、水上养殖业等为特色，尤其是市场看好的经济物产，以及形成这些物产的条件和生产过程中所具有的景观环境。这类资源大多与生态环境资源、田园环境资源、社区环境资源和非物质文化资源相互依存，并发挥调节利用各种资源的作用。

6. 社区环境资源

社区环境资源，既有以古镇、古村、古街、古巷、古民居、特色民居、宗祠、庵庙、书院等为主的特色村庄建筑，也有以新型特色村落建筑为代表的社会主义新农村村容村貌，还有乡村社区所特有的豆腐坊、酱醋坊、纸坊、茶场、粮食加工坊、水车、水井、驳岸、草垛、晒场和庭院植物、家禽等具有典型农耕文化特色的乡村聚落景观，以及蕴含其中的乡村非物质文化资源，构成不同社区风格的生活方式，是旅游开发中重要的依托和节点。

7. 非物质文化资源

非物质文化资源，以在自然经济时代所形成的渔、樵、耕、读和家居、饮食、婚丧、嫁娶、交往等方方面面的民俗、风俗、节俗以及民族习俗为主，包括乡村传统的餐饮小吃、独特的地方戏曲小调、历史传说、名人逸事、传奇故事、宗教信仰、手工技艺、物产加工技艺、历史事件发生地和军事遗址等，这类资源普遍存在于社区环境、田园环境和经济物产等所有资源之中，是乡村旅游的灵魂和重要吸引核心。

（四）按不同类型产业与乡村旅游结合划分

以休闲农业与乡村旅游的资源划分为例，中国台湾叶美秀教授使用生产、生活和生态的"三生"观念作为休闲农业与乡村旅游资源分类的基础，分别从农业生产、农民生活和农村生态环境入手进行休闲农业与乡村旅游的资源划分，提出了详细的资源分类构架，如表3.1所示。"三生"和"三农"结合进行分类的方法在休闲农业与乡村旅游的资源分类中具有操作性好、分类清晰、覆盖全面等优点，值得学习借鉴。

表 3.1　休闲农业与乡村旅游的资源分类框架[①]

主类	亚类	基本类型
农业生产资源	农作物	粮食作物
		特用作物
		园艺作物
		饲料、绿肥作物
		药用作物
	农耕活动	水田耕种
		旱田耕种
		果园耕种
		蔬菜、花卉耕种
		菜园及特殊作物耕种
	农具	耕作工具
		运输工具
		存储工具
		装盛工具
		防雨防晒工具
	家禽家畜	家禽
		家畜
农民生活特色	农民本身特质	当地语言
		宗教信仰
		农民特色
		历史
	日常生活特色	饮食
		衣物
		日常生活建筑
		开放空间
		交通方式
	农村文化庆典活动	工艺活动
		表演艺术
		小吃活动
		庆典活动
农村生态环境	农村气象	气候与农业的关系

① 叶美秀.休闲活动设计与规划——农业资源的应用[M].北京:中国建筑工业出版社,2009.

续表

主类	亚类	基本类型
农村生态环境	农村气象	气象预测方法
		特殊的天象、气象
	农村地理	地形与农业的关系
		土壤与农业的关系
		水文与农业的关系
	农村生物	乡间植物
		乡间动物
		乡间昆虫
	农村景观	农村景观
		全景景观
		特色景观
		围闭景观
		焦点景观
		框景景观
		细部景观
		瞬间景观

第二节　乡村旅游资源调查

乡村旅游资源调查是指运用科学的方法和手段,有目的、有系统地收集、记录、整理、分析和总结旅游资源及其相关因素的信息与资料,以确定某一区域旅游资源的存量状况,并为旅游经营、管理、规划、开发和决策提供客观科学依据的活动。①

一、乡村旅游资源调查的内容

（一）旅游资源环境调查

1. 自然环境调查

（1）调查区概况。包括调查区名称、所在行政归属与区划、范围和面积、中心位置与依托城市等。

---

①郑朝贵.旅游地理学[M].合肥:安徽大学出版社,2009.

(2)地质地貌要素。包括岩石、地层、地质构造、地形地貌等。主要是记录调查区岩石、地层、地质构造、地形地貌的分布特征、发育规律和活动强度,对调查范围的总体地质地貌特征有全面概括的了解。

(3)水体要素。调查区冰川、河流、湖泊、瀑布、涌泉、海洋等在地质地貌、气候、植被等因素配合下,可以形成不同类型的水体景观,构成丰富的自然旅游资源。调查内容包括:地表水与地下水的类型和分布;季节性水量变化规律和特征;可供开采的水资源;已发生和可能发生的水灾害及其对旅游资源的不利影响等。

(4)气象气候要素。气象气候条件对自然景观的形成和破坏都会产生影响。气象和气候与其他自然地理要素配合可形成具有特色的吸引物,也能产生具有观赏价值的旅游景观。但恶劣的气象气候环境可能会对景观产生破坏,成为旅游的阻碍。调查内容包括:调查区的年降雨量及其分布;气温、光照、湿度及其变化;大气成分及其污染情况;气候类型、特色及其变化规律等。

(5)动植物要素。调查区内的植物群落和动物种群,与自然或人文旅游资源组合,可以形成独具吸引力的重要旅游资源。调查内容包括:调查区总体的动物和植物原特征与分布;具有观赏价值的动物和植物的类型和数量;特定生存环境下存在的珍稀动物和稀罕植物,包括其分布数量、生长特性和活动规律,并兼顾了解可供游人观赏的客观条件和防护措施等。

2.人文环境调查

(1)历史沿革。主要了解调查区的发展历史,包括建制的形成、行政区划的调整、曾经发生的历史事件、重要名人及其活动和经历对当地历史景物的影响。

(2)经济环境。主要了解调查区的经济特征和经济发展水平,包括经济简况、经济发展状况、地区生产总值、工农业生产总值、人口与居民概况、居民收入水平、消费结构与消费水平、物价指数与物价水平、就业率与劳动力价格范畴等。

(3)社会文化环境。主要了解调查区学校、邮电通信、医疗环卫、安全保卫、民族分布、职业构成、受教育程度、文化水平、宗教信仰、风俗习惯、社会审美观念、价值观念、文化禁忌以及应用新技术、新工艺、新设备的情况等。同时,还应调查当地的旅游氛围和接受新事物的能力。

3.政策法规环境调查

主要了解调查区内影响和制约旅游资源开发、管理的有关方针、政策。包括:地区经济政策的连续性与稳定性;社会经济发展规划及对外政策的调整变化;旅游机构的设置与变动,以及资源法、旅游法、环境保护法、旅游管理条例和旅游管理措施等的执行情况。

(二)旅游资源存量调查

1.类型调查

类型调查,是指按一定的分类标准,将调查区内的旅游资源分类归并,以更加明晰地认识旅游资源。

2.特征调查

(1)峰、崖、石、洞、峡和特殊的火山、名山、雪等的数量、造型特征、分布状况、组合形成、成因、年代和遗迹等。

(2) 河、湖、井、泉、瀑等的位置、源头、面积、深度、高差、流量、蓄水量、水质、水色、形态、水温、季节变化、观赏特征、成因、环境特征、利用状况等。

(3) 气温、光照、温度、降水、风、云、雾、雪、日出、日落、佛光等出现季节、持续时间、形态、观赏位置、年均舒适旅游日数等。

(4) 观赏植物的种类、分布范围、数量、花期、果期、观赏部位;古树名木的位置、生境、树种、年龄、树高、胸径、冠幅、冠形及分布特点;森林景观中有观赏价值的树木、林分的垂直分布、规模、面积、景观特征及林特产品、林副产品种类、数量和特征;野生动物和珍稀动物的种类、栖息环境、活动规律、生活习性等。

(5) 名胜古迹的种类、建筑风格、艺术价值、建筑年代、历史、建筑保存状况、建筑数量、分布情况、占地面积及有关建筑的传说、故事、目前利用状况等。

(6) 宗教文化的类别、建筑、雕塑、绘画、石刻、影响范围及历史;革命纪念地的文献记载、革命活动、文物位置、保护现状等。

(7) 各民族民风民俗、神话、传说、故事;历史文化名人情况;民族生活习惯、服饰、村寨建筑风格、信仰、传统食品;当地婚丧嫁娶及各种禁忌、礼仪等风俗习惯;各种纪念活动、节庆活动、庆典活动等。

(8) 具有特色的旅游资源景观;具有特殊功能的景观;适合科学考察和教学实习的景观;独有或名列世界前茅的旅游景观。

3. 成因调查

调查区内各种不同类型的旅游资源,尤其是富有当地特色的旅游资源,在开展资源调查时,要了解其形成原因、发展历史、存在时限、利用的可能价值,以及自然与人文相互依存的因果关系。

4. 规模调查

规模调查,包括资源类型的数量、分布范围和面积、各级风景名胜区、文物保护单位、自然保护区、森林公园等。

5. 组合结构调查

了解调查区旅游资源的组合结构,包括:自然景观与人文景观的组合;自然景观内部的组合;人文景观内部的组合。资源组合的形式与结构是多种多样的,例如,水与其他旅游资源要素的组合有山水组合、水峡组合、水洞组合、水瀑组合、水树组合、水与渔船组合、水与船工民风组合等。

6. 开发现状调查

旅游资源包含已开发态、待开发态和潜在态3种形态。调查开发现状包括:旅游资源现在的开发状况、项目、类型、时间、季节、旅游人次、旅游收入、消费水平以及周边地区同类旅游资源的开发比较、开发计划等。

(三) 旅游要素调查

1. 交通调查

交通调查包括:公路、铁路、水路、航空交通状况;旅游汽车、出租车、景点缆车、高架索道、观光游船等设施及车站、码头、港口的数量和质量;交通工具与乡村旅游景区的距离、行程时间、路面质量、运输承受力等。

2. 住宿设施调查

住宿设施调查包括饭店、旅馆(汽车旅馆、供膳寄宿旅馆、游船旅馆)、别墅、农舍式小屋、度假村、野营帐篷等多种住宿设施的规模、数量、档次、功能、分布、接待能力、床位数、房间数、客房出租率、营业收入、固定资产、利润总额等。

3. 餐饮设施调查

餐饮设施调查包括餐馆的规模、数量卫生状况和服务质量等。

4. 其他服务设施调查

其他服务设施调查包括名特小吃、特色菜品、零售商店、购物中心、购物广场、旅游商品专卖商与专柜、影剧院、影视厅、音乐厅、娱乐中心、艺术中心、理发美容场所、咨询服务中心、会议中心、邮电通信服务、医疗服务、保险服务等的数量、档次、分布、服务效率、服务人员素质、服务频率等。

(四)旅游客源市场调查

1. 旅游者数量调查

旅游者数量调查包括：外国游客、华侨、港澳台同胞、国内本土游客和外地游客的数量、国籍、年龄、性别、职业、入境方式、分布地区与民族类别等；最大和最小日客流量、月客流量、季客流量和年客流量；游客滞留时间、过夜人数、自费与公务旅游的比例、团队与散客旅游的比例等。

2. 旅游收入调查

旅游收入调查包括：旅游者在吃、住、行、游、购、娱等方面的消费构成、人均天消费，以及最高与最低消费比例；日、月、季、年的旅游收入、海外游客创汇收入、国内游客旅游收入，以及旅游收入在当地国民经济中的比重、产生的社会贡献率等。

3. 旅游动机调查

旅游动机调查包括调查旅游者健康运动、消除紧张与不安的欲求、满足求知欲望的文化动机和探亲访友的交际动机，以及实现其自尊、获取个人成就和为人类贡献的地位和声望动机等。

二、乡村旅游资源调查的方法

旅游资源调查通常分三步进行。第一，准备阶段：这个阶段主要包括成立调查小组；制订旅游资源调查的工作计划；拟订旅游资源分类体系；设计旅游资源调查表及调查问卷；资料收集与室内资料分析等。第二，资料和数据收集阶段：调查方式主要有概查、普查和详查。调查方法有野外实地踏勘、访问座谈、问卷调查。第三，文件编辑阶段：这一阶段是在数据和资料收集阶段的工作完成后回到工作室进行重温资料的编辑工作，一般包括旅游资源地图的编制和旅游资源调查报告的编写等。

(一)文献调查法

文献调查法，即通过收集旅游资源的各种现有信息数据和情报资料，从中摘取与资源调查项目有关的内容,进行分析研究的一种调查方法。最大限度地收集项目所在地区及项目具体地段的自然条件、社会经济条件、交通条件、农业产业发展概况和观光旅游资源现状,以及已有的相关规划设计结果等。具体包括:农业资源的典型性、多样性和罕见性;农产品的营养价值和养生保健价值;各种植物特征及其季相变化;地表水流量及质量和大气质量;历史遗迹、民俗风情、文学艺术、宗教文化;项目所处的区位条件,以及项目与邻近其他观光资源的组合性、互补性等方面的情况,并对项目的开发潜力和效益进行全面综合的、科学客观的评价。

(二)实地考察法[①]

旅游资源总是分布在一定的地域范围,只有通过对调查区的综合考察并全面系统分析,才能对其分布位置、变化规律、数量、特色、类型、结构、功能、价值等有所了解和认识。实地考察是乡村旅游资源调查必不可少的流程,是客观进行乡村旅游资源评价的重要环节,要做的工作主要有以下5项。

1.考察基本条件

考察基本条件,主要是核对实地考察之前与相关人员沟通的情况,包括交通条件、用地条件、水源条件、生态环境等。如果基本条件不具备,应建议另行择址或暂缓投资。

2.去除负面因素

去除负面因素,主要是规避项目区的不利因素,初步判断在能力范围内是否可以解决诸如污染源治理、地质灾害防治影响、项目区管理及景观建筑物的拆迁或改造、少量墓葬的遮挡或迁移等问题,不至于使项目的发展将来受到制约或存在重大风险。

3.挖掘创意亮点

在实地考察过程中,认真负责是一种职业素养,同时也是激发规划创意灵感的黄金时段,因此要多走、多看、多问、多听、多拍照、多思考、多收集资料。有时候,一处不显眼却有特殊寓意的景观,一个并不古老却很温馨的故事,或者当地人屡见不鲜的物种与习以为常的民俗,说不定大有文章可做。

4.深入走访体验

实地考察过程中,必要的走访与体验可以获得事半功倍的调查效果。比如和当地的老农聊天,可以了解到当地小区域范围内的作物栽培情况、气象水文情况、乡土民俗文化等。再如用餐时体验一下当地的特色土菜与酒水饮料,对将来项目区产品规划创意不无益处。特别是当地的乡土文化名人、非物质文化遗产传承人、特色种养能人等,最好抽时间拜访一下。另外,项目区周边的景区景点、休闲农庄、种养基地等关联企业也应纳入考察行程。

5.全面了解客户

资源是需要人以及由人组成的企业来规划开发的,因此,规划者自身其实就是第一资源,对乡村资源开发的成败往往具有决定性的作用。有些规划者信息在考察交流中就可获得,比如负责人的办事风格、审美情趣与理想追求,还有项目团队的专业素养

[①]黄顺红.乡村旅游开发与经营管理[M].重庆:重庆大学出版社.2015.

和执行能力等;有些信息也可以视情况坦诚地了解,比如项目投资的股东结构与融资渠道、投资方涉及的关联产业及其他背景。

(三)访谈调查法

访谈调查法是调查者用访谈询问的方式了解旅游资源情况的一种方法。实地考察结束后,可以与村镇管理人员、开发投资业主、当地村民代表等相关人员,调查以下一些关键性问题。

(1)开发项目选址范围、土地流转工作情况。初步调查项目所在地的经济发展水平及文化底蕴等背景,了解项目前期筹备工作。

(2)区位环境与交通发展规划情况。主要调查区位条件以及交通可进入性。

(3)项目区占地面积、地形地貌及山地、旱土、水田、水面所占比例情况,以及现有植被及种养业情况。主要考虑项目规模、景观基础、生态环境、用地情况和产业结构等方面的基础现状。

(4)项目区水源情况。是否属于饮用水源保护区,如果无法解决生产、生活、景观用水,项目的选址就有问题。如果属于饮用水源保护区,养殖业及水上游乐等将受到限制。

(5)项目区周边景区景点、农业园区、种养基地或休闲农庄分布情况。主要考虑与周边有利因素的结合、差异发展与优势互补,以及不利因素的规避。

(6)项目开发的主体、初步定位和对规划设计的大体要求,以及项目总投资和初期计划投入的资金情况。

(7)其他情况。项目所在地的社会经济条件、主要特色产业、自然生态环境、乡土民俗风情及历史人文资源等基本情况。

(四)遥感调查法

遥感调查法,即采用遥感技术调查方式,收集多种比例尺、多种类型的遥感图像和与之相匹配的地形图、地质图、地理图等,解译图像中旅游资源信息。它不仅能对旅游资源的类型定性,而且能成为旅游资源的定量标志,还能发现一些野外综合考察等不易发现的潜在旅游资源。

(五)统计分析法

任何一个旅游区都是由多种旅游景观类型和环境要素组成的,对各种景观类型和环境要素的基本数据进行统计,对确定一个旅游资源区的旅游特色和旅游价值具有重大意义,也是设计旅游环境和生态系统的基本依据。

(六)分类分区法

分类分区法,即把调查区的旅游资源,按其形态特征、内在属性、美感、吸引性等加以分类,并进行调查研究,与同类型或不同类型的旅游资源区域加以比较、评价,得出该区旅游资源种类、一般特征与独特特征、质量与区内的差异,以便于制定开发规划和建立旅游资源信息库,以及有助于区内各地旅游资源的开发利用。[①]

第三节 乡村旅游资源评价

对旅游规划来说,如何在资源本体条件评价的基础上确定开发评价因子并进行权重赋值最为重要,这需要规划编制者根据规划地的实际情况建立科学的评价模型,准确地反映规划地旅游资源的真实价值,从而变资源为产品,实现旅游规划的主体目标。[②]

一、旅游资源国标在乡村旅游规划中的应用

旅游资源的评价一般分为单体评价(本体要素评价)和开发评价两种类型,两者既有联系又有区别。《旅游资源分类、调查与评价》(GB/T 18972—2017)中对旅游资源的评价强调的是单体评价,通过建立旅游资源单体评价模型,确立共有评价因子和赋值范围,进行单体量化赋分和五级分层,从而确定旅游资源的单体价值。在实际应用中,需要在单体评价的基础上,对调查区的旅游资源禀赋进行整体把握,拓展开发评价部分的内容,才能为后续规划区目标定位的提出、产品活动的策划等奠定扎实的基础。《旅游资源分类、调查与评价》(GB/T 18972—2017)在乡村旅游规划中的应用及规划成果中的体现,具体可参考案例3.1。

案例3.1　江西省井冈山市拿山镇长路村旅游资源分类与评价

本案例节选自《井冈山市拿山镇长路村旅游发展概念性规划(2021—2030年)》。该规划突出发展前瞻性和方向指导性,在准确把握基本村情、旅游发展现状和发展环境的基础上,明确村落旅游在规划期内总体的发展方向和目标体系,对村落旅游发展的空间格局做出科学部署,布局适应社会发展、符合市场趋势的旅游业态、产品体系和配套设施,并结合村落特质,提出村落保护和社区参与方面的支撑要求,以推动乡村旅游可持续发展,在助推乡村振兴中发挥更大的效能。

一、规划区概况

拿山镇长路村地处井冈山市新城区,位于井冈山市的东北部,距井冈山市火车站仅1.5千米、距泰井高速公路出口2千米,区位优势、交通优势明显。东与泰和县碧溪镇

[①]蔡碧凡,夏盛民,俞益武.乡村旅游开发与管理[M].北京:中国林业出版社,2007.
[②]杨钊,陆林.旅游资源国标在旅游规划中的应用——以安徽省淮南市为例[J].资源开发与市场,2005(2).

交界，南与遂川县新江乡接壤，西与厦坪镇毗邻，北与永新县白沙镇相连。至2022年，全村共有6个自然村，有耕地面积1090余亩，山场面积23000余亩。

长路村是一座红色历史古村落，有近500年的建村史，村内生态环境优越，树木、水塘、农田等生态资源十分丰富，许多保存完好的古建筑群位于其中。此外，长路村还拥有古建筑文化、传统民俗文化、解放战争时期苏维埃政府红色文化以及知青文化等多种类型的文化。1927年，在井冈山革命根据地建立的大背景下，长塘也成为红色革命根据地，红色文化传遍了街头巷尾；作为长路村核心旅游资源的历史古建筑也曾被用作红军居住地，建筑外墙和建筑内都留有大量的红色标语。

二、旅游资源分类

根据《旅游资源分类、调查与评价》(GB/T 18972—2017)，规划组对长路村旅游资源进行了综合调查，具体分为可分为7个主类、12个亚类、28个基本类型，共123个旅游资源单体(见表3.2)。

表3.2　长路村旅游资源单体调查表

主类	亚类	基本类型	资源单体
A 地文景观	AA 自然景观综合体	AAA 山丘型景观	周边山体
B 水域景观	BB 湖沼	BBB 潭池	后山鱼塘、果园池塘、长塘古韵旁的鱼塘、新民居旁的鱼塘、农田旁的池塘
	BC 地下水	BCA 泉	山泉
		BCB 埋藏水体	温泉
C 生物景观	CA 植被景观	CAA 林地	后山生态林
		CAB 独树与丛树	古柏树、古枫树、古香樟树、古马尾松、古木荷、古石楠树
E 建筑与设施	EA 人文景观综合体	EAA 社会与商贸活动场所	篮球场、长路广场
		EAD 建设工程与生产地	梨园、橘园、桑葚园
		EAE 文化活动场所	知青文化馆、自然科普馆
		EAF 康体游乐休闲度假地	长塘古韵度假酒店
		EAG 宗教与祭祀活动场所	李氏宗祠、盘古仙道场
	EB 实用建筑与核心设施	EBA 特色街区	建筑前巷道
		EBB 特性屋舍	李氏房祠、近代特色风貌民居群、清代古建筑、民国古建筑
		EBF 渠道、运河段落	水渠

续表

主类	亚类	基本类型	资源单体
E 建筑与设施	EB 实用建筑与核心设施	EBK 景观农田	周边农田
	EC 景观与小品建筑	ECA 形象标志物	入口处知青村标志、入口处长塘古韵标志
		ECC 亭、台、楼、阁	长塘古韵旁的休憩亭
		ECE 雕塑	纪念馆内的农耕雕塑、入口景观节点
		ECF 碑碣、碑林、经幡	功德碑
		ECK 花草坪	长塘古韵附近的人工草坪
F 历史遗迹	FA 物质类文化遗存	FAA 建筑遗迹	石灰窑遗址、砖窑遗址、红军小道、革命旧居址、月池、建筑内外的红色标语
		FAB 可移动文物	李氏族谱
	FB 非物质类文化遗存	FBB 地方习俗	婚嫁习俗、丧葬习俗、祭窑习俗、李氏宗族文化
		FBD 传统演艺	盾牌舞、采茶舞、猴狮舞
G 旅游购品	GA 农业产品	GAA 种植业产品及制品	本地西瓜、本地葡萄、地梨
H 人文活动	HA 人事活动记录	HAA 地方人物	略
		HAB 地方事件	知青下乡
	HB 岁时节令	HBB 农时节日	花朝节、寒食节、立夏、吃新节、六月六、冬至
		HBC 现代节庆	长塘古韵旗袍节

(一)资源丰度分析

与国家标准相比,长路村旅游资源主类、亚类和基本类型分别占国家颁布标准指标的87.5%、52.17%和25.45%。

(二)资源类型构成

在主类方面,长路村的旅游资源涵盖了国家标准的7个类型。在亚类方面,长路村仅有12个亚类,占全部亚类的52.17%。其中,天象与气候景观占比最小(为0%),长路村不具有此类景观;建筑与设施类旅游资源占比相对较高(为43.75%)。在基本类型方面,长路村旅游资源相对较弱,没有超过50%。长路村旅游资源类型构成如

图 3.1 所示。

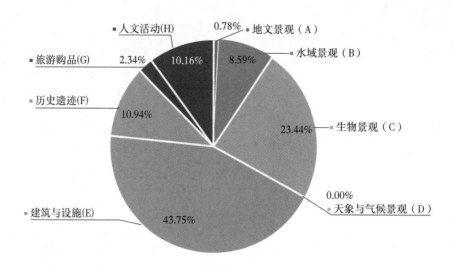

图 3.1　长路村旅游资源类型构成

三、旅游资源评价

(一)定量评价

1. 评价指标体系构建

根据"旅游资源共有因子综合评价系统",资源价值评价项目包括评价要素价值(共占85分)、资源影响力(共占15分)、附加值(范围为±3分),具体分配如下:评价要素价值中,观赏游憩使用价值30分,历史科学文化艺术价值(共占25分),珍稀或奇特程度15分,规模、丰度与几率10分,完整度5分;资源影响力中,知名度和影响力10分,适游期或使用范围5分;附加值中,环境保护与环境安全分为正分(3分)和负分(-5分、-4分、-3分)。

2. 旅游资源等级划分

在对旅游资源单体进行打分的基础上,可将所有资源分为5个等级,从高级到低级依次为:

五级旅游资源,得分值域≥90分;

四级旅游资源,得分值域75～89分;

三级旅游资源,得分值域60～74分;

二级旅游资源,得分值域45～59分;

一级旅游资源,得分值域30～44分;

此外,还有未获等级旅游资源,得分≤29分。

其中,五级为"特品级旅游资源";四级、三级统称为"优良级旅游资源";二级、一级统称为"普通级旅游资源"。

长路村主要旅游资源定量评价分值表见表3.3。

表3.3　长路村主要旅游资源定量评价分值表

序号	资源名称	评价项目								赋值 (100)	级别
		评价要素价值					资源影响力		附加值		
		观赏游憩使用价值 (30)	历史文化科学艺术价值 (25)	珍稀或奇特程度 (15)	规模、丰度与几率 (10)	完整度 (5)	知名度和影响力 (10)	适游期或使用范围 (5)	环境保护与环境安全 (3)		
1	清代古建筑	26	22	11	8	3	7	4	0	81	四级
2	长塘古韵度假酒店	26	20	11	8	4	7	4	−1	79	四级
3	民国古建筑	24	20	10	7	4	7	3	0	75	四级
4	知青文化馆	22	20	10	7	4	7	4	0	74	三级
5	近代特色风貌民居群	20	20	11	7	4	7	4	0	73	三级
6	自然科普馆	20	19	9	6	5	7	4	1	71	三级
7	红色标语	20	20	11	7	3	6	4	0	71	三级
8	知青下乡	20	20	10	5	3	5	4	3	70	三级
9	温泉	22	18	9	7	4	5	3	1	69	三级
10	梨园	19	17	8	7	4	6	4	1	66	三级
11	橘园	19	17	8	7	4	6	4	1	66	三级
12	桑葚园	18	18	8	7	4	5	4	1	65	三级
13	月池	19	17	9	7	3	5	3	1	64	三级
14	革命旧居旧址	19	17	9	7	3	5	3	0	63	三级
15	长塘古韵旗袍节	19	16	9	7	3	5	3	1	63	三级
16	李氏宗祠	18	17	9	5	3	5	4	0	61	三级
17	李氏房祠	18	17	9	5	3	5	4	0	61	三级
18	盾牌舞	18	16	9	7	3	5	3	0	61	三级
19	猴狮舞	18	16	9	7	3	5	3	0	61	三级
20	采茶舞	18	15	9	7	3	5	3	0	60	三级
21	长塘广场	18	15	9	7	3	5	3	−1	59	三级
22	周边农田	18	15	9	7	3	5	3	−1	59	三级
23	山泉	16	15	6	6	4	5	4	3	59	二级
24	后山鱼塘	16	15	7	6	4	5	4	1	58	二级
25	果园池塘	16	15	6	6	4	5	4	0	56	二级
26	盘古仙道场	17	15	6	5	3	5	4	0	55	二级
27	石灰窑遗址	17	15	6	5	3	5	4	0	55	二级

续表

序号	资源名称	评价项目							赋值（100）	级别
		评价要素价值				资源影响力		附加值		
		观赏游憩使用价值（30）	历史文化科学艺术价值（25）	珍稀或奇特程度（15）	规模丰度与几率（10）	完整度（5）	知名度和影响力（10）	适游期或使用范围（5）	环境保护与环境安全（3）		
28	砖窑遗址	17	15	6	5	3	5	4	0	55	二级
29	李氏宗族文化	17	15	6	5	3	5	4	0	55	二级
30	红军小道	17	15	6	5	3	5	4	−1	54	二级
31	婚嫁习俗	14	15	6	5	3	5	4	0	52	二级
32	丧葬习俗	14	15	6	5	3	5	4	0	52	二级
33	鱼塘（长塘古韵旁）| 14	15	6	5	3	5	4	−1	51	二级
34	周边山体	14	14	6	5	3	5	4	0	51	二级
35	李氏族谱	14	14	6	5	3	5	4	0	51	二级

（二）定性评价

1. 井冈圣地门户，区位优势明显

村落地处井冈山市的东北部，距井冈山市火车站仅1.5千米、泰井高速公路出口2千米，区位优势、交通优势明显。

2. 庐陵记忆之所，古村保存完好

长路村是国家级传统村落，村落保存有完好的历史地段和景观格局，现存19处清代建筑、12处民国建筑，它们以实物的形式记载了长路村各个时期民俗建筑的发展史，具有珍贵的史料价值与美学价值。在古宅保护利用上已经积累了一定的经验，长塘古韵度假村在市场上已有一定的影响力。保存有较为丰富的文化遗产和村落记忆。

3. 红色资源富地，年代氛围浓厚

长路村保留有大量的革命旧居旧址、红军小道、知青文化和红色标语，并且距井冈山风景名胜区27.8千米；村庄广大群众为中国革命做出过巨大贡献，有较多革命烈士；有大量知青到村中接受贫下中农再教育，保留有多处充满年代感的遗址遗迹，有吉安市唯一一家知青纪念馆。

4. 田园康养首选，资源组合独特

长路村属亚热带季风气候，四季分明，雨量充沛，年平均气温14.2℃，适宜居住；村落背山面田，茂林修竹，水域环境、地文景观等较为优良，且长路村地底已探明有可利用的温泉，生态田园和温泉资源构成稀缺的康养资源组合，适合发展生态康养产业。

（案例来源：编委组编制的《井冈山市拿山镇长路村旅游发展概念性规划（2021—2030年）》）

二、乡村旅游资源评价的其他方法

（一）定性评价方法

定性评价是指评价者（一般是旅游专家或旅游者）在考察旅游资源后根据自己的印象所做的主观评价，一般多采用定性描述的方法，也叫经验性评价法或体验性评价法，主要采用包含美学价值、文化价值、科学价值、历史价值、环境质量、组合状况、区位条件、适应范围、旅游客量、开发条件在内的标准进行评价。[1]该方法使用简单、应用广泛、包含内容丰富，但只能反映资源的概况，受主观因素的影响较大。[2]

1."三三六"评价法

"三三六"评价法是北京师范大学教授卢云亭提出来的。所谓"三三六"，是指"三大价值""三大效益""六大开发条件"，该方法即对"三三六"12个指标进行综合分析，从而对某地旅游资源价值进行评价。"三大价值"是指旅游资源的历史文化价值、艺术观赏价值和科学考察价值；"三大效益"是指旅游开发后的经济效益、社会效益和环境效益；"六大开发条件"是指旅游资源所在地的地理位置、交通条件、景象地域组合条件、旅游环境容量、旅游客源市场、投资能力和施工难易程度6个方面。

2."六字七标准"评价法

"六字七标准"评价法也叫资源及环境综合评价法。资源及环境综合评价法认为旅游资源的评价要从两个方面进行：一是旅游资源本身的价值，二是旅游资源所处环境的优劣。在对旅游资源本身进行评价方面，所采取的标准是美、古、名、特、奇、用。"美"即旅游资源是否给人以美的感受；"古"即旅游资源是否具有悠久的历史；"名"即旅游资源是否具有较高的公众知晓度；"特"即旅游资源是否有特别、稀有之处，是否为别处少见的旅游资源；"奇"即旅游资源能否给人以新奇之感；"用"即旅游资源给旅游者带来的价值。在对旅游资源所处的环境进行评价方面，使用的是季节、污染、联系、可进入性、基础结构、社会经济环境、市场7个指标。

3.一般体验性评价法

一般体验性评价法是指通过人们的感性认识，对旅游资源做出定性的评价或分级，一般无具体数量指标。这种方法通常是对游客进行问卷调查，或专家集体讨论，或统计旅游资源在旅游书籍、常见报刊上出现的频率，从而确定一国或一个地区最优秀的旅游资源（地），以调查旅游资源（地）的整体质量和知名度。我国曾评选的"中国旅游胜地四十佳""中国十大名胜"，以及各地的十佳景点评选，就是通过这种方法产生的。这种评价方法着眼于旅游者对旅游地的质量体验的评价，具有一定的局限性，它适合对少数知名度较高的旅游资源（地）的评价，不适用于评价一般的或尚未开发的旅游资源（地）。

---

[1] 何效祖.基于地域系统结构研究的旅游资源评价与旅游地实证分析[D].甘肃：兰州大学，2007.
[2] 陶慧，冯小霞.旅游规划与开发理论、实务与案例[M].北京：中国经济出版社.2014.

4. 美感质量评价法

美感质量评价法是一种从美学价值的角度对旅游资源进行评价的方法。[①]这种评价方法一般是基于旅游者或旅游专家的体验并进行深入分析,评价的结果多具有可比性。其中,关于自然风景质量的视觉评估,目前公认的有四大学派,即专家学派、心理物理学派、心理学派和现象学派。

1)专家学派

专家学派认为,凡是符合形式美原则的风景(皆指自然风景)就具有较高的风景质量。因而,对风景的分析基于其线条、形状、色彩和质地四个要素,强调多样性、奇特性、协调统一性等形式美原则在风景质量分级中的主要作用。美国及加拿大等国的土地管理部门、林务部门及交通部门多采用专家评价方法进行风景评价。

2)心理物理学派

心理物理学派把风景与风景审美理解为一种"刺激—反应"的关系,将心理物理学的信号检测方法引用到风景质量评价中,通过检测公众对风景的审美态度获得一个反映风景质量的量表,然后将该量表与风景组成成分之间建立起数学关系。这种方法在小范围森林风景的评价研究中应用较广。

3)心理学派

心理学派又称认知学派,该学派把风景作为人的生存空间、认知空间来研究,强调风景对人的认知作用在情感上的影响,试图用人的进化过程及功能需求来解释人对风景的审美过程。风景审美的认知学派理论已经比较成熟,但由于其研究侧重点在于对人类风景审美过程的理论解释,到目前为止,仍难以在大规模的、要求有量化结果的自然风景质量评价中使用。

4)现象学派

现象学派又称经验学派,其研究方法一般是考证文学艺术家们关于风景审美的文学、艺术作品,考察名人的日记等,借此来分析人与风景的相互作用及某种审美评判所产生的背景。另外,也通过心理测量、调查、访问等形式,记叙现代人对具体风景的感受和评价。该学派把人在风景审美中的主观作用提高到了绝对高度,把人对风景的审美评判看作人的个性与文化历史背景、志向与情趣的表现。

(二)定量评价方法

随着我国旅游业的不断发展,进入20世纪80年代,我国专家学者开始尝试对旅游资源进行定量研究。对旅游资源的评价主要采用定量评价法,它主要是指评价者在掌握了大量数据资料的基础上,依据某种评价指标或标准,将旅游资源的评价分为若干个因子,并将这些因子进行具体客观的量化,然后运用数学模型和统计方法进行评价。

1. 技术性单因子定量评价

技术性单因子定量评价,是评价者在进行旅游资源评价时,针对旅游资源的旅游功能,集中考虑某些起决定作用的关键因素,并对这些因素进行适宜评价或优劣评判。这种评价的基本特点是运用了大量技术性指标,一般只限于对自然旅游资源尤其是登

[①] 吴国清.旅游资源开发与管理[M].上海:上海人民出版社.2010.

山、滑雪、海水浴等专项旅游资源的评价。例如,对海水浴场的评价,主要是考虑海滩和海水状况等决定因素对活动的影响程度。日本东急设计咨询(大连)有限公司在为我国台湾南部垦丁风景特定区制定的旅游开发规划中,曾提出如表3.4所示的海水浴场评价的技术指标。

表3.4　海水浴场评价标准(日本)[①]

序号	资源项目	符合要求的条件	附注
1	海滨宽度	30~60米	实际总利用宽度50~100米
2	海底倾斜	1/60~1/10	倾斜度愈低愈好
3	海滩倾斜	1/50~1/10	倾斜度愈低愈好
4	流速	游泳队流速要求在0.2~0.3米/秒,极限流速0.5米/秒	无隔岸流之类局部性海流
5	波高	0.6米以下	符合游泳要求的波高为0.3米以下
6	水温	23℃以上	不超过30℃,但愈接近30℃愈好
7	气温	23℃以下	
8	风速	5米/秒以下	
9	水质	透明度在0.3米以上,COD在2克以下,大肠杆菌数在1000 MPN/100 mL以下,油膜肉眼难以辨别	
10	地质粒径	没有泥和岩石	愈细愈好
11	有害生物	不能辨认程度	
12	藻类	在游泳区域中不接触身体	
13	危险物	无	
14	浮游物	无	

2.层次分析法

层次分析法(AHP分析法)的提出者是美国匹兹堡大学的运筹学家赛蒂。该评价方法在20世纪70年代提出,是一种多层次的权重分析方法。在国内,最先将层次分析法用于旅游资源评价的是中山大学的保继刚教授。层次分析法的具体评价过程是:先将要评价的旅游资源划分成若干个组成部分,确定每一个部分的权重,并以此对被评价对象进行分解,然后在对分解后的比原问题简单得多的层次上逐步分析判断,最后将判断的结果用可量化的数学形式表现出来。层次分析法具有高度的逻辑性、系统性和实用性,是一种使用范围较广的定量评价法。例如,李国庆(2021)以安徽省休闲农业与乡村旅游示范园区为研究对象,运用层次分析法,建立旅游资源评价指标体系,从基础条件、服务管理和功能3个方面选取18个相应指标,对休闲农业与乡村旅游资源进

---

①表中海滨意为海滩。资料来源:保继刚,楚义芳.旅游地理学(修订版)[M].北京:高等教育出版社,1999.

行综合评价。①

该研究的指标体系构建如下：在资源开发中，基础条件是前提，经营管理是保障，功能效益是目标，因此将三者作为准则层。休闲农业与乡村旅游资源兼具自然和人文特征，可以被开发利用的资源包括山水田园的自然风景、悠久驰名的文化内涵、特有的农副产品及特色节事活动。在遵循科学性、综合性等原则的基础上，参考国内外专家学者的研究成果，选择子准则层和指标层，从而构建符合安徽省休闲农业与乡村旅游特点的评价指标体系。

权重计算方面，运用YAAHP软件构造层次模型，采用德尔菲法，以专家问卷的形式邀请10位旅游管理、城乡规划等学科的专家，按照相对重要性等级对指标进行两两比较，进行1~9分的评价。每位专家的打分都用软件进行矩阵检验和一致性验证。

休闲农业与乡村旅游资源综合评价指标和权重分配见表3.5。

表3.5　休闲农业与乡村旅游资源综合评价指标和权重分配

目标层	准则层	权重	子准则层	权重	指标层	权重	排名
休闲农业评价指标体系(A1)	基础条件(B1)	0.111	区位条件(C1)	0.011	地理区位(D1)	0.006	17
					交通区位(D2)	0.005	18
			资源禀赋(C2)	0.030	田园风光(D3)	0.024	12
					文化内涵(D4)	0.007	16
			规划开发(C3)	0.070	开发规模(D5)	0.030	10
					特色项目(D6)	0.039	8
			配套设施(C4)	0.040	餐饮住宿(D7)	0.013	15
					安全设施(D8)	0.028	11
	经营管理(B2)	0.250	产品开发(C5)	0.055	农产品种类(D9)	0.024	13
					节庆活动(D10)	0.031	9
			发展能力(C6)	0.155	员工素质(D11)	0.071	7
					营销方式(D12)	0.084	5
	功能效益(B3)	0.639	经济效益(C7)	0.246	接待人数(D13)	0.103	4
					收入增长率(D14)	0.153	1
			社会效益(C8)	0.101	带动就业(D15)	0.079	6
					研学价值(D16)	0.019	14
			环境效益(C9)	0.293	绿色产品占比(D17)	0.144	2
					生态保护(D18)	0.140	3

---

① 李国庆.安徽省休闲农业与乡村旅游资源评价[J].安徽农学通报,2021(17).

3. 指数评价法[1]

旅游资源的指数评价法一般分三步进行。

首先，调查分析旅游资源的开发利用现状、吸引能力及外部区域环境，调查要求有准确的统计定量资料。

其次，调查分析旅游的需求量、旅游者的人口构成、平均逗留时间、旅游消费趋向、旅游需求构成以及需求的节律性等旅游需求要素。

最后，完成总评价的拟定，建立表达旅游资源特质、旅游需求与旅游资源之间关系的若干量化模型。其公式为：

$$E = \sum_{i=1}^{n} F_i M_i V_i$$

其中，E 为旅游资源的评价指数；F_i 为第 i 项旅游资源在全体旅游资源中的权重；M_i 为第 i 项旅游资源的特质和规模指数；V_i 为旅游者对第 i 项旅游资源的需求指数；n 为旅游资源总数。

国外有些学者在评价旅游资源时，不仅采用了需求指数形式，而且与旅游者可利用程度（供给）结合起来，最终决定旅游资源的总价值。通常把旅游点的潜在吸引力程度称作旅游资源潜力指数。其公式为：

$$I = \frac{A + B}{2}$$

其中，I 为旅游资源潜力指数；A 为旅游需求值；B 为旅游可得性值（旅游供给）。I 可表示一个旅游点的实际可利用程度，充分代表它具有的旅游吸引力。其中，B 值的获取是根据人们的一般感受、观察和经验，选择季节性、可进入性、准许性、重要性、脆弱性和普及性 6 个反映旅游资源基本特性的标准，让更多的专家学者对其进行判断比较，以数量的形式给出 6 个标准的相对贡献值，并按好、中、差等级排出其序位。

4. 模糊数学评价法

模糊数学评价法是依据模糊数学的隶属度理论，把旅游资源的定性评价转化为定量评价，即用模糊数学对受到多种因素制约的旅游资源做出总体评价。张春慧等（2013）应用模糊数学法对贵清山的旅游资源进行评价，同时指出其存在旅游开发不足、挖掘深度欠缺及基础条件差等劣势。[2]

本章小结

乡村旅游资源是以自然环境为基础、人文因素为主导的人类文化与自然环境紧密结合的文化景观，是由自然环境、物质和非物质要素共同组成的和谐的乡村地域复合体。它具有人与自然的和谐性、资源特色的地域性、资源内涵的民族性、乡土文

---

[1] 方海川，郭剑英，张力.旅游资源规划与开发[M].上海：上海交通大学出版社，2012.
[2] 张春慧，马小宁，谭立新.基于模糊数学法的旅游资源评价——以贵清山地质公园为例[J].安徽农业科学，2013(1).

化的艺术性以及民俗风情的丰富性等特征。乡村旅游资源可从成因、属性、特征、开发利用等不同层面,进行不同的类型划分。

乡村旅游资源调查是指运用科学的方法和手段,有目的、有系统地收集、记录、整理、分析和总结旅游资源及其相关因素的信息与资料,以确定某一区域旅游资源的存量状况,并为旅游经营、管理、规划、开发和决策提供客观科学依据的活动。乡村旅游资源调查的内容包括旅游资源环境调查、旅游资源存量调查、旅游要素调查以及旅游客源市场调查。乡村旅游资源的调查方法有文案调查法、实地考察法、访谈调查法、遥感调查法、统计分析法以及分类分区法等。

乡村旅游资源评价旅游资源的评价一般分为单体评价(本体要素评价)和开发评价两种类型,两者既有联系又有区别。对旅游规划者来说,要根据规划地的实际情况建立科学的评价模型,准确地反映规划地旅游资源的真实价值,从而变资源为产品,实现旅游规划目标。当前在实践中使用较多的仍是《旅游资源分类、调查与评价》(GB/T 18972—2017)中的评价模型。此外,也有多种其他的评价方法可供选择,定性评价方法主要有"三三六"评价法、"六字七标准"评价法、一般体验性评价法以及美感质量评价法等,定量评价方法则有技术性单因子定量评价、层次分析法、指数评价法以及模糊数学评价法等。

复习思考题

根据小组负责区域/村落的基础分析结论,参考本章所学知识和案例3.1的图文形式,对负责区域/村落的旅游资源进行调查和分类,并使用定性和定量相结合的方法对其进行综合评价。

第四章
乡村旅游市场分析与预测

学习目标

1. 掌握乡村旅游市场调查及分析方法，了解市场调查的主要内容和方式；
2. 掌握乡村旅游市场分析的主要内容：区域旅游市场趋势分析、旅游客源市场构成分析、区域旅游竞争与合作分析；
3. 了解乡村旅游规划中的目标市场定位，能够在编制规划时运用基本的市场定位方法，提出项目地的目标市场定位。

重点难点

1. 乡村旅游规划编制过程中市场调查的数据获取与具体操作；
2. 乡村旅游规划编制过程中对项目地旅游客源市场的细分；
3. 对项目地旅游目标市场进行合理的预测与分析。

近年来，我国乡村旅游市场呈现旅游产品丰富、活动模式多样、客源群体分布广泛、客源市场不断扩大、从业市场不断拓展等发展特点。在发展趋势上，一是地方政府主导力度明显增加，政府对乡村旅游的基础设施和公共服务设施建设的投资力度加大；二是投资多元化趋势日益明显，政府投资、村集体投资、企业投资等多方投资主体逐步参与乡村旅游的建设；三是乡村旅游开始注重追求产品的特色化、规模化、品牌化，各地各具特色、初具规模，依托各类产业的乡村旅游点不断增加；四是消费升级促进乡村旅游向多元化发展，农家乐、民俗村、田园农庄、农业科技园、古村落、乡村度假村、乡村民宿村、乡村露营地等产品层出不穷；五是乡村旅游产业链进一步完善。"旅游+""互联网+"等助推休闲旅游、旅游电子商务、城镇旅游等的发展。对项目地的旅游市场开展充分调查，明确项目地所在区域旅游市场的发展趋势、主要构成与面临的竞争与合作环境，是对目标市场进行科学定位的必要基础性工作。

第一节 乡村旅游市场调查

一、乡村旅游市场调查的主要内容

在对乡村旅游市场进行分析之前,通过扎实的旅游市场调查工作,充分收集一手资料和二手资料,是确保乡村旅游规划成果科学、合理、可操作的基础工作。乡村旅游规划中的市场调查主要包括客源地的旅游市场环境调查、旅游市场需求调查、游客人口学特征调查、游客旅游动机和购买行为调查、旅游市场竞争与合作调查、旅游营销信息调查等方面的内容。①

(一)旅游市场环境调查

旅游市场环境是指对旅游市场产生直接和间接影响的各种外在因素。通过旅游市场环境调查,可从中发现各种机会、风险和约束条件。乡村旅游市场环境主要包括乡村旅游项目地自然地理环境、社会经济环境、社会文化环境和政策法律环境等方面。

其中,自然地理环境包括调查区域与各级旅游市场的距离、旅游市场的人口情况、旅游资源分布情况等;社会经济环境要素主要包括地区国民生产总值、人均国民生产总值、个人可支配收入、居民储蓄存款情况、消费水平、消费结构、物价指数、城市化水平等,由于可支配收入是实现旅游活动重要的外部条件之一,因此决定游客收入水平的经济环境对旅游市场的旅游需求结构与需求量会产生巨大的影响;社会文化环境主要包括客源地的人口数量、人口素质、人口自然结构、人口职业和行业结构、民族分布与构成、宗教信仰、风俗习惯、语言、审美观与价值观等;政策法律环境主要包括与旅游业发展有关的方针政策和法律法规,如关于国民经济与社会发展的规划、乡村旅游发展的方针政策、对外经济贸易政策、环境保护政策等。

(二)旅游市场需求调查

旅游需求是在一定的时期内、一定的价格上,游客愿意而且能够购买的旅游产品的种类和数量,即游客对某一旅游目的地的需求数量。这种需求表现为有支付能力的需求,即通常所称的旅游购买力。旅游购买力是决定旅游市场大小的主要因素,是旅游市场需求调查的核心。

旅游市场需求调查又可以分为现实旅游需求调查和潜在旅游需求调查两方面。现实旅游需求调查主要是通过抽样调查来推算总体购买数量,一般需要调查居民旅游购买力和居民可支配收入等重要因素;潜在旅游需求调查对于旅游规划的编制和旅游地发展而言都非常重要,主要调查潜在游客的特征、数量、需求特点,以及了解潜在游

---

① 马勇,韩洁,刘军.旅游规划与开发[M].武汉:华中科技大学出版社,2020.

客的旅游需求趋向,包括游客会将其旅游购买力用于何处、购买旅游产品的类别、购买的时间和出游的地区。

(三)游客人口学特征调查

人口学特征是市场细分的重要标准之一,对确定目标市场定位意义重大,因而也是市场调查的重要内容之一,调查时主要采集客源地域分布、家庭结构、年龄构成、性别比例、职业分布、受教育程度等人口统计学信息。在获取项目地现实游客或潜在游客的此类信息时,往往需要采用问卷调查的方式。

(四)游客旅游动机和购买行为调查

游客旅游动机调查的目的主要是弄清旅游动机产生的各种原因,以便采取相应的激发措施。目前,常见的乡村旅游出游动机主要有观光、度假、美食、研学、亲子聚会等。对旅游动机的调查能够帮助规划者进一步找准项目地核心旅游吸引力所在。

游客购买行为调查就是对游客购买模式和习惯的调查。一般来说,游客购买行为调查主要涉及不同群体游客的旅游偏好调查、旅游决策行为调查、旅游消费行为调查、旅游空间行为调查,以及旅游满意度、出游时间和逗留时长、到访次数与频率的调查等方面。游客购买行为调查的结果,对项目地围绕市场需求开发人性化旅游产品与项目、针对性开展市场营销有重要指导作用。

(五)旅游市场竞争与合作调查

旅游市场竞争与合作调查主要调查同类以及互补性项目、景区、旅游目的地的产品情况及当前的市场占有率等,应重点了解潜在竞争对手的核心旅游产品和特色服务项目,以及产品的质量、数量、成本、价格技术水平、发展潜力等。对于存在合作可能的互补性项目,则应重点关注区域空间联动、外部线路组织等信息。相对于其他的同类旅游地,乡村旅游地在类型内部的差异性是较易营造的,市场对同一区域内多个乡村旅游景区景点组线发展的包容性也较强,如江西婺源县、贵州黔东南等以乡村著称的旅游目的地,整个区域内分布有多个乡村旅游景区景点。因此,同一区域内乡村旅游景区景点之间并非是单纯的竞争关系,更多是竞争与合作并存。通过差异化合作,可以更好地提升区域旅游吸引力,共同将客源市场培植壮大,在编制乡村旅游规划时,还是应该本着差异化开发的基本原则。

(六)旅游营销信息调查

旅游营销信息调查主要调查乡村旅游项目地的区域、企业、景区旅游营销方式、营销渠道和营销效果,包括旅游景区、旅游企业、目的地旅游营销商的经营能力,如目前销量和潜在销量、采用哪种营销渠道效果最佳、广告媒体的选择等。

二、乡村旅游市场调查的主要方式

开展旅游市场调查的主要方式包括二手资料和一手资料的采集与分析。旅游市场调查过程中,首先要列举所需材料的基础目录,然后开展二手资料的采集与分析工作,再对二手资料进行审查和分析,通过一手资料的采集进行补充和完善。

(一)二手资料采集与分析

开展乡村旅游规划的市场分析调查工作时,规划人员一般先收集二手资料。二手资料是指由他人为其他目的事先收集好且恰巧对本次研究有价值的信息。通过二手资料,可以从中判断分析调研问题是否能部分或全部解决。若能解决,则无须去收集成本很高的一手资料。按照由内至外的原则,二手资料的采集主要包括以下几种方式。

1. 乡村旅游地内部资料采集

规划编制人员首先联系负责乡村旅游项目地规划的企业或单位,提供乡村旅游地的旅游线路、旅游产品、热门景点、配套设施的基本信息,旅游人次和收入情况、单位年度总结和计划、现有的乡村旅游市场分析相关材料等,进而了解到项目地的产品种类、产业发展情况、客源类型和旅游方式等。

2. 当地旅游政府部门资料采集

及时与乡村旅游项目地所在的政府部门取得联系,可能涉及旅游、统计、乡村振兴、教育、林业等多个部门,收集区域内自然文化资源、旅游产品开发、旅游项目建设、公共配套服务、旅游从业情况、旅游规划策划、年度总结计划、旅游统计数据等材料,为分析区域内旅游市场概况、精准定位项目地目标市场做铺垫。

3. 媒体平台等渠道资料采集

通过商业报告平台查询与乡村旅游项目地相关的行业市场报告,借助图书馆等信息平台收集报纸、期刊、书籍等学术作品的相关研究成果,依托互联网媒体平台获取项目地相关的旅游市场相关图文、视频材料,对各平台所得资料进行整理和筛选,作为项目地市场分析的辅助材料。

二手资料初步采集完成后,需要对二手资料的收集单位、调查目的、性质类型、收集时间和方法、资料一致性等进行审查,进而评估所获得二手资料的准确性、有效性和适用性。

(二)一手资料采集与分析

一手资料,又称原始资料或实地调查资料,是指非既有资料,资料需要者必须经过市场调查步骤,直接从受访者处获得期望的资料数据。一手资料具有精确度高的特点,适合分析变动频繁的要素。乡村旅游市场调查中,一手资料的采集工作一般包括以下几种方式。

1. 实地面谈法

规划编制团队前往乡村旅游项目地,通过预约访问、街头采访的形式进行面谈,调查乡村旅游市场需求、游客旅游动机和购买行为等。实地面谈法具有方便灵活、回答率高、可靠性强的优点,有利于直观、深入地获得所需信息。

2. 问卷调查法

开展问卷调查主要包括现场发放问卷和留置问卷等形式,调查对象主要是旅游者,调查内容包括旅游者的消费行为、消费心理以及基本信息等。通过对乡村旅游客源市场进行调查,便于了解客源市场现状。

3. 电话、网络调查法

通过电话、网络等媒介开展乡村旅游市场调查,适合开展简单明了、逻辑清晰的资料采集工作,具有速度快、费用低、覆盖面广等优点。在乡村旅游规划编制过程中,此方法适用于少量资料的补充咨询。

一手资料采集过程消耗人力、物力、财力相对较多,但目的性和时效性强,是乡村旅游市场调查中常用到的资料采集方式。一手资料采集完成后,调查人员需要对数据进行逐份筛查,剔除掉不合格的数据资料,然后对有效资料进行统一整理和编码,以便开展调查数据的统计工作。资料统计和分析过程中常用到 Excel、SPSS、Python 等数据处理工具,得到统计结果后即可开展全面的分析工作。

第二节 乡村旅游市场分析

完成区域旅游市场调查工作之后,规划团队要对收集的信息进行综合分析,形成图文并茂的旅游市场分析内容,作为整个规划成果的基础部分纳入其中。乡村旅游规划中的旅游市场分析,一般由以下几个部分组成。

一、区域旅游市场趋势分析

对区域旅游市场趋势抽丝剥茧式的分析,可以帮助项目地明确旅游市场发展的重点方向。从乡村旅游规划文本编制的逻辑来说,区域旅游市场趋势分析也是确定市场定位、明确目标体系的必要铺垫。具体的分析逻辑是,从宏观或中观区域入手,以省(区)—市—县—项目地层层下落的方式,对项目地旅游市场趋势做概括性分析,也可重点分析乡村旅游市场的发展趋势,或从项目地所属产品类型入手对专项市场做趋势分析。例如,某项目地的核心资源是村边的峡谷溪流,拟开发的产品是漂流,在市场分析部分,就可以针对性地分析当前漂流旅游市场发展的现状与趋势。

二、旅游客源市场构成分析

旅游客源市场构成分析,一般是对项目地及其所在上一级空间单元的现实游客市场构成进行分析,具体可包括客源地空间结构分析与细分市场构成分析两个部分。客源地空间结构分析常用的体例是对省内旅游市场和省外旅游市场两个方面进行分析,如市场调查采集的资料可以支撑,也可以对现实游客市场做一级市场、二级市场和三级市场的区分。细分市场构成分析,则是要分析现实游客市场具体由哪些细分的人群构成。游客客源市场构成分析,可以为科学定位乡村旅游项目地目标市场提供直接的信息支持。

三、区域旅游竞争与合作分析

科学处理项目地所在区域内的竞争与合作关系是乡村旅游发展的重要环节,尤其是在乡村旅游需求日益旺盛的背景下,资源相似或互补、空间联系便利是旅游地之间竞争与合作的基础。通过竞争与合作分析,可以明确乡村旅游项目地未来发展的市场定位和策略,提升竞争力。在乡村旅游发展中,影响旅游项目定位和产品开发的因素很多,从竞争与合作分析的角度来看,主要考虑乡村旅游地的地缘关系、旅游空间结构及交通条件、区域发展战略、周边主要同类景点的旅游产品及业态布局、旅游者空间行为特征等。

(一)地缘关系

地缘关系是指以地理位置为联结纽带,在一定的地理范围内共同生活、活动而交往产生的人际关系。旅游项目的地缘关系是指在以旅游项目点为核心,辐射周边半径一定距离地区内(一般以乡、县、市、省行政区域为界线)的人文民俗、地域文化、发展脉络等方面的因素。

(二)旅游空间结构

旅游空间结构分析是指通过对土地及其负载的旅游资源、旅游设施分区划片,对各区进行背景分析,确定次一级旅游区域的名称、发展主题、形象定位、旅游功能、突破方向、规划设计、项目选址,从而将旅游"六要素"未来不同规划时段的状态落实到合适的区域,并将空间部署形态进行可视化表达。项目地所在的旅游空间结构直接受上位规划影响,一般乡村的旅游项目受当地的乡镇旅游发展总体规划的制约,限制项目开发的建设用地、发展定位、产品业态开发等。在进行竞争与合作分析时,还应当充分考虑周边地区的景点类型,分析其旅游产品和客源市场,重点分析同类旅游景点的发展定位、产品业态、客源市场等。通过对比综合分析周边景点的旅游发展状况,挖掘项目地自身的资源优势,实现旅游项目地差异化的发展定位、形象定位、目标定位和产品定位,保证在同一地区所规划的旅游项目发展定位的独一性、产品的差异性、客源市场的广阔性。

(三)项目地交通条件

项目地的交通条件是区别周边乡村旅游景点竞争与合作关系的重要影响因素。项目地的交通条件主要包括两大部分,即对外交通条件和内部交通条件。对外交通主要是指项目地与机场、高铁站、火车站等交通枢纽的空间距离情况,项目地周边的高速、公路、高路互通口等交通网络体系;内部交通条件是指项目地内部各景点之间的道路交通情况,如游步道、骑行道、机车道的设置情况等。分析对比项目地与其他旅游景区的交通条件,也是竞争与合作关系判别的影响因素之一。

(四)旅游项目产业依托类型

在进行乡村旅游项目规划时,应当充分挖掘项目地的特色资源——农业资源、生态资源、工业资源等,判断项目地是否为农业依托型景区、生态资源依托型景区、工业资源依托型景区等。通过在一定地域范围内对比分析同类旅游景点的发展状况,研究其旅游业态与旅游产品的共同性和差异性,从线路串联的角度分析其竞争与合作的关系。

第三节 乡村旅游市场预测

一、旅游市场细分

(一)旅游市场细分的概念

旅游市场是一种"异质市场",旅游者需求有很大的差异性。旅游市场是各种欲望、需要、情趣、爱好的混合体,有时又是各种欲望、需要、情趣、爱好的矛盾统一体。在这种情况下,很少有一个旅游供给者的产品能同时满足所有旅游者的需要。对于整个旅游市场,无论是质还是量的方面,任何一个旅游供给者都远远没有满足整个市场的能力。供给者只能识别出旅游者在需求上的差别,把需求基本相同的旅游者尽量划分为同质市场,以便制定自己的目标市场,调整、集中自己的供给能力,最大限度地满足这些旅游者的需要。

在乡村旅游规划编制中,乡村旅游市场细分,就是根据影响乡村旅游市场需求的某些变数,把整体的乡村旅游市场划分成若干个不同需求特征的细分市场。这些影响乡村旅游需求的变数因素包括年龄、性别、职业、国籍、收入、兴趣和购买方式等,它们的差异性和变化性的特点导致乡村旅游需求的多样性。根据某些影响因素,可将整个乡村旅游市场进行细分,其中每一个乡村细分市场都是一个具有相同或相似需求的购买者群体。

(二)旅游市场细分的意义

乡村旅游市场需求的差异性、多样性,是市场细分的客观基础,乡村旅游企业和开发者要想在市场上取得成效,必须首先寻找和确定自己的目标市场,准确地进行市场定位。乡村旅游市场细分的意义可从以下几个方面体现出来。

一是有利于发现机会市场。通过乡村旅游市场细分,可以根据旅游需求的差异性,把乡村旅游者区分出不同的群体,进而从中发现哪些顾客群的需求没有满足或没有充分满足。这些没有满足或没有充分满足的市场需求,对于乡村旅游目的地来讲,就意味着机会市场。在激烈的乡村旅游市场竞争中,谁能准确把握旅游者的需求并尽力满足,谁就能从竞争中求得发展。

二是有助于认识自身的资源潜力与制约，从而调整产品组合，进一步影响乡村旅游规划。乡村旅游产品是直接进入市场的物质产品和服务产品的综合，它是乡村旅游规划与开发、乡村旅游基础设施和乡村旅游管理水平的集中体现。进行乡村旅游市场细分，有助于把握市场变化的特点，有针对性地优化乡村旅游产品结构，抓好旅游产品的换代和优化。

三是有利于提高乡村旅游经济效益。准确地进行市场细分和选择目标市场，有利于乡村旅游企业有针对性地开展市场竞争，合理运用资源，以尽可能少的投入，取得尽可能高的经济效益。

（三）旅游市场细分的原则

乡村旅游市场有多种细分方法，有效的市场细分一般应遵循以下基本原则。

1. 可衡量性

可衡量性是指细分的乡村旅游市场是可以识别和衡量的，亦即细分出来的市场不仅范围明确，而且对其容量大小也能大致做出判断。

2. 可进入性

可进入性是指细分出来的乡村旅游市场应是项目地营销活动和旅游产品能够进入的，能对该市场施加影响，产生经营效果的。

3. 有效性

有效性是指细分出来的乡村旅游市场规模大小必须适当，既要保证有利可图，又要具有相当的发展潜力，能取得良好的经济效益。

4. 稳定性

稳定性是指乡村旅游细分市场必须在一定时期内保持相对稳定，以便能在较长的时间内制定有效的营销策略。

5. 差异性

差异性是指乡村旅游各细分市场的消费者对同一市场营销组合方案要有差异性反应。

（四）旅游市场细分的依据

乡村旅游市场细分是以旅游者需求的差异性为基础的。细分乡村旅游市场需要一系列的依据，具有代表性的市场细分变量主要有地理变量、人口统计变量、心理变量、行为变量4类。

1. 地理变量

地理变量细分就是按照消费者所处的地理位置、自然环境来细分乡村旅游客源市场。主要的细分因素有客源地所处国家、地区及其气候、地形和行政区划等。把地理因素作为细分市场的标准是从消费者需求的角度出发的，因为处于同一地理位置的消费者，受当地地理环境、气候条件、社会风俗、传统习惯的影响，其需求通常具有一定的类似性。

2. 人口统计变量

人口统计变量，是指以年龄、性别、家庭规模、家庭生命周期、收入、职业、教育程度、宗教、种族、国籍等为基本条件来细分乡村旅游客源市场。消费者需求、偏好与人口统计变量有着密切的关系。人口统计变量比较容易衡量,有关数据相对容易获取,因此经常以它作为某一地区乡村旅游客源市场细分的标准。

3.心理变量

心理变量细分是指依据旅游者的个性、兴趣、爱好等心理因素来进行乡村旅游客源市场细分。由于旅游者所处的社会阶层、生活方式和个性等不同,其心理活动也会有很大的不同。消费者的消费欲望、兴趣爱好和出游率等往往和人口特征有因果关系。

4.行为变量

行为变量细分是根据旅游者对乡村旅游产品的消费行为差异细分乡村旅游客源市场,如旅游者购买乡村旅游产品的时机、目的和频率,以及旅游方式、品牌忠诚度等行为特征。乡村旅游项目地在运用细分依据进行市场细分时应注意到几个问题:第一,市场细分的依据是动态的,它随着经济发展及市场情况的变化而不断变化;第二,不同的项目地在市场细分时采用不同的依据。各乡村旅游项目地的资源、旅游产品特征和企业所处产业链的位置不同,观察旅游消费者群体的角度也不同,因而所采用的细分依据应有所不同。

(五)旅游市场细分的程序

1.依据乡村旅游基础条件,选定旅游产品市场范围

乡村旅游项目地一般根据乡村旅游客源市场的需要来划定市场范围。然而,不同于一般有形商品,旅游产品受原始资源的制约比较大,有时候还要以旅游产品去寻找市场,如具有乡村当地特色的自然和文化资源是旅游产品开发的基础,景点的位置、风格、特色等已事先存在,不易更改。因此,乡村旅游项目地在划定市场范围,要结合乡村特色、资源能力和产品基本设计等因素来考虑。

2.依据所选市场旅游者的需求,选定恰当的细分标准

根据乡村旅游规划设计的经营目标,通过调查、收集资料,列出旅游者的各种现实需求和潜在需求,了解所选市场范围旅游者的各种需求,这些是开展乡村旅游规划市场细分的原始依据。在影响旅游者特征差异的各种因素中,要选出具有现实性且能反映市场特点的因素,作为初步细分乡村旅游客源市场的主要标准。

3.初步细分市场,并分析细分市场的主要特点

按上述细分标准划出细分市场,进一步分析每个细分市场的需要和特点,分析其原因,以便在此基础上决定是否可以合并这些乡村旅游细分市场或做进一步细分。对合并后各个细分的乡村旅游客源市场中消费群体的主要消费特点,给予形象化的概括和描述,以确定各细分子市场的特点。

4.对各细分市场进行估计与描述

在调查基础上,估计每个乡村旅游细分市场的顾客数量、购买频率、平均每次购买的数量等,并对细分市场的竞争状况以及发展趋势做出描述。乡村旅游规划只有在市场细分上下功夫,才能实现旅游资源及产品开发与客源市场需求的对接。缺乏市场分析的开发是盲目的开发,尤其是随着我国社会经济的发展和人民生活水平的提高,居

民群体出现新的分化组合,各种群体的旅游消费特点各不相同,在这种背景下,编制乡村旅游规划时更需要认真做好乡村旅游客源市场的细分工作。

二、旅游目标市场预测

在编制乡村旅游规划时,经过乡村旅游客源市场细分后,然后选择目标市场,并进行目标市场定位。目标市场定位要以乡村旅游资源、乡村旅游客源以及乡村旅游品牌分析为基础。

(一)旅游目标市场的分类

按游客来源来分,旅游目标市场可分为入境市场和国内市场。旅游规划要从本地实际出发,确定以哪个市场为主,并分析近期、中期、远期国内市场与入境市场份额的变化及其发展趋势。

旅游目标市场按旅游目标客源市场的重要程度,可以分为一级市场、二级市场和三级市场。一级市场指离本地较近、所占份额最大也最稳定的市场,是以本地游客为的主体客源市场;二级市场往往指离本地中等距离、所占份额较大的市场;三级市场一般指离本地最远、所占份额较小的客源市场。

此外,旅游目标市场可以按稳定程度,分为稳定市场和机会市场;还可以按旅游目标市场的地位,分为核心市场、发展市场和边缘市场等。

以上的分类方法只是目前在乡村旅游规划中采用较多的一些比较粗略的分类方式,更为科学和详细的分类应依据前面的客源市场细分结果来进行分类。乡村由于其资源条件和配套设施限制,一般将本地周边旅游市场作为主要的目标市场,但随着乡村旅游品牌的不断外延,目标市场也在不断发生变化。因此,在乡村旅游规划编制中,要结合多种分类方式、多重维度来开展乡村旅游目标市场的定位,精准、有效地指导乡村旅游地长期发展。

(二)旅游目标市场的定位方法

乡村旅游目标市场定位受很多因素的影响,不仅要充分考虑项目地自身因素,还要顾及周边旅游地客源市场等外在因素的影响。除了乡村旅游项目地与客源地的距离远近和交通便利程度,客源地的经济水平、客源地旅游者需求以及客源地与项目地的历史和文化联系等都会影响到乡村旅游地目标市场的定位。

根据乡村旅游目标市场定位的影响因素,乡村旅游目标市场定位主要用到如下几种方法。

1.距离定位法

由于距离衰减规律的影响,乡村旅游目标市场定位首先要考虑距离因素。一般按照一定的距离标准对乡村旅游项目地的客源市场进行级别确定。这里的距离是指完全超越行政区划分的距离,即不需要考虑行政约束,而直接以"自然距离"为标准进行定位。运用距离定位法确定出来的乡村旅游客源市场,往往形成一种"圈层市场",这是乡村旅游规划中经常见到的一种客源市场的划分形式,是在确定一级目标市场或核心市场时常用且比较有效的方法。

2. 交通沿线定位法

现代交通工具的发达、交通道路的改善以及交通线路范围的扩大,使得乡村旅游的规模、范围和内容都发生了巨大的变化,乡村旅游客源市场的范围不必只局限于距离相近的地方,而是可以随着交通线路的扩展延伸到其他区域。在交通线路延伸的范围里,乡村旅游客源市场完全打破了原有的"圈层市场"的状态,从而形成了"线路市场"。对于交通比较发达的地域,运用交通沿线定位法可以将其乡村旅游客源市场的范围扩大到很远的地域,且具有很强的可行性。

3. 文化联系定位法

客源地与乡村旅游项目地之间历史上的渊源、文化上的联系、政治经济方面的合作以及宗教信仰上的交流等,都是进行乡村旅游目标市场定位时必须要考虑的重要因素。在进行乡村旅游目标市场定位时,文化联系方面的因素往往可以超越其他定位方法而成为主要的定位依据。文化联系定位法一般应用于历史比较悠久、文化底蕴比较深厚,同时该历史、文化流传比较广的乡村旅游地;而且这种方法在确定二级、三级目标市场时应用比较广。运用这种定位方法,要求规划者在查阅大量文献、充分走访相关部门进而得到有关文化联系等确切的依据之后,再进行定位。

4. 经济水平定位法

乡村旅游目标市场规模深受客源地的经济发展水平的影响,其经济水平影响着客源地居民的出游量、出游率以及消费能力等。在确定目标市场时,对客源地的经济水平进行深入调查,将经济水平高的客源地确定为一级市场,将经济水平稍差但以后会逐步发展的地区确定为二级乃至三级市场,这种以经济水平为市场定位依据的方法就是经济水平定位法。要注意的是,这种定位法很少单独使用,往往要与距离定位法、交通沿线定位法等结合使用。

5. 旅游需求定位法

旅游需求定位法是将与乡村旅游项目地旅游产品或旅游资源特点相反、性质反差大的客源地确定为目标市场的方法。从根本上说,旅游活动的目的就是寻找差异,旅游目的地与客源地之间旅游产品和旅游资源特点之间的差异性、互补性是形成两地之间旅游流动的最根本动力,因此,可以根据这个原理来为乡村旅游项目地寻找目标市场。这种方法在潜力市场和远期目标市场的定位中比较有效,同时它也是距离定位法、交通沿线定位法以及经济水平定位法等方法的有力补充。

乡村旅游目标市场的定位不是固定不变的,千万不要把一些模式生搬硬套。要根据乡村旅游环境变化和旅游者需求等的变化,及时调整乡村旅游目标市场的定位。在乡村旅游规划中,对各发展阶段旅游目标市场的定位要充分考虑这一点。

案例4.1　江西省铅山县石塘镇旅游发展市场分析

本案例节选自《江西省铅山县石塘镇旅游发展总体规划(2013—2030年)》。规划编制时,规划区的旅游发展尚处于起步阶段,但已有部分游客自发慕名前来游览。该规划的核心任务是在旅游资源调查摸清家底的基础上,对旅游市场做出客观的分析,并在此基础上,明确旅游业在该镇国民经济和社会发展的地位与作用,提出镇域旅游发展的总体定位发展目标,对旅游业发展的空间布局、要素结构等做出总体部署,提出重点旅游产品、核心项目的发展思路,以及旅游发展的支持保障体系,为规划区在规划期内的旅游发展绘制一幅清晰的蓝图,明晰发展方向。

一、规划区概况

石塘镇位于江西省上饶市铅山县东南山区盆地中,武夷山的北麓,上分线公路东侧,素有"武夷山下小苏州"之誉称。东邻英将乡,南接武夷山镇,北与稼轩乡、永平镇毗连,西与紫溪乡接壤,总面积54平方千米。

石塘是一座千年古镇。相传五代时镇北有方塘十口,名十塘,后谐音为石塘。南唐保太十一年(953年)置镇,距今有1000余年历史。石塘镇有着原汁原味的手工造纸业、精美绝伦的明清古建筑、保存完好的革命遗址与多姿多彩的民俗风情,是中国极具特色的江南古镇之一。

石塘镇旅游资源丰富。据调查,镇区内共有旅游资源8个主类、19个亚类、53个基本类型,共144个旅游资源单体。在空间布局上,呈现出总体趋于分散、局部偏向集中的特点。镇区内集中了大部分的旅游资源单体,资源特色以纸业遗址、商贾文化、红色遗迹为主;镇区外围则以路河为通道向外发散,通往英将乡的664县道和石塘河为轴线串联起西北—东南方向的资源分布带;资源特色以山水休闲、农业生态为主。

二、市场分析

(一)旅游市场趋势

1.江西省旅游市场趋势

近年来,江西省委、省政府对旅游业发展工作高度重视,将旅游业作为国民经济和社会发展的重要战略性支柱产业、现代服务业的龙头产业、鄱阳湖生态经济区重点建设的四大基地之一进行培育。在省委、省政府的强势推动下,全省以大开放的视角引导,以大联合的行动促进,以大手笔的举措拉动,使得江西特色旅游产品在全国的影响不断扩大,旅游市场的发展呈现出一片大好的景象。"十一五"期间,江西省旅游业保持了持续高速增长的势头。2010年,全省接待旅游人数首次突破1亿人次,实现旅游总收入818亿元。2011年,江西省旅游接待人数实现大幅增长,旅游接待人数达1.6亿人次,比2010年增长47.8%,增幅位居全国首位。2012年,江西省接待国内旅游人数20347.3万人次,比2011年增长28.3%,其中接待入境旅游人数156.2万人次,增长15.0%,创历史新高。

2.上饶市旅游市场趋势

近年来,上饶市旅游业保持强劲发展势头,旅游接待又快又稳发展,不论是国内接待还是入境接待都保持较高速度的增长。特别是近些年,上饶市一批著名旅游景区迅速崛起,如2011年11月婺源国家乡村旅游度假实验区正式揭牌,2012年3月婺源县被国家旅游局授予首批"全国旅游标准化示范县",2012年9月三清山被联合国教科文组织正式列入世界地质公园名录,2012年万年神农源、德兴大茅山景区成功获批国家级风景名胜区等。上饶市委、市政府对旅游产业发展非常重视,持续加大旅游宣传促销力度,频繁开展一系列宣传推广活动,极大提升了上饶旅游的市场吸引力,游客规模迅速扩大。统计数据表明,2006—2012年上饶市的旅游接待人次与旅游收入均呈现出强劲的增长势头,2012年上饶市接待游客4176.50万人次,实现旅游总收入300亿元。

3. 铅山县旅游市场趋势

根据《铅山县旅游发展总体规划(2012—2025年)》分析,2006—2010年铅山县游客人数占上饶市全市比例呈逐年下降趋势,"十一五"期初(2006年)与期末(2010年)铅山县旅游总收入在全市旅游总收入中的占比亦呈下降趋势。这说明,"十一五"期间,相对于上饶市旅游人数与收入的强劲增长势头,铅山县的旅游市场规模和质量都相对滞后。

近年来,铅山县通过了一系列高起点、高投入、高标准的旅游开发建设,铅山县委、县政府在2011年第十二次党代会上提出"旅游崛起"的奋斗目标,举全县之力加快部署和实施大旅游发展战略,大力开发旅游资源,培植壮大旅游产业,有力地促进了该县旅游业的发展。在旅游市场方面,依托"江西风景独好"品牌旅游宣传平台,加大铅山旅游整体形象宣传力度,积极开拓客源市场,扩大铅山旅游市场规模;多次组织促销团参加国内大型旅游推介会。受益于上述有力举措,铅山县的市场知名度得到了大力的提升,旅游市场规模有明显的增长。2012年,铅山县接待游客171万人次,实现旅游总收入12.75亿元。

4. 石塘镇旅游市场趋势

石塘镇历史文化底蕴厚重,文物古迹众多,是江西省首批历史文化名镇,有"千年古镇"之称。但2006年以前古镇未开发旅游,旅游资源基本上闲置,旅游发展处于原始自发状态。

2006年前后,游客来源主要是前来石塘镇考察的游客,由于一直没有核心景区和品牌产品,石塘镇市场吸引力不大、知名度不高,旅游业发展处于起步阶段,以观光市场为主,休闲度假市场缺乏,消费水平较低。

2011年,石塘镇把服务业作为镇域经济增长的突破口,大力开发旅游。依托"省级历史文化名镇"名片,积极向外推介旅游,吸引省内外客商纷纷前来考察,全年接待慕名来石塘观光的游客近万人。

2013年以来,石塘镇进一步依托省级历史文化名镇和红色旅游经典景区,借势申报国家级历史文化名镇,积极开展旅游宣传和推广活动,使越来越多的人了解石塘、走进石塘。

(二)市场构成分析

1. 江西省客源市场构成

1)国内旅游客源市场的地域构成

江西省的国内旅游市场总体上以近程市场为主,远程市场游客比重则在稳步增长。近程市场以本省游客为主,外省游客集中于长三角和珠三角的大中城市,特别是集中于省会城市和与江西交通便捷的城市,如上海、杭州、广州、深圳、福州、长沙、湘潭、武汉、南京、苏州等。远程市场以北京、山东、天津为主,并逐渐成为重要的外省客源地,其他省份所占比例较小。

2)入境旅游市场的地域构成

近程市场以港澳台地区为代表的亚洲游客为主,远程市场以美国、加拿大为代表的美洲游客,以英国为代表的欧洲游客以及以澳大利亚为代表的大洋洲游客为主。

2.上饶市客源市场构成

1)国内旅游客源市场的地域构成

国内旅游客源市场为由近及远的区域性市场,以长三角、珠三角等发达地区为主,北方客源市场渐趋活跃。近程市场以鹰潭市、景德镇市、南昌市等省内大中型城市游客为主,还包括长三角、珠三角、闽东南以及湖南、湖北等区域的游客。浙江、福建、广东分别位居国内旅游客源市场的第二、第三、第四位。远程市场以辽宁、山东、黑龙江为中心的北方市场为主。

2)入境旅游市场的地域构成

上饶市2010年入境旅游以近程市场为主,四大客源地为中国香港、澳门、台湾地区和东南亚国家,分别占总入境游客数量的60%、18%、4%、4%。

3.铅山县的旅游客源市场构成

国内游客:铅山县主要客源市场集中于铅山县3小时交通圈内,铅山县约70%的游客来自本省,如上饶市、鹰潭市、景德镇市、南昌市等本省大中型城市,其中大多数以前往葛仙山进香祈福的香客及到鹅湖书院的游客为主,除省内客源市场外,主要是长三角、珠三角、闽东南等区域的游客。

入境游客:入境客源市场仍处于极低的层面,入境游客总量少,入境市场有待开发,如葛仙山、鹅湖书院及黄岗山等旅游景区均对我国港澳台地区游客和日本的游客具有一定潜在吸引力。

4.铅山县旅游发展的目标客源市场

上饶市规划中对铅山县旅游发展目标客源市场的定位见表4.1。

表4.1 铅山县旅游发展的目标客源市场

客源市场	国内市场	入境市场
一级市场(基础市场)	江西省、福建省及长三角地区	日本、韩国、中国港澳台地区
二级市场(拓展市场)	珠三角地区市场	西欧、北欧、北美、东南亚、澳大利亚
三级市场(机会市场)	中国其他地区	其他国家和地区

(三)市场定位分析

1.客源市场定位分析

基础市场:江西省内的上饶市、鹰潭市、景德镇市、南昌市、抚州市;福建省的武夷山市、南平市以及浙江省衢州市等邻省近距离城市。基础市场位于石塘镇3小时的交通圈内,通过汪乌线、梨温高速、温沙高速、景鹰高速、宁上高速等与石塘镇联系。基础市场是石塘镇旅游发展的关键所在,也是近期的重点突破市场。

拓展市场:海峡西岸经济区内的其他城市、长三角地区内的其他城市。上饶市属于海峡西岸经济区中的一部分,且石塘镇与福建省武夷山市一衣带水,该区域将是石塘镇旅游业步入发展期后市场开拓的重点。长三角发达的交通网络,极大地缩短了到异地旅游的时空距离,在未来有高品位旅游产品供给的情况下,江浙沪地区游客周末到石塘旅游可能性较大。

机会市场：长株潭城市群、武汉、珠三角等国内其他经济较为发达的地区。随着我国中部地区路网建设的发展，长株潭城市群居民在3天小长假期间来石塘休闲度假将成为现实。包括港澳在内的珠三角市场出游意愿和消费能力较强，地理上相对邻近，可以作为潜在市场。

2. 专项细分市场分析

根据石塘镇的旅游资源禀赋，结合目标客源市场近年来的发展趋势，以下3类专项细分市场适合作为规划期内产品开发的主攻方向。

1) 文化体验旅游市场

(1) 市场趋势：方兴未艾。

随着社会经济不断发展、国民受教育程度的不断提升以及旅游消费的不断升级，人们越来越注重旅游的本质。在旅游过程中，越来越多的人开始追求对自然、历史、人文、生命等更深层次的了解和认识。文化体验旅游逐渐成为人们青睐的一种旅游方式。同时，在推动文化产业成为国民经济支柱性产业的背景下，旅游业与文化的深度融合发展符合国家政策层面的引导方向。

(2) 需求特征。

游客群体特征：居住地与目的地之间有较大的文化差异；普遍具有较高的受教育程度、良好的文化素质；多数游客经济条件较好，旅游消费能力较强，且大部分游客具有较丰富的旅游经验。

消费行为特征：具有历史感、新鲜感且文化品位较高的旅游产品，易受参与性、体验性旅游活动吸引；对旅游活动各个环节的要求均较高，关注细节；停留时间较长，过夜游客居多；重游率不高，但对潜在旅游市场影响力较大。

2) 休闲度假旅游市场

(1) 市场趋势：旅游市场发展的主旋律。

经济持续快速发展，为休闲度假旅游发展奠定了物质基础。越来越快的工作、生活节奏，也使人们从生理上和心理上都迫切地需要休闲度假。闲暇时间的增加、出行条件的改善为耗时较多的长线休闲度假旅游发展提供了必要条件。据世界旅游组织相关统计，度假旅游产品已常年占旅游市场20%的份额并呈逐年增长之势，休闲度假旅游已成为新时期旅游业发展的主旋律，其市场具有广阔的发展前景。

(2) 需求特征。

游客群体特征：年龄多在25～44岁，具有大专以上的较高学历，收入为中等偏高水平，具有较强的旅游消费能力；选择度假旅游产品的主要原因是由于已经厌倦了"赶场式"的观光旅游方式，而转向"逗留式"的休闲度假旅游。

消费行为特征：偏好自然生态环境优美的旅游目的地，对旅游地各项旅游设施要求较高；目前，国内休闲度假旅游者对参加休闲、娱乐活动的兴趣尚不如国外旅游者浓厚，对与陌生人交往的兴趣不大，对于客房上网便利性的要求很高；旅游活动的空间范围不大，以一地停留型为主；重游率高于其他细分市场游客群体。

3) 红色旅游市场

(1) 市场趋势：增长势头强劲。

目前，红色旅游已在全国形成"燎原之势"，2012年全国红色旅游共接待游客6.7亿人次,同比增长 24.1%。在纪念场馆免费开放的前提下,红色旅游年综合收入 1667.5 亿元,同比增长 15%,市场增长势头强劲。2000 年初,江西省在全国率先提出"红色旅游"概念,经过这些年的发展,以南昌、井冈山、瑞金、安源为主阵地的红色旅游已成为一张名片,领跑于全国,成就了"红色风景,江西这边独好"的格局。

(2)需求特征。

游客群体特征:以党政机关和企事业单位的工作人员、中小学生为主,年龄结构、受教育程度、旅游消费能力等差异大;对红色旅游地资源的垄断性和知名度等要求较高。

消费行为特征:出游时间有明显的规律性,高潮主要集中在小长假和纪念日前后,可预见性强;以团队游居多,旅游活动个性化程度较低;单纯的红色旅游具有以观光为主、停留时间短、消费较低等特征;与历史文化旅游、自然观光旅游、团队培训活动等组合的"红+古""红+绿""红+学"等复合型红色旅游停留时间较长,消费水平也较高。

(四)竞争合作分析

1.近邻空间内相似资源的竞争分析

旅游地之间的竞争多发生在同一近邻空间内的相似资源之间。对石塘镇所处区域内相似旅游资源的竞争分析见表 4.2。

表 4.2 石塘镇旅游发展的竞争分析

旅游地名称	石塘镇	河口古镇	鹅湖书院	婺源古村落群
与石塘镇空间距离	0 千米	40 千米	35.2 千米	200 千米左右
旅游资源概况	省级历史文化化名镇,素有"武夷山下小苏州"之美誉,商贾文化发达,江南纸业重镇,红色文化遗迹较多	2013 年入选"中国历史文化名街道",江西古代"四大名镇"之一,号称"八省码头",商贾文化发达	国家重点文物保护单位,南宋理学家朱熹等讲学聚会之所,古代江西"四大书院"之一,古迹众多	被誉为"中国最美的乡村",以粉墙黛瓦的徽派古建筑群、小桥流水、油菜花的景观以及徽商文化享誉天下
市场知名度	★☆☆☆☆	★★☆☆☆	★★★★☆	★★★★★
旅游发展阶段	起步阶段	初步发展阶段	发展阶段	巩固阶段
竞争激烈程度	☆☆☆☆☆	★★★★★	★★★☆☆	★★☆☆☆
市场竞争对策	/	突出纸业文化和红色文化资源特色;争取更高平台的美誉评价	突出旅游产品和旅游活动的参与性、体验性;寻求旅游景区组线发展的合作机会	积极抢占福建及浙江市场

2.近邻空间内异质资源的合作分析

对石塘镇所处区域内异质旅游资源的合作分析见表 4.3。

表 4.3　石塘镇旅游发展的合作分析

旅游地名称	北武夷大峡谷	叫岩	葛仙山	三清山	福建武夷山
与石塘镇空间距离	21.2千米	52千米	56.5千米	134.6千米	90.8千米
旅游资源概况	典型的峡谷型旅游资源，水质清冽，奇峰林立，并有太平天国遗址、闽赣古道、河口红茶茶厂遗址等人文遗迹	低丘岗形丹霞地貌，山水并胜，奇洞遍布，有灵应古寺庙、舍利塔等遗址，以及红军渡江指挥所遗址、巾帼渠等红色文化古迹	国家级风景名胜区，名闻赣、闽、浙的道教圣地，有众多保存完好的道教建筑；自然景观以孤峰挺拔、溶洞幽深为特色	世界自然遗产，以山岳风光称绝，被誉为"西太平洋边缘最美的花岗岩"；拥有众多历史悠久的道教人文景观	世界自然文化双遗产，素有"碧水丹山，奇秀甲东南"之美誉，以秀水奇峰、幽谷险壑、历史悠久、古迹众多而享有盛誉
市场知名度	★★★☆☆	★★☆☆☆	★★★☆☆	★★★★★	★★★★☆
旅游发展阶段	初步发展阶段	初步发展阶段	发展阶段	巩固阶段	巩固阶段
联动发展策略	文化体验型旅游产品与生态观光型旅游产品的互补组合，适合实行"1+1"的旅游景区通票制	红色旅游产品的专项组合，自然、人文异质旅游产品的线路组合以及联合市场营销推广	山地观光型旅游产品与古镇文化体验型旅游产品的互补组合。游览区与综合服务区的功能组合	积极改善两地之间的交通情况，缩短时间距离；在三清山投放宣传资料，争取客源	开展与赣、闽两省主流组团社的合作，融入武夷山旅游线路。在武夷山投放宣传资料，争取客源

（案例来源：编委组编制的《江西省铅山县石塘镇旅游发展总体规划(2013—2030年)》）

本章小结

　　乡村旅游规划编制中的市场分析与预测包括旅游市场调查、旅游市场分析、旅游目标市场定位三部分内容。
　　旅游市场调查的主要内容包括旅游市场环境调查、旅游市场需求调查、游客人口学特征调查、游客旅游动机和购买行为调查、旅游市场竞争与合作调查、旅游营销信息调查6个方面，一般采用二手资源收集分析和一手资料采集分析两种方式完成。

乡村旅游市场分析是在充分调查的基础上，对项目地旅游市场做出研判的过程，具体包括区域旅游市场趋势分析、旅游客源市场构成分析、区域旅游竞争与合作分析3个方面的内容。其中，区域旅游竞合分析主要从地缘关系、旅游空间结构、项目地交通条件、旅游项目产业依托类型4个方面进行。

乡村旅游目标市场预测的关键，是找准项目地的目标细分市场。市场细分工作贯穿整个市场分析工作中，既指导市场分析，也支持目标市场预测。根据影响旅游市场需求的地理、人口统计、心理、行为等变量，把整体市场划分为若干个不同需求特征的市场。乡村旅游目标市场有多种分类方案，实践中多根据重要程度定位一级市场、二级市场和三级市场。乡村旅游目标市场预测时采用的定位方法主要有距离定位法、交通沿线定位法、文化联系定位法、经济水平定位法、旅游需求定位法等。

 复习思考题

参考本章案例4.1，结合小组负责区域/村落的具体情况，选择适合的方式开展项目地的乡村旅游市场调查，并对项目地旅游市场进行分析，对项目地旅游目标市场进行预测分析。

第五章
乡村旅游发展的定位研究

学习目标

1. 了解乡村旅游规划定位研究的基本理论,能够在规划编制过程中正确运用这些理论;

2. 了解乡村旅游规划总体定位的概念和基本原则,掌握乡村旅游规划总体定位的方法,能够在规划编制过程中选择适合的方法提出符合规划区实际情况的总体定位;

3. 了解乡村旅游规划目标体系的概念,掌握旅游发展目标的分类,能够在规划编制过程中提出规划区的旅游发展目标体系;

4. 了解旅游形象定位的概念与特征,理解乡村旅游形象建立的作用与原则,掌握乡村旅游形象设计的基本流程,并能够在规划编制过程中依照流程完成乡村旅游形象的定位分析与口号设计。

重点难点

1. 乡村旅游规划总体定位方法在实际操作中的运用;

2. 乡村旅游规划编制过程中提出科学合理的规划区旅游发展总体定位和目标体系;

3. 乡村旅游规划编制过程中确立规划区旅游形象定位,提出差异化的形象口号。

　　明确规划区在规划期内的发展战略,提出科学合理兼具指导性的发展定位与目标体系,是所有类型规划编制工作的重中之重,对于乡村旅游规划来说,也是如此。定位研究需在科学的理论指导下开展,要求规划编制团队对规划区的发展环境与背景、行业政策、资源禀赋、发展基础、市场现状与趋势有充分的认识。从规划编制的技术层面而言,在本章之前出现的内容,可以被视为提出定位与目标的基础工作,在本章之后出现的所有章节,都必须围绕定位与目标来展开部署。

第一节 基本理论

理解和掌握定位研究过程中相关的基本理论,可以帮助规划编制人员遵循科学的思维逻辑,提炼出规划区的定位与目标。一般来说,在乡村旅游规划编制过程,特别是在定位研究过程中运用的主要理论有定位理论、地域分异理论、文脉理论、系统理论、区位理论、竞争力理论等。

一、定位理论

"定位"在旅游规划编制中可以理解为一种过程,最终在规划成果中呈现为一种概括性的表述。但"定位"本身是一个非常重要的营销理论。"定位"概念最早出现于20世纪70年代末,世界著名营销大师菲利普·科特勒认为:定位是指公司设计出自己的产品和形象,从而在目标顾客心中确定与众不同的有价值的地位[①]。早期,定位被视为营销管理"4P"要素,即产品(product)、价格(price)、推广(promotion)、渠道(place)之前的环节,影响着所有的后续步骤。随着这一概念被营销界广泛接受,在现代市场中,定位被理解为一个多维的市场营销过程,包括确定产品定位、确定品牌定位、确定公司定位3个相互制约、相互影响、相互促进的步骤。其后,定位理论被上升到一种战略抉择应用于企业经营管理的多个层面,定位过程所包含的内容也进一步拓展到包括发现市场空隙、建立企业品牌、企业品牌维度及企业品牌的后续操作等在内的整个环节。

定位理论在旅游规划编制中的应用属于战略层面的应用。规划编制团队与规划区其他利益主体共同整合旅游资源和产业基础要素,寻求旅游市场的突破口,创新产品和服务,并在此基础上,构建规划区独有的市场形象和品牌。

二、地域分异理论

地域分异实际上指的是地区之间的差异性,也就是指地理环境整体及其各组成成分的特征,按确定的方向发生变化,以致形成多级自然或人文的现象。制约或支配这种分异的规律,则称为地域分异规律[②]。地域分异规律一般包括纬度地带性产生的分异、海陆地带性产生的分异、垂直地带性产生的分异、地方性产生的分异等几种类型。

地域分异理论在旅游规划编制中的应用属于战略层面的应用。地域分异规律实际上决定了旅游资源分布的地域差异性,而旅游资源又是旅游产品开发的基础,因此,在旅游规划中必须考虑地域分异规律,基于旅游资源分布的地域差异性,挖掘地域特色,实现对规划区的准确定位。

---

① 王海峰,张梅.市场营销中之"定位"理论探索[J].商业研究,2004(4).
② 冯维波.试论旅游规划设计的理论基础[J].旅游科学,2000(1).

三、文脉理论

"文脉"一般被理解为"文化的脉络",是指一个地方文化发源的脉络,包括一个地方社会人文因素和自然环境因素的总和。20世纪90年代,陈传康等(1995)将文脉概念引入旅游规划中。他认为,文脉是指旅游点所在地域的地理背景,既包括地质、地貌、气候、土壤、水文等自然环境特征,也包括当地的历史、社会、经济、文化等人文地理特征,因而是一种综合性的、地域性的自然地理基础、历史文化传统和社会心理积淀的四维时空组合。①地方文脉是西方近现代建筑学、规划学传入中国之前,中国本土出现的认识天、地、人之间关系的思维模式。它有与中华传统文化思想观念相适应的一整套观念、术语、规律、原理和理论体系,侧重于城镇、乡村聚落、民居宅院的规划和选址布局。中国大量的历史名村、历史名城、历史名宅、寺庙观亭、古代人居环境等设计案例均反映了地方文脉原理的应用。地方文脉是山川灵气、地理背景、自然环境与人文心理交相感应的文化积淀。它反映了一个地方特有的文化气质、文化特征和特有的民风民俗,以及与之相适应的人居环境和地理风貌。②

文脉理论在旅游规划编制中的应用属于战略层面的应用。在旅游规划中,要找到并突出地方文脉,以地方文脉为主线,正确定位规划区主题,在主题思想的指引下,进行旅游目的地形象定位、景区景点的景观设计。③

四、系统理论

系统是指由相互联系的各个部分和要素组成,具有一定结构和功能的有机整体。系统理论要求把研究和处理的对象都看作一个系统,从整体上考虑问题;同时,把系统内部的各个环节、各个部分以及系统内外环境等因素,都看成是相互联系、相互影响、相互制约的。旅游规划的本质就是以旅游目的地为中心,通过对旅游吸引系统的规划,推动旅游系统形成、变化和发展的过程。④因此,在旅游规划实践中,规划人员应该具备系统观念,将规划区看作一个完整的系统,结合旅游系统的特性分析规划区的属性及其与外部环境的联系,对其内部构成要素进行完善,理顺各要素之间关系,使其健康、有序、协调地发展。

系统理论在旅游规划编制中的应用属于操作层面的应用。规划编制团队需要在系统理论的指导下,对旅游规划区进行全盘考虑,在规划时不能过于偏重某些要素,而忽视另外一些要素,要整体考虑、综合规划,才能使旅游业协调发展;同时,要求规划者对规划区的各种资源进行合理配置,要根据旅游资源的质量、旅游项目的优劣,还有地区集散程度、开发难易程度、投资规模、客源市场保证度以及开发后的效益等诸方面进行综合分析,并在此基础上,提出项目的合理定位。

---

①陈传康,王新军.海南岛旅游开发与投资走向[J].地理学与国土研究,1995(1).
②邹亮,王晓宇.辽宁"五点一线"沿海经济带旅游业开发探析[J].辽宁经济职业技术学院(辽宁经济管理干部学院学报),2009(5).
③汪克会.文脉旅游应用研究综述[J].桂林旅游高等专科学校学报,2007(5).
④李星明,曾菊新,LIU Juanita C..旅游规划的文化生态理论研究[J].人文地理,2014(1).

五、区位理论

区位理论是说明和探讨地理空间对各种经济活动分布和区位的影响,研究生产力空间内组织的一种学说。区位理论研究的实质是生产的最佳布局问题,即如何通过科学合理的布局使得生产能以较少的投入获得较大的利益。区位理论对旅游发展战略的制定具有重要的指导意义,区位条件的好坏反映了人们旅游方便程度的大小,从而也影响到旅游市场的大小和可进入的程度,决定来访游客的多少和进行旅游开发建设的力度,最终决定旅游经济效益的大小。①

区位理论在旅游规划编制中的应用属于操作层面的应用。规划编制团队在对规划区域进行定位研究时,应充分考量区域所属的区位特征,明确其区位条件的优势和劣势,摸清在一定区位条件下规划区的独特亮点,在此基础上,确定规划区域主题定位。

六、竞争力理论

竞争力是特定对象在竞争中显示的能力,是一种随着竞争变化且通过竞争体现的能力。②旅游产业的生命周期理论揭示了一个旅游地、旅游产品的"兴起—发展—衰败"过程,影响这一过程的一个主要因素,就是不同旅游地之间在旅游发展过程中的激烈竞争。在旅游规划编制过程中,一个重要的命题就是如何提高旅游发展的竞争力。与乡村旅游规划有着密切关联的竞争力有产业竞争力、旅游目的地竞争力、旅游产品竞争力。③

竞争力理论在旅游规划编制中的应用属于操作层面的应用。规划编制团队在旅游规划开展的过程中,一个重要的任务是对规划地的旅游业发展进行合理定位。规划编制者应充分考量规划区的景观形态、已有活动、产品族群等,并对同类旅游产品进行竞争比较,以此确定规划区的发展方向和主题。

第二节　总体定位

一、总体定位的概念

在旅游规划与开发过程中,旅游区的战略定位即结合旅游区的资源及未来愿景,在市场分析的基础上做出关于旅游区主题、功能、形象、产业、产品等方面的定位,从而

---

①孙建华.嵩山世界地质公园生态旅游资源评价与可持续发展研究[D].北京:中国地质大学(北京),2014.
②宣玲玲,刘欲晓,孙秋高.浙江省中小物流企业核心竞争力现状及提升对策[J].交通企业管理,2010(11).
③王纯阳.国外旅游目的地竞争力研究综述[J].旅游科学,2009(3).

使该旅游区在市场竞争中拥有强大竞争力,取得有利竞争地位的一种过程。[①]乡村旅游总体定位是在旅游资源调查评价与市场分析基础上,经过系统分析,用高度凝练的语言概括规划区主题、功能、形象、产业及产品,用于指导旅游规划与设计具体工作的一个过程。

乡村旅游规划中的定位研究是研究目的地旅游发展战略的前提和基础,也是其品牌营销的核心,更是乡村旅游形象设计的前提。乡村旅游总体定位其实也是乡村旅游的一个主题性定位,什么样的旅游主题就决定了建设什么样的乡村旅游景区景点、生产什么样的旅游产品、吸引什么样的消费人群。乡村旅游总体定位是乡村旅游目的地要展现给旅游者的一种理念或价值观念,其目的在于创造鲜明的个性和树立独特的形象,使其成为旅游形象的建设方向。乡村旅游总体定位的核心思想是"去操纵已存在心中的东西,去重新结合已存在的联结关系",其过程往往需要高度概括和提炼。

二、总体定位的原则

(一)资源导向和市场导向相结合的原则

资源禀赋是规划区乡村旅游发展的基础,基本决定了规划区生产何种旅游产品;市场需求是规划区乡村旅游产品的购买方,是影响规划区乡村旅游发展规模与方式的重要因素。规划区的总体定位,既要建立在对资源禀赋与特色充分把握的前提下,也要找准目标细分市场的关注点,坚持资源导向与市场导向结合,才能真正把握住规划区旅游发展的关键点。

(二)易识别性和难替代性相结合的原则

易识别性是指乡村旅游规划的总体定位要易于识别、一目了然,能让人一眼认出。切忌云里雾里,让人不知所云。同时,要抓住地方特质,运用特殊的语言、特殊的标识来对类似的地域加以区分。难替代性是指要抓住地域本身的特质、特点,与其他地区加以区分。例如,婺源的总体定位为"中国最美的乡村",在一个地域(中国)上加入了比较词"最美",使自身的定位与其他地区区分开,并展示了自身的独一性。

(三)因地制宜和与时俱进相结合的原则

因地制宜是指乡村旅游发展的总体定位需要符合规划区社会经济发展的实际情况、能够精准地体现规划区旅游发展的亮点、特色和主题,切不可一味地追求高大上,或置规划区地脉、文脉不顾,一味地攀附模仿其他知名的旅游目的地。同时,也不能因循守旧、刻舟求剑,简单粗暴地用规划区的现状来定位未来,而是要为规划落地后乡村旅游的发展预留一定的空间,提出具有前瞻性、指导性的总体定位。

[①] 马勇,韩洁,刘军.旅游规划与开发[M].武汉:华中科技大学出版社,2020.

三、总体定位的方法

(一)领先定位法

领先定位法适用于那些具有唯一性、不可替代性的旅游产品或旅游资源。如婺源、西江千户苗寨、宏村等,都是世界上绝无仅有的旅游产品,在世界上处于绝对的垄断地位。可以根据旅游者各种不同的标准和属性建立形象阶梯,在这些形象阶梯中占据第一的位置,就有领先的形象。

(二)比附定位法

比附定位法是一种"借光"的定位方法,就是攀附名牌、比拟名牌来给自己的产品定位。它借用著名景区的市场影响来突出自己、抬高自己。比附定位避开第一位,抢占第二位。如江西九江柘林湖改名为"庐山西海",越南下龙湾定位为"海上桂林"等。

(三)文化定位法

对于文化和历史积淀深厚的乡村地区,可以将文化内涵融入品牌,形成文化上的品牌差异,这种文化定位不仅可以大大提高品牌的品位,而且可以使品牌形象更加独具特色。

(四)对比定位法

对比定位法是通过与竞争对手的客观比较来确定自己的定位。在该定位中,乡村旅游景区设法改变竞争者在消费者心目中现有的形象,找出其缺点或弱点,并用自己的品牌进行对比,从而确立自己的地位。

案例5.1　宜春市袁州区西村镇旅游发展的总体定位

本案例节选自《宜春市袁州区西村镇旅游发展总体规划(2016—2030年)》,规划内容的重心是依托规划区的地理区位条件、旅游资源禀赋和现有产业基础,提出旅游业总体定位和发展目标,优化旅游业发展的要素结构与空间布局,策划镇域旅游产品体系和重点项目,提出旅游发展所需的保护措施和政策保障,促进镇域旅游业持续、健康、稳定发展。

一、规划区概况

西村镇位于江西省宜春市西南部的袁河上游,是宜春的西大门,东距宜春市城区18千米,西与萍乡市接壤,距萍乡市城区50千米。西村境内交通十分便利,320国道、沪瑞高速公路、沪昆高速公路、昌金高速公路、亭罗公路、沙温公路、浙赣电气化铁路在境内纵横交错。其中，沪瑞高速公路、沪昆高速公路、昌金高速公路在西村镇均有出入口，使西村镇成为主要通道高速化的乡镇，并由此形成了省际8小时经济圈和省内4小时经济圈。

二、总体定位

在基于对西村镇旅游资源全面调查和详尽分析的情况下，项目组从资源整合、品牌构建、产品创新、市场突破4个方面出发，展开对其总体定位的探索：一是资源整合，即深入挖掘、充分整合定位对象的文脉和地脉，寻找到其核心之处；二是品牌构建，即构建符合资源本底、具有市场吸引力的创新品牌，并融入产品设计中；三是产品创新，即结合资源供给与市场需求，把握产品创新亮点；四是市场突破，即结合资源本地的实际情况，关注市场需求，寻求定位的突破点。

具体到西村镇而言，资源整合方面，项目组重点突出"袁州园"这个核心资源，它是生长于青山碧水生态基础上的明珠；品牌创建方面，项目组发现西村镇不仅拥有稻田、花田、瓜田，还拥有花园、果园、菜园，由此项目组提出了"田野里的迪士尼乐园"这一品牌；产品创新方面，项目组提出要构造"以美丽乡村抚平城市居民的疲累，以自在田园圆满明月山水"的格局，打造休闲旅游产品；市场突破方面，项目组提出要立足赣西、引客国道、借势明月山，打造"明月山下的田园休闲旅游地"。

由此，项目组提出西村镇旅游发展的总体定位：依托区位优势、产业优势、环境优势，将西村镇打造成由"农业立镇、生态兴镇、旅游富镇"而引致的，以"生态农业观光＋园区休闲度假＋国道沿途服务＋旅游产业集聚"构成的，以"农旅互促、镇村联动于一体"的生态农业休闲旅游名镇。

（案例来源 编委组编制的《宜春市袁州区西村镇旅游发展总体规划（2016—2030年）》）

补充资料

鹰潭市乡村旅游发展专项规划的总体定位

第三节 目标体系

一、旅游发展目标的概念

乡村旅游规划中的发展目标，是规划区经过建设发展在规划期限内要完成的任务、要达到的要求、要实现的效果。在旅游规划编制中，乡村旅游规划发展目标具体指的是在对区域乡村旅游资源和市场环境充分了解的基础上，按照旅游规划区或专项旅游规划项目开发、发展的现实和未来需要所提出来的在未来一定时期（规划期）内将要努力完成的一系列基本任务。任何发展规划，不论其涉及的领域、内容有怎样的不同，都是围绕着发展目标的具体内容和要求来进行编制的。乡村旅游发展目标的确定，将决定乡村旅游业的产业地位和发展速度。因此，在综合考虑各要素基础上，制定合理的乡村旅游发展目标体系显得尤为必要。

需要注意的是，大部分乡村旅游规划的目标都比较微观具体，而且要充分考虑乡村旅游发展与农村、农业、农民发展之间的关系，将旅游发展对这三者的带动效应也纳入目标体系中统筹考虑。

二、旅游发展目标的分类

（一）按照旅游发展目标的内容类别分类

按照旅游发展目标的内容类别，可将旅游发展目标分为社会目标、生态目标、文化目标、产业目标四大类。其中，每一类还可按照旅游发展目标的内容类别进一步分为许多次一级的类型。

例如，在《鹰潭市乡村旅游发展专项规划（2018—2020年）》中，项目组从社会目标、生态目标、文化目标、产业目标4个方面对规划区的发展提出了相应的展望。

(1)社会目标：带动就业，推进乡村旅游扶贫。

(2)生态目标：通过开发促进生态保护。

(3)文化目标：传承道教文化、角山古陶文化、古越文化、谷酒文化、红色文化、畲族文化，振兴乡村文化。

(4)产业目标：打造一批乡村旅游点、一批乡村旅游企业、一系列乡村旅游线路，形成一系列乡村旅游品牌。

（二）按旅游发展目标的内容尺度分类

按照旅游发展目标的内容尺度，旅游发展目标可分为总目标和分目标。旅游发展总目标是旅游规划区或专项旅游规划项目在未来一定时期（规划期）内发展的总水平和总方向，是旅游规划编制的主要参考点。旅游发展分目标可进一步细分为阶段性分目标、区域性分目标和行业性分目标等类型。

例如，在《宜春市袁州区西村镇旅游发展总体规划（2016—2030年）》中，项目组提出了系列旅游发展目标，具体包括国内知名的特色休闲小镇、全国休闲农业与乡村旅游示范点、全国青少年科普示范基地、全国4A级旅游景区、江西省5A级乡村旅游点、赣西城市居民周末休闲度假首选地。

（三）按旅游发展目标的表述方式分类

按照旅游发展目标的表述方式，可将旅游发展目标分为定量目标和定性目标。定量目标，即用一些具体数字表述的在未来一定时期（规划期）内将要努力完成的一些基本任务，或者说是可以量化的发展目标。定性目标，就是难以用具体数字表述的在未来一定时期（规划期）内将要努力完成的一些基本任务，或者说是难以量化的发展目标。

在具体的表述方面，可以将定量目标与定性目标分别阐述，也可以融合使用。例如，在《吉安市青原区旅游民宿产业发展规划（2021—2030年）》中，项目组按照先总后分四阶段的方式，采用定量与定性相结合的表述方式，提出了规划区民宿产业发展的目标体系。

补充资料

江西省吉安市青原区民宿产业发展目标体系

第四节 形象定位

一、形象定位的概念

形象是建立在人脑信息处理基础之上形成的一种内在信念和印象,形象来源于认知。人首先通过感官获得认知对象的信息,形成感觉;再从感官的认识开始将认知对象的各种属性和特征形成一种整体性的知觉,继而在感觉和知觉的基础上形成留在头脑中和记忆里关于认知对象的形象。

旅游形象是旅游者对旅游目的地总体、概括的认识和评价,它是旅游目的地在旅游者心目中的一种感性与理性的综合感知。乡村旅游形象属于旅游形象的一种。它是旅游者对乡村旅游目的地总体、概括的认识和评价[①],包括其乡村旅游活动、乡村旅游产品等在旅游者心目中形成的总体印象,在旅游开发、旅游营销和旅游决策中作用巨大。

二、乡村旅游形象的特征

从旅游形象的构成角度看,乡村旅游形象是一种特殊的区域旅游形象,也具有旅游形象的一般特征。

(一)客观性与抽象性

一方面,形象本身是对具体事物的反映,是可感知的,但另一方面,形象是事物在人脑中的反馈,在多数情况下又是抽象的。乡村旅游目的地的社会存在决定了其形象具有客观性和具体性。离开了乡村旅游目的地的现状,便不能构筑起一个可以被认知、信赖和引起人们好感的乡村旅游目的地形象。对于城市生活的旅游者来说,乡村旅游是一种较为陌生的生活方式和体验方式。在没有乡村旅游体验的情况下,人们只能通过大众传媒或以往的经验判断来感知乡村旅游形象。因而,从这一角度上说,乡村旅游形象又具有抽象性。

(二)整体性

乡村旅游形象是由内外各要素构成的统一体。从内部要素看,它包括乡村旅游目的地文化、资源特征、民俗节庆、农事活动等;从外部看,它包括公众对乡村的认知、兴趣、信赖等。这两者之间密不可分,由此构成了内涵丰富、有机联系的整体的乡村旅游形象。

---

① 李华敏.乡村旅游行为意向形成机制研究[D].杭州:浙江大学,2007.

(三)多样性和复杂性

首先,乡村旅游形象主要是由人去塑造并被人感知的,因而总会受到不同思维方式的影响,认知能力和文化背景的不同,使人产生不同的感知。这也造就了乡村旅游形象的多样性和复杂性。其次,乡村旅游资源的组成既有自然环境,又有物质和非物质成分,由于其内容丰富、类型多样,不同的乡村旅游目的地形象呈现出多样性和复杂性。

(四)稳定性和可变性

乡村旅游目的地形象一旦形成,在相当长的一段时间内很难在人们心中淡化,形象是一种经验积累和理性认识的过程。某一乡村旅游目的地由于其资源特色与市场定位,其旅游形象相对稳定。而随着市场的变动,旅游者求新求变的心态,使得乡村旅游形象在一定程度上需要主动地在稳中求变,带给旅游者新的理念、新的创意,由此吸引和满足不同旅游者的需求。人们的思维、认识也是随着外部环境的变化而变化,思维中的某些乡村旅游形象也会随之而变化,或越变越好,或越变越差。乡村旅游需要不断创新目的地旅游形象,在创新过程中,保持旅游目的地形象的相对稳定性。

(五)战略性

树立乡村旅游形象的目的是提高旅游目的地的知名度,从而增旅游地的经济效益、社会效益和环境效益,实现这三大目标的过程便是乡村旅游形象战略化的表现。在社会化媒体环境的当今社会,口碑和品牌成为企业和地方经济在激烈竞争中取胜的重要因素。乡村旅游目的地要在激烈的竞争中取得良好发展就必须要着眼全局,提前进行战略部署,走乡村旅游形象战略之路。

三、乡村旅游形象建立的作用

乡村旅游形象是旅游目的地的生命,也是不同旅游区之间形成竞争的有力工具[①]。实施形象战略有利于提高旅游地的知名度,同时把握旅游产品开发及市场发展的方向,为旅游消费者购买决策提供信息帮助,也为旅行社组合和销售乡村旅游产品提供基础。

(一)把握旅游产品开发及市场发展的方向

乡村旅游地形象定位反映了旅游地的资源品级和产品开发的前景,也为旅游区的市场正确定位提供了参考,在各级政府为解决农村问题而鼓励大力发展乡村旅游的情况下,众多乡村旅游地的诞生使得不同旅游地存在旅游产品雷同现象,同类旅游产品之间存在明显竞争,只有通过差异化的、特色鲜明的形象设计,乡村旅游地才能发挥持久的魅力,形成各自的竞争优势。

(二)提供旅游消费者购买决策的信息

影响旅游者决策行为的不只有距离、时间、成本等一般因素,旅游地的知名度、美

---

① 卢绍香,殷红梅.乡村旅游地的旅游形象定位策划[J].太原师范学院学报(自然科学版),2006(4).

誉度、认可度同样重要。许多旅游消费者在面对众多陌生的旅游地时常常犹豫不决，旅游地形象的建立则增强了旅游地的识别度，使许多旅游产品被形象地、直白地表现出来，为旅游者做出决策提供了信息帮助。同时，我国乡村旅游发展的历史较短，加之有大量资源级别高、吸引力强的乡村旅游地地理位置较为偏远，交通和信息传播较为落后，许多乡村不为外界所知，因而旅游者无法对其形象做正确判断，影响了其对乡村旅游产品的购买决策，乡村旅游地形象策划则起到了补充和引导作用。

四、乡村旅游形象定位的原则

乡村旅游地旅游形象定位在遵循整体性和差异性原则的基础上，还必须反映市场需求，体现乡村自然与文化资源价值，同时应与乡村旅游产品的策划相结合。

（一）市场需求原则

乡村旅游地形象是影响目标市场购买决策的主要驱动因素[①]，作为旅游企业运营的一个环节，其本质是一种旅游市场营销活动[②]，而乡村旅游地旅游开发一般是以其整体形象作为旅游吸引因素推动旅游市场，因此乡村旅游地整体形象的塑造也必须紧扣旅游市场的发展趋势和需求。此外，乡村旅游地形象定位除了把握定位的目标市场外，还必须做进一步的市场细分，目的是与共享相同目标市场的乡村旅游地在市场方面实行差异化策略，以分流竞争力。

（二）体现乡村自然与文化资源价值原则

乡村的自然和文化旅游资源是乡村旅游地旅游形象定位策划的基础和前提条件。乡村性是乡村旅游的基本属性，这一基本属性决定乡村旅游地的基本范围和区域特点，同时也体现了交通、信息沟通以及物质能量流通缓慢等因素的制约，使得乡村地区的民间文化、传统习俗、自然环境等资源保存较为完好、古朴，并极大地满足了现代旅游者的审美需求和心理欲望，为乡村旅游开发提供了坚实的基础条件。在进行乡村旅游地形象构建时，地方文脉分析是必不可少也极为重要的。地方文脉分析包含了乡村的自然和文化价值分析，乡村旅游形象定位必须体现乡村旅游地的自然和文化资源的价值。

（三）与旅游产品策划相结合原则

旅游产品策划在总体上反映了旅游地形象，看似空泛的旅游产品由大量特色旅游产品做支撑。旅游产品策划是旅游区策划的重要部分，一个区域旅游策划的成功与否，除了市场开拓、定位是否成功外，很大一部分因素取决于产品策划。另外，旅游产品的不可运动性决定了产品需要旅游形象传播，以为潜在旅游者所认知，并引导旅游者思考要获得一个什么样的旅游经历来影响其购买决策。旅游地的旅游吸引物也是

[①]赵小燕.对旅游目的地可持续性发展的几点看法[J].旅游学刊,2006(6).
[②]张立建,甘巧林.旅游形象定位词面面观及错误根源剖析[J].旅游学刊,2006(6).

一种产品形式,各种吸引物形象的叠加形成了旅游地的基本形象。因此,决策者在构建乡村旅游地形象时,必须与旅游产品策划相结合。

(四)旅游消费者可接受原则

旅游地形象的传播对象是旅游者,在定位旅游地形象时,受众调查和市场分析是必不可少的环节。构建旅游地形象的目的是更大限度地开发潜在旅游市场,让游客更清晰、方便地了解旅游地的特点及其独特之处,从而诱发旅游动机。乡村旅游地形象定位应当考虑旅游者是否能够接受的心理。

五、乡村旅游形象设计的基本流程

乡村旅游形象设计是一项复杂而系统的过程,要求以理念识别系统为核心,以行为识别系统为内涵,以视觉识别系统为基础。所有的视觉表现都需要以内在的经营理念为依托,只有对经营理念有充分的理解,才能真正设计出能够反映经营理念的视觉识别系统,凸显乡村旅游的基本精神及独特的个性特点,吸引旅游者。在设计乡村旅游形象的前期,必须要有充分的准备工作,如前期研究,包括乡村旅游资源调查、市场调查、受众调查等,根据掌握的相关资料进行相应的形象设计。

(一)乡村旅游资源调查

乡村旅游形象设计首先要考虑乡村的旅游资源,包括民俗节庆、民族文化特色、地理优势特点。乡村旅游地的旅游形象设计过程中,地方文脉分析是重要环节。地方文脉分析主要是对乡村旅游地的资源特色和传统的民俗民间文化或后期形成的乡村社区文化等进行分析,寻找规划区具有代表性、有别于其他地区的乡村环境氛围特质。文脉分析在旅游地形象建立中的基础性和重要性同存,因为形象的内容源自文脉。同时,在乡村旅游形象设计中,地方文化的渗透是关键,也是旅游形象的灵魂所在。

(二)市场调查

市场调查分析是指在通过文脉分析得出旅游地基本形象后,通过对旅游者关于目的地认识与感知的分析来确定旅游目的地的总体形象。它是选择旅游地形象宣传口号的基础和前提,因为旅游地形象传播的对象是旅游者,通过调查确定形象,目的是满足潜在旅游者的预期心理。

(三)竞争性分析

旅游地竞争性分析的目的是体现旅游地的个性化与差异化。旅游地难免存在竞争,同时旅游者对旅游目的地的认知过程存在"先入为主"的效应,因此,定位乡村旅游地形象时必须进行竞争性分析,以免本旅游地处在其他同类旅游地的形象遮蔽中。

(四)受众调查

进行受众调查有助于了解受众的偏好,尤其是针对乡村旅游市场的受众,通过了解受众的偏好,可以对核心受众群进行分析与定位,充分挖掘并吸引潜在受众群体。只有在乡村旅游形象设计过程中充分考虑受众的喜好,才能使得乡村旅游形象的传播效果最大化。

(五)核心提炼与理念分析

核心提炼与理念分析是指通过对乡村旅游地充分调查后,在包括对旅游投资者和经营者的意向、旅游地的文化形态、旅游地的各种资源以及内外环境进行周密分析的基础上,提炼出鲜明的口号,确立自己的经营理念和哲学。可以根据总的定位理念,设计并推出一套相应的促销口号,对不同景区、不同目标市场推出不同口号,以完善和强化乡村旅游形象,在农民、旅游者以及目标旅游市场上保持一致的形象传播。

六、乡村旅游形象的口号设计

旅游口号是有效传递旅游形象给旅游者并能引起旅游者心理共鸣从而产生旅游欲望的重要文字符号化表达。①很多情况下,旅游形象口号甚至与旅游形象定位表述存在同一的现象。但也有不少学者认为,旅游形象定位与旅游形象口号仍有一定区别:旅游形象定位的文字表述更多的是为了给出一个概念,使旅游者能够对旅游地形成一个整体的印象;而旅游形象口号则是对形象定位的一种延展和渲染,其语言表述相对口语化。②乡村旅游形象口号是旅游地形象的点睛之笔,它以通俗易懂而又内涵丰富的语言勾勒出旅游地理念核心,一个精品旅游形象口号可使旅游者"一见钟情,朝思暮想"。对地方政府而言,旅游口号可以提炼旅游目的地的整体形象,强化旅游宣传的针对性,扩大旅游地知名度和影响力;对旅游者来说,旅游口号通过引起旅游者的心理反应,用精辟的语言、绝妙的创意,在旅游者心中构造一个富有魅力的旅游地形象。③不少旅游目的地都有内容清晰、个性突出的旅游口号,把该地区的形象特征刻画进潜在旅游者和实地旅游者的脑海中。

(一)形象口号设计的基本要求

设计出优秀的乡村旅游形象口号,要求设计者对规划区目标市场有充分了解,对规划区资源特质有准确的把握,并且熟悉旅游市场发展潮流与趋势,提炼出吸引力强、时代感强、特色突出的形象口号。形象口号的优劣很难有具体的评价标准,除了在表述上需要满足简短精悍、朗朗上口、易于记忆等要求外,还应满足独特性、社会性、吸引性、可感性、整体性、层次性和艺术性等要求④。

(1)独特性,是指乡村旅游形象口号要尽量反映规划区唯我独有的特色。

(2)社会性,是指形象口号要符合社会舆论的要求,提炼和呈现旅游地的正面因素,满足人们对美的追求。

---

①毕剑.旅游口号体系:概念辨析与关系模型[J].资源开发与市场,2014(11).
②崔晓明,周超.论旅游形象的塑造和营销——以安康市人文旅游资源优化为例[J].当代经济,2009(9).
③李燕琴,吴必虎.旅游形象口号的作用机理与创意模式初探[J].旅游学刊,2004(1).
④金颖若.旅游地形象定位及形象口号设计的要求[J].北京第二外国语学院学报,2003(1).

(3)吸引性,则要求形象口号能够为大众所理解和接受,具有领先性、新奇性、时代感和亲和性[①]。

(4)可感性,是指普通游客能够真切感受、体验到旅游形象,而不需要专业的分析、论证、比较。

(5)整体性,是指形象口号要能完整地凸显规划区的主体形象,而不是多条地方特色的简单拼凑。

(6)层次性,主要体现在三个方面:一是大尺度旅游区在统一的总体形象之外不排斥内部景区景点有具体的"小形象";二是同一个旅游区可以拥有主要形象和次要形象;三是针对不同目标市场,旅游区可以根据受众特征提出有所侧重的不同口号。

(7)艺术性,主要指旅游形象口号设计的语言要简洁、凝练、生动、优雅、新颖。

(二)口号设计模式

1.资源导向型

资源导向型主要是对旅游地的特色进行宣传,可以分为自我阐释和比较阐释。自我阐释采取不同的表现形式描述自身的旅游资源,特别是强调旅游资源的优势,在旅游资源进行自我阐释时,可以采取白描、比较、夸张多种表现手段。[②]例如,婺源采用夸张的手法,提出"中国最美的乡村——婺源"这一旅游口号;景德镇市瑶里景区则采用比较的手法,打出"天上瑶池·人间瑶里"这一旅游口号,将瑶里景区比作天上的瑶池。

2.游客导向型

游客导向型的旅游形象口号创意模式可以从两个不同的角度着手:一是刺激需求,既通过迎合游客感情上的某种需求,或借助重要事件的力量,或设置悬念来激发潜在游客的出游动机;二是克服阻力,通过承诺,帮助潜在游客克服在距离、时间、心理等方面的阻力,实现其出游行为。

案例5.2 江西省铅山县石塘镇旅游形象定位与口号设计

一、规划区概况

详见第四章案例4.1,此处略。

二、形象定位

与中国红色历史文化相结合的古镇古村不少,但目前鲜有古镇提出明确的红色古镇形象定位,而且在以传统纸业为主要资源载体的地域也尚未提出将纸业与旅游业融合发展。在原有"江南纸都"形象的基础上,可以考虑将石塘古镇的形象定位为:红色古镇,灵秀石塘。

---

①刘荣,李武武,缪爱飞.旅游营销口号评价指标的相关研究综述[J].市场周刊(理论研究),2013(1).
②张明珠,卢松,陈思屹,等.乡村旅游形象系统策划——以黟县深冲村为例[J].资源开发与市场,2007(7).

三、宣传口号

铅山石塘：中国第一红色古镇。

江南纸都，灵秀石塘。

诗画小镇，灵秀石塘。

纸都石塘，品重洛阳。

茶叶之路，源自石塘。

东南茶路第一站，江西铅山石塘镇。

武夷山下小苏州，来此观光乐悠游。

山塘水塘不如石塘，铅山石塘镇欢迎您！

（案例来源：编委组编制的《江西省铅山县石塘镇旅游发展总体规划(2013—2030年)》)

本章小结

乡村旅游发展的定位研究是在定位理论、系统理论、区位理论、文脉理论、地域分异理论、竞争力理论等理论指导下，在旅游资源调查评价与市场分析基础上，经过系统分析，用高度凝练的语言概括规划区主题、功能、形象、产业及产品，用于指导旅游规划与设计具体工作的一个过程。总体定位应遵循资源导向和市场导向相结合、易识别性和难替代性相结合、因地制宜和与时俱进相结合3个原则，常用的定位方法有领先定位法、比附定位法、文化定位法、对比定位法4种。

乡村旅游规划中的发展目标，是规划区经过建设发展在规划期限内要完成的任务、要达到的要求、要实现的效果。乡村旅游发展目标具有多元化、层次化的特征，因而是一个体系，可以从不同的角度区分为多种类型：一是按内容可分为社会目标、生态目标、文化目标、产业目标；二是按尺度可分为阶段性分目标、区域性分目标和行业性分目标；三是按表述方式可分为定量目标和定性目标。

乡村旅游发展的形象定位作用巨大，它是旅游区之间竞争的有力工具。乡村旅游形象定位的确定，一般应遵循市场需求、体现乡村自然与文化资源价值、与旅游产品策划相结合、旅游消费者可接受4个原则。在实际操作中，乡村旅游形象设计的基本流程包括乡村旅游资源调查、市场调查、竞争性分析、受众调查、核心提炼与理念分析5个步骤。在明确乡村旅游形象的基础上，围绕旅游形象提出具体的口号设计，形象口号应满足独特性、社会性、吸引性、可感性、整体性、层次性和艺术性等基本要求，设计时可选择资源导向型或游客导向型2种模式。

复习思考题

根据小组负责区域/村落的基础分析结论，参考本章案例的形式，提出规划区旅游发展的总体定位、目标体系、形象定位和宣传口号，并编写文字加以说明。

第六章
乡村旅游发展的空间规划

学习目标

1. 了解乡村旅游规划空间布局的理论基础和基本原则,能够在规划编制过程中正确运用这些理论;
2. 掌握乡村旅游规划空间布局的影响因素、方法和主要模式,能够在规划编制过程中正确运用布局方法,选择和提出符合规划区域实际情况和发展需要的空间布局;
3. 了解乡村旅游规划功能分区的基本概念,熟悉功能分区的主要方法,能够在规划编制过程中根据一般程序完成功能分区的划分。

重点难点

1. 乡村旅游规划空间布局方法在实际操作中的运用;
2. 乡村旅游规划实践过程中对空间布局主要模式的选择与调整;
3. 乡村旅游规划的编制过程中对规划区域进行科学、合理的功能分区。

空间规划是旅游规划编制的重要工作,是对规划区域内各类要素的统筹安排,界定了规划区域在规划期内建设与发展的内部结构,对于区域内的项目和线路设计都有着深远的影响。

一般来说,空间规划由确定空间布局和明确功能分区两个任务组成,空间布局旨在厘清规划区域发展的空间结构,以使后期项目的布局和线路设计在明晰的空间框架内开展。而功能分区的重点,在于明确各空间模块项目布局的方向和业态发展的重点,以及各个次空间在规划区域内的功能。在乡村旅游规划编制的实践工作中,通常先提出空间布局,再明确功能分区,也可将二者融为一体来进行明确。

第一节 理论基础与基本原则

乡村旅游空间规划是在科学的理论指导下,通过对规划区域空间要素及其负载的旅游资源、旅游设施分区划片,进而将旅游六要素的未来按不同规划时段的状态,落实到合适的分区,并将空间部署形态进行可视化表达的过程。

一、理论基础

(一)点-轴渐进扩散理论

点-轴渐进扩散理论是基于发展轴和中心地理论发展起来的,该理论不同程度地体现了社会经济空间组织的有效形式,在区域经济发展领域具有普适性,是制定区域生产力合理布局和区域空间发展战略的重要理论。在规划乡村旅游发展的空间结构时,点-轴渐进扩散理论具有重要的指导意义。要选择条件优越的地方优先发展,以"点"和"轴"为中心,确定优先开发、重点开发、引导开发和适度开发的区域,选择与资源环境承载能力相适应的旅游开发模式,避免粗放式开发;确定乡村旅游"开发点"和"开发轴",并利用重点开发轴,兼顾点与点之间的联系和作用,将以"点"为中心的"面",即各级旅游地系统空间网络化,进而形成"点""轴""面"相结合的空间结构体系。①

(二)核心-边缘理论

核心-边缘理论阐述了一个区域如何由相互不关联、孤立发展,变成彼此联系、发展不平衡,又由不平衡发展转变为相互关联、平衡发展的区域系统动态变化过程。②该理论在乡村旅游空间规划中的应用是:根据乡村旅游地的区位、资源和经济等因素,选择并大力加快核心区旅游发展,促使核心区由吸纳向辐射转变,同时积极培育次一级核心区域,发挥其辐射传递功能,进而推动旅游边缘区的繁荣发展,形成资源优势互补、建构区域旅游体系③;同时,在更大尺度范围内,进行旅游资源区域整合,在充分考虑辐射、吸收能力的前提下,积极探索乡村旅游圈的构造和寻求区域旅游联动发展,在整个区域旅游发展的均衡化推进中起到较好的效果。

(三)区域增长极理论

区域增长极理论是基于中心地理论和增长极理论发展起来的。该理论认为,经济增长在地理空间上并非均衡发生,而是以不同强度呈点状分布,增长中心通过各种作用带动周边地区经济增长。根据区域增长极理论的核心观点,乡村旅游发展的空间布局要从大局上综合把握,选择资源价值大、禀赋优越、区位条件好、社会经济发展水平高的乡村旅游地或旅游城镇作为旅游增长极来培育,从而形成规模效益,产生集聚效应。同时,也要考虑其与周边联系的紧密度,充分发挥其集聚和扩散作用,进而带动周边地区旅游景区(点)的发展,从而推动区域旅游经济整体发展。

---

① 郑嫦婷,陆林,陈浩.旅游目的地发展演化研究综述[J].安徽农业大学学报(社会科学版),2013(4).
② Fridman J R.Regional Development Policy:A Case of Venezuela[M].Cambridge:MIT Press,1996.
③ 王洪桥.东北地区旅游空间格局演化及机制研究[D].长春:东北师范大学,2017.

(四)产业集群理论

产业集群是企业为寻求外部经济而向某一区位集聚的现象,在高级集聚阶段,各个企业通过相互联系的组织而形成的地方工业化就是集聚经济,即产业集群。旅游业是服务业的重要组成部分,具有先天的集聚式发展的特点。产业集群理论在乡村旅游空间规划中的应用主要体现在中观层面,在编制一些较大区域范围的乡村旅游专项规划时,要充分考虑乡村集聚区、乡村旅游发展带的科学布局和支持引导,通过集聚促进乡村旅游形成产业链条①,使集聚区产生经济外部效应,带动周边区域和相关产业的发展。

二、基本原则

(一)突出特色原则

一方面,乡村旅游空间规划应区别于城市旅游规划,要凸显自然优美的乡村环境、山水田园意境和浓郁的乡土特色,切实避免在开发建设中的过度城市化、商业化和庸俗化;另一方面,要充分考虑乡村旅游资源特色、游览空间、发展功能等要素,突出乡村旅游地主题定位和形象定位,并可以进一步通过景观设计、服务方式、节庆活动等来塑造与强化各次级空间和功能区的特色。

(二)规划衔接原则

乡村旅游空间规划应服从国土空间保护利用规划中划定的"三区三线",严守城镇开发边界、永久基本农田保护红线、生态保护红线三条控制线,同时要与农林水利、文物保护、区域旅游总体规划等所确定的空间结构及定位相协调。

(三)因地制宜原则

要充分认识到乡村旅游规划实质上是对乡村地区资源要素的再次整合和二次开发,要对规划区已有的空间基底和要素进行充分的综合分析,再根据实际情况进行合理的功能分区。其空间布局应与规划区的地理环境、河流水域、道路交通、村镇结构等有较强的适应性,以确保空间规划可操作、可落地。

(四)分区协作原则

要考虑各个分区不同功能,在一定程度上实现各个分区之间的差异性,从而形成自身优势与主题,充分发挥每个分区的价值;同时,还要考虑各个分区的功能互补,确保旅游区的功能要素能够满足旅游活动开展的需要。

---

① 王晓迪.我国乡村生态旅游产业的现实困境与发展路径[J].农业经济,2017(11).

第二节　乡村旅游发展的空间布局

乡村旅游发展的空间布局，是根据区域内的自然空间、资源分布、道路系统、土地利用、项目设计等状况对规划区域空间进行系统划分的过程，是对规划区内自然要素、经济要素的统筹利用和安排。乡村旅游发展的空间布局受到旅游资源、客源市场、村落社区、委托方等多重因素影响，在规划时需要统筹考虑。

一、空间布局的影响因素

（一）空间因素

乡村旅游规划，是对乡村空间的二次开发与规划，其空间布局必须考虑规划区域已有的空间基底，具体来说包括两个方面：一是山、林、湖、草、河流等构成的自然空间基底；二是道路系统、乡村集镇、中心城镇等构成的社会经济空间基底。空间基底对乡村旅游规划中"点"和"轴"的确定具有重要影响，大体量的建筑和设施多布局在用地条件好、交通便利的次空间内，因而规划区服务中心首选这类空间；道路系统的等级构成在很大程度上决定了乡村旅游客流通畅程度和集散节点选址，并和河流体系一起构成乡村旅游景观廊道的基本要素，在交通轴和景观轴的规划上，空间基底的影响非常明显。

（二）资源因素

规划区旅游资源对旅游空间布局的影响主要体现在两个方面：一是资源的地理空间分布对空间布局产生直接影响，并在很大程度上决定了空间布局模式，比如沿主要道路或河流岸线呈线状分布的乡村旅游资源，往往会采取链式空间布局进行开发建设，而一些旅游吸引物呈集聚组团式分布的规划区，则多采用核式布局；二是资源类型对空间布局的影响，不同的资源类型适宜采取的空间布局亦有区别。一般而言，康养型乡村旅游资源适宜采取疏朗型的空间布局，而观光型、休闲型的旅游资源则更宜采取密集型的空间布局。

（三）市场因素

乡村旅游的空间布局规划应考虑规划区的客源市场情况，目标市场不同，其空间布局模式也有差异。如老年人在旅游中喜欢感受文化，对变化的捕捉能力不强，偏好较为清静的环境，因此以老年人为目标群体的旅游地，其空间布局最好呈带状或环状；而年轻人精力充沛，喜欢聚集在一起，以这类游客为主要目标市场的旅游地，其布局最好以庭院状为主，还要力求布局的多层次和多变化。

（四）社区因素

乡村社区的参与和支持对乡村旅游可持续发展至关重要。在规划空间布局时，要充分尊重和考虑乡村社区的生产生活需要。科学的乡村旅游发展空间规划应确保乡村空间内的自然、田园、文化景观能为旅游发展所用，基础设施能够在社区居民与游客群体之间共享，但也要尽量规避游客的游览活动对乡村生产生活带来负面干扰。在实践中，为确保乡村旅游发展获得充分的社区支持，往往还要在空间布局上考虑如何安排才能有利于社区参与和获益。

（五）委托方因素

在有些乡村旅游规划中，委托方出于招商引资或后期管理等因素的考虑，对规划区域的空间布局已有初步方案，委托方的意见对规划编制过程的影响很大，编制团队应充分重视、客观对待。不论是规划编制单位还是委托方提出的空间布局方案，都应经过反复论证，以指导性、可操作性作为是否采纳的最终准绳。

此外，乡村旅游规划中的空间布局还要考虑许多其他因素，如规划区原有的交通条件、未来游览线路设计的合理性、大型旅游设施的用地需求等。

二、确定空间布局的方法

吴人韦（1999）将旅游规划的空间布局方法概括为"三定"，即定位、定性以及定量。其中，定位是指依据一定的理论和规划区的实际情况确定分区和旅游项目及设施的空间位置；定性是指在空间定位的基础上，对规划区次级空间单元的主导功能、主题形象等加以限定，明确今后发展方向；定量则是在对各次级空间单元定位和定性的基础上，依据各分区的环境条件、旅游线路组织以及对旅游者行为的预测而确定各分区的最佳生态容量。空间布局的"三定"法同样适用于乡村旅游发展的空间布局规划。

（一）乡村旅游地空间布局的"定位"

旅游空间布局定位的主要依据是规划区内自然社会资源以及环境景观要素的空间分异。具体而言，使得乡村旅游地内部空间分异的要素有地形、水体、地质、动植物等自然因素，以及人类社会事件、历史遗存地段、产业发展基础、现代旅游和娱乐项目的空间指向等。因此，空间布局在定位上一定要全面考虑规划区的自然和社会历史要素。

（二）乡村旅游地空间布局的"定性"

旅游空间布局的定性一般从分区的开发前景、分区主体特征以及分区的主体功能3个方面着手分析：一是分区的开发前景分析，规划团队对分区旅游发展的目标进行定位，明确分区未来的发展方向；二是分区的主体特征分析，规划团队要充分调查各分区内的资源和环境景观特征，再对各分区进行定性；三是分区的主体功能分析，规划团队要从规划区全局着眼，统筹安排各分区间的相互关系，做到各分区在功能上互补，在主题形象和发展方向上融洽，才能保证规划落地后乡村旅游地的功能完整。

（三）乡村旅游地空间布局的"定量"

相对于其他类型的旅游地，如一些著名的山岳旅游地、滨海旅游地等，乡村旅游地的超容接待问题不是特别突出,但是乡村旅游有热点集中、旺季鲜明等特征,特别是在一些村落社区与景区高度重叠的古村落,道路狭窄、容量有限,旺季大规模游客的涌入,既降低了游客体验,增加了安全风险,又不利于村落保护。因此,在乡村旅游规划编制过程中非常有必要对乡村旅游地游客容量进行预测和控制。

旅游地空间布局的定量,重点在于为各分区预测和制定合理的环境容量,预测依据主要有3个:区域规模、开发类型以及旅游者行为模式。

1. 区域规模

一般而言,面积越大的区域其游客容量相应越大。但是,在实际编制旅游规划的过程中,要具体问题具体分析,充分考虑相关因素的影响,如规划区的地形地貌因素。例如,相较于山地型旅游地,平原地区的旅游地单位面积容纳的旅游者数量会更多。

2. 开发类型

旅游地的产品类型和开发强度之间应有内在的适配性。具体而言,如娱乐型旅游地,游客容量相对较大,甚至要达到一定的规模才有氛围;而生态型旅游地的游客容量一般较小。

3. 旅游者行为模式

旅游者行为模式会直接影响到旅游景区的客流周转率,从而对游客容量产生影响。

三、空间布局的主要模式

合理的乡村旅游空间,不仅有利于旅游地的规划与开发,更有利于今后旅游地建设和经营过程中的管理。常见的乡村旅游空间布局模式有以下几种:链式布局模式、核式布局模式、双核式布局模式、多核式布局模式、渐进式布局模式、圈层式布局模式。

(一)链式布局模式

链式布局(见图6.1)适用于旅游资源、服务设施主要沿着交通线、河流等连续分布的情况。逐水而居,是村落选址的重要因素,因而在现实中,乡村旅游点在地理空间上呈线状分布是较为常见的一种情况,比如××带、××廊等,皆属此类。

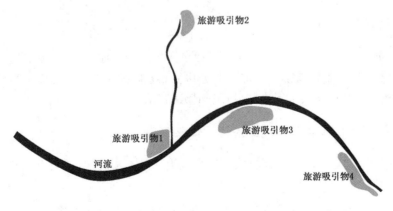

图6.1 链式布局模式

(二)核式布局模式

核式布局主要有两种情况:一种是以旅游服务中心为核心,各乡村旅游吸引物分散在四周,在服务中心与吸引物综合体之间有交通连接,这种布局主要用于旅游吸引物比较分散的规划区(见图6.2);另一种是以旅游吸引物为核心,各项服务设施环绕在吸引物四周,设施与核心吸引物之间有交通连接①,这种布局主要用于旅游吸引物空间分布较为集聚的规划区域(见图6.3)。

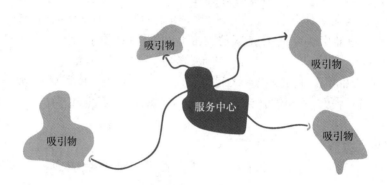

图 6.2 核式布局模式——服务集聚区

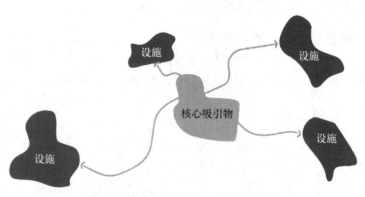

图 6.3 核式布局模式——资源集聚区

(三)双核式布局模式

双核式布局(见图6.4)是核式布局的一种变体。当规划区有两个吸引力相当的旅游吸引物,或两个集聚势能较为突出的服务中心,或服务中心与旅游吸引物有明显的空间距离(常见于"山上游、山下住"等情况)时,适宜采取这种布局模式。

(四)多核式布局模式

多核式布局(见图6.5)是在双核式布局模式上的进一步延伸,即当出现几个处于同

---

① 秦志玉,郭丽丽,胡秀丽.Campbell模型在旅游线路设计中的应用——以日照市为例[J].曲阜师范大学学报(自然科学版),2014(4).

等地位,但在地域范围和功能上不重合的资源时采取的布局。

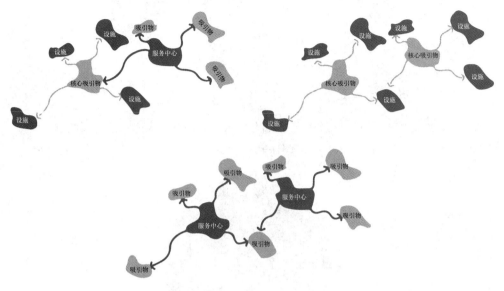

图6.4 双核式布局模式

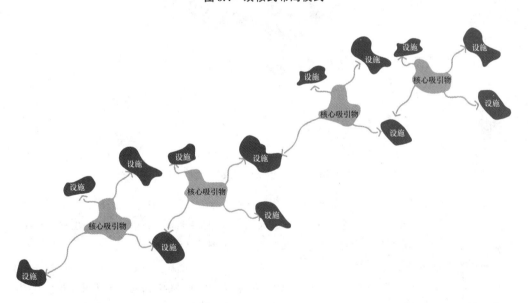

图6.5 多核式布局模式

(五)渐进式布局模式

渐进式布局(见图6.6)和多核式布局的相同之处在于都有几个中心,不同的是多核式布局各个中心地带是平等的,而渐进式布局是从小规模、地位相对较次的功能区开始逐渐向高层次功能区过渡的。

图 6.6　渐进式布局模式

（六）圈层式布局模式

由于资源禀赋的不同，景区内各个部分存在着不同的功能分布，即在每一个大尺度景区内又可以一层层往下分，形成圈层结构（见图 6.7），常见于区域较大的旅游地。

图 6.7　圈层式布局模式

案例 6.1　萍乡市湘东区一三产融合发展的空间布局

本案例节选自《萍乡市湘东区一三产融合概念性规划（2017—2020）》。该规划内容的重心是依托规划区域的资源禀赋和特色农业产业基础，对规划期内一三产融合的定位、目标、布局、项目进行部署，乡村旅游是规划的核心内容之一。

一、规划区概况

湘东区位于江西省萍乡市西南部，地处赣湘边境，东邻安源区、芦溪县，南接莲花县及湖南攸县，西连湖南醴陵市，北毗上栗县，素有"赣西门户""吴楚通衢"之称。湘东区内外交通便利，距萍乡市城区 15 千米，距宜春市明月山机场直线距离约 60 千米，距湖南长沙黄花国际机场 160 千米，距江西省省会南昌 300 千米，境内有沪昆高速、320 国道、319 国道和萍麻公路，浙赣铁路、杭长高铁穿区而过，全区各乡镇均已通过省道、县道相连接，交通区位条件良好。

湘东区生态环境优越。植被类型多样，森林覆盖率达 60.8%，是饮用水源地，有"萍城氧吧"美誉，拥有碧湖潭国家森林公园以及大片林场、农园等生态资源；萍水河和草水河及其支流纵横境内，水文资源丰富。

休闲农业资源丰富独特。区域气候环境适宜,适合多种农产品生产,近年来以农业综合开发、农村"一事一议"项目为抓手,完善了百里特色农业休闲观光带的农业基础设施建设,沿线涌现出了麻山幸福村、东桥南岸村等近30个魅力自然村,有多个村落形成了"一村一品"产业特色,既有油菜、花生、玉米、高粱等传统经济作物种植,又有杜仲、天麻等药用植物种植以及瓜果蔬菜、花卉种植和禽畜养殖等其他类别农业资源,并形成了以水稻制种、油茶种植、生猪养殖以及休闲农业为主导的特色农业资源;还拥有一批省级农业龙头企业以及农业培植园区以及农产业基地,如排上镇万亩水稻育种基地、万亩高产油菜花基地、官桥花木等农业产业基地。在长期发展过程中,部分乡、镇、村还积淀了丰富的民间传统和历史文化,并与农耕文化结合形成了独特的休闲农业资源,形成了傩舞、皮影戏、铜管乐、花锣鼓等一批传统节目表演以及油菜花节、杜鹃花节和桐花节等知名农业节庆,拥有较强的号召力和影响力。

二、空间布局

根据湘东区空间结构、产业资源基础及空间分布特点,结合主要开放空间交通廊道及社会公共资源配置,确定湘东区一三产融合发展的空间结构为"一区三片、一环双核"(详见图6.8)。其中,"一区"即湘东区省级现代农业示范区;"三片"即现代休闲农业产业片区、乡村生态旅游产业片区和一三产融合辐射片区;"一环"即百里特色农业休闲观光环;"双核"即麻山现代休闲农业发展核、东桥乡村生态旅游发展核。

"一区"。围绕把湘东建设成为全国先进现代农业示范区的目标,突出保障农村一三产融合和促进农民持续较快增收"两大任务",着力推动本区优势农业产业链从种养园区向研发区、加工区、销售区、体验区延伸,深度融合,形成三产共生新产业。因地制宜,发展农业种养新品类;大力创新,培育农村经济新业态;激活潜能,增力湘东经济新优势;多点共进,开拓农村产品供给新市场。积极推进湘东区一三产的多向融合,增强农村、农业、农民的发展后劲,把全区建设成为城乡繁荣、三产并进、引领全市的融合发展示范区。

现代休闲农业产业片区。进一步优化、壮大湘东区中部麻山镇、腊市镇、排上镇的农业产业,重点推进水稻制种、油料、果蔬、花卉苗木、共生农业等产业园区的集聚、差异化发展,实现与文化休闲产业的深度融合,布局产业链条完整、业态丰富、功能多元的现代休闲农业产业集群。

乡村生态旅游产业片区。依托东桥镇、广寒寨乡、白竺乡优良的生态环境和优美的自然景观,以自然山水、乡村风俗为基础,融景于村,融农于旅,将美丽资源转化为"美丽经济",布局乡村生态旅游产业集群。

一三产融合辐射片区。以北部五镇/街道为湘东区一三产融合产品的本地消费市场,引导和培育湘东百姓游湘东的消费习惯,为本地人民提供高质的近程农产品供应和休闲游憩地,形成良好的口碑和氛围,推动萍乡市以及湘赣边际地区市场的开拓。

百里特色农业休闲观光环。指畅通湘东区一三产供给与需求的交通廊道,同时也是串联园区与景区的景观绿道,在中部和南部地区呈环状。

主核——麻山现代休闲农业发展核。麻山镇是湘东区直面近距离市场的东大门,也是湘东区向萍乡市输送农产品的主要节点。以麻山镇作为现代休闲农业片区的发展核心,在强化麻山镇龙头园区/景区品牌效应的同时,布局旅游综合服务中心和田园产品体验中心,引导客流沿交通廊道向其他乡镇流动。同时,以麻山镇作为湘东农业科技研发与智慧化的主脑,推动湘东区农业的转型升级。

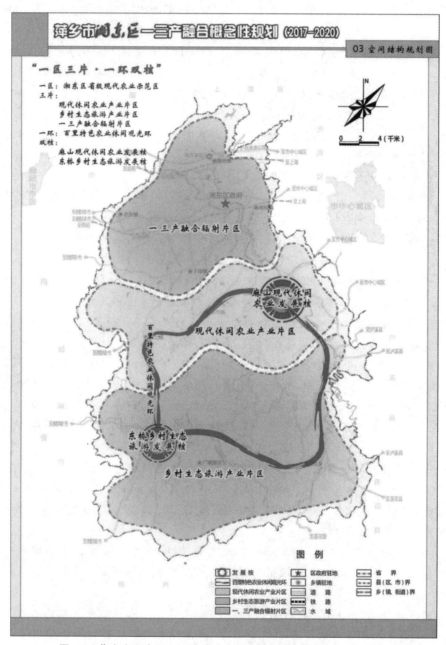

图6.8 萍乡市湘东区一三产融合发展概念性规划空间布局示意图

次核——东桥乡村生态旅游发展核。东桥镇是南部片区乡镇中乡村旅游发展基础较优的乡镇,在空间上能与麻山主核形成较好的互动与补充。东桥镇作为南部乡村生态旅游发展核,同时是区域内承担旅游综合服务功能的次核。

(案例来源:湘东区《萍乡市湘东区一三产融合概念性规划(2017—2020)》)

第三节 乡村旅游规划的功能分区

一、功能分区的基本概念

旅游区的功能分区和空间布局关系密切,在很多规划成果中,二者甚至不可区分。但空间布局更偏重于规划区内部空间结构的梳理,而功能分区则侧重于规划区次空间单元的功能区分,不同的功能分区之间开发密度往往有所区别。功能分区可以被定义为:根据规划区发展基础和目标定位,在对各区进行背景分析的前提下,确定次级旅游空间的发展主题、方向定位,是对乡村旅游地开发和管理的统筹安排与布置。划分功能分区对于明确用地发展方向、合理组织景区建设和旅游活动具有重要意义。实践中,划分功能分区的主要依据包括上位规划对规划区功能的界定、现有空间结构及核心资源空间分布现状、外部交通现状、发展目标与总体定位、次空间单元建设用地条件等。

二、功能分区的主要方法

乡村旅游功能分区的方法多种多样,如定性、定量、定位方法等。由于乡村旅游发展涉及的相关要素多种多样,在进行功能分区划分时,有必要对一些要素进行综合分析,以便科学地提炼主要要素,突出旅游主题,合理地划分旅游功能分区。常用方法包括视觉信息叠加法、综合分析法、降序分区法和聚类分区法。在实践中,前两种方法是确定功能分区通常用到的方法,而降序分区法和聚类分区法中,通常只会选择其中一种应用。

(一)视觉信息叠加法

视觉信息叠加是指将不同层面的信息内容叠加显示在结果图件或屏幕上,以便研究者判断其相互的空间关系,获得更为丰富的空间信息。视觉信息叠加包括以下几类。

(1)旅游地点状图、线状图和面状图之间的叠加显示。
(2)旅游地面状图区域边界之间或一个面状图与其他专题区域边界之间的叠加显示。
(3)旅游专题地图与数字高程模型叠加显示立体专题图。

视觉信息叠加不产生新数据层面,只是将多层信息复合显示,便于分析。

(二)综合分析法

综合分析法是将实地调查和数学分析相结合的方法。首先,要进行野外调查。在实地勘察的基础上,叠加分析地形图、林网图、水系图、旅游资源分布图等,从宏观上了解区域景观背景,粗略划分出大的旅游单元。其次,根据所划分区域的总体特征和获取的区域相关资料,采用相应的数学方法,找出反映生态经济关系综合信息的某种共性和不同集合单元结构功能的差异性,将在空间上连续分布的相似类型区域,结合区域界线,组成具有鲜明特征的功能区。

(三)降序分区法

降序分区法又叫降解区划法,是1986年加拿大学者史密斯提出来的一种对大尺度旅游空间进行区划定位的方法(见图6.9)。其特点是从较大地域单位开始,逐渐按照不同层次的标准将其分为成越来越小的区域。降序分区法和聚类分区法在具体操作上是一对逆操作。

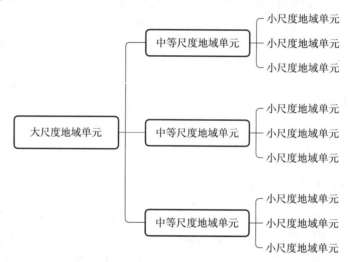

图6.9　降序分区法示意图

(四)聚类分区法

聚类分区法是根据多种要素对规划区内的地域单元进行类别划分的方法(见图6.10)。对不同要素划分类别往往能反映不同目标的等级序列,如资源分等定级、资源密度分级等。其步骤一般是根据实体间的相似程度,逐步合并若干类别,其相似程度由距离或相似系统定义,进行类别合并的准则是确保类间差异最大,而类内差异最小。

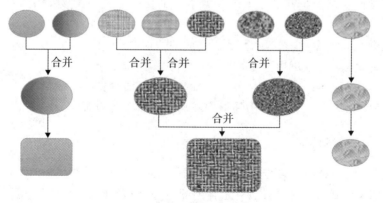

图6.10　聚类分区法示意图

三、功能分区的一般程序

(一)确定范围

旅游功能分区是根据资源的地域分布、交通区位以及旅游开发现状和未来发展趋势进行的划分。规划区范围的确定,是划分功能分区的必要前提和基础条件。因此,确定规划区范围是第一步。

(二)基础调查

功能分区要在现有的地域结构基础之上进行筹划安排,因此首先需要对规划区内的自然生态环境系统结构、社会经济系统结构及二者内部因素之间、二者之间、二者与外界的相互关系(包括空间关系、作用关系等)进行调查和分析。具体包括以下几个方面。

(1)资料收集与调查访问,包括:自然、社会、经济状况等基础资料的收集;各种地图的收集(行政区划图、地形图、土地利用现状图等);相关区域规划、土地利用规划、环境规划、林业规划、旅游规划、社会经济发展规划文本及文件的收集;访问和调查相关行政部门、旅游企业和当地居民,开展规划区实地调研。

(2)确定规划区环境—社会—经济系统的主要特征,包括:旅游地环境质量现状;当地产业结构、就业结构、收入结构等;当地社会发展、产业与山水林田湖草等资源、环境的关系,如依赖程度、利用形式、环境影响等。

(3)确定规划区城镇开发、基本农田、生态保护的主要目标、空间范围和内容,对国土空间保护利用规划划定的"三区三线"有清晰的认识。

(4)确定旅游开发的性质、强度及可能的生态环境、社会文化等方面的影响。

(三)功能区确定

在上述调查的基础上,依据规划区原有基础的适宜性、最佳利用方向及空间结构整体目标要求,把适于保护、旅游、休闲、娱乐、度假、(生态)农业、经济、聚落利用等的区块在空间上确定下来。

确定功能区主要需要考虑如下一些因素,以达到主次分明、集中布局、功能协同、环境协调的目标。

首先,要通过自然景观、建筑风格、园林设计、服务方式、节庆事件等各自个性的塑造,突出旅游地与众不同的主体形象,强化旅游地的整体氛围,形成特色鲜明的市场形象。

其次,将不同类型的设施,如住宿、娱乐、商业设施等功能分区,相对集中布局,将游客密度最大的商业娱乐设施区域布局在中心与交通便利的区位,并在它们之间布设方便的路径,力求使各类服务综合体在空间上形成聚集效应,使开发基础设施的成本降低,形成规模经营优势,并有利于污染物的控制。同时,集中布局形成多样化的景观类型可延长游客的滞留时间,促进社区经济发展。

再次,要形成各区之间扬长避短、优势互补、功能耦合的分工合作系统,并且注意协调处理好旅游地与周围环境的关系、功能分区与管理中心的关系、功能分区之间的关系、主要景观(核心建筑、主体景观)与功能小区之间的关系。

最后,为保障旅游地的可持续发展,应注重保护区内具有特殊生态价值和环境特色的景观,加强旅游地的环境容量控制,以维持生态环境的协调演进,从旅游容量动态平衡的角度,保证旅游地的土地合理利用;还要充分体现以人为本的原则,实现人与环境的协调,满足旅游功能、生态功能及美学功能的需求。

(四)分区和模拟

规划初步确立的功能分区,还需要进行功能评价、动态模拟分析和修正,从而使整个规划区成为一个具有完善功能的旅游系统。在小区域的修建性详细规划编制中,还要确认各功能分区的车流、人流移动是否通畅、旅游区的核心吸引物是否得到了凸显、与村落生产生活空间和需求之间是否会产生冲突等诸多问题。因此,在实践中,分区方案的提出和确定,往往要经过数轮的论证。

(五)命名和制图

功能分区确定后,各分区需要有确定的名称,在图件上也要有清晰的体现。在命名功能区时,可以直接用分区主体功能,如"滨水休闲区""山地运动区",也可以采用"方位+分区主体功能""地名+分区主体功能"的方式,例如"北部休闲农业发展区""双井耕读体验区"。

案例6.2　宜春市西村镇乡村旅游发展的功能分区

一、规划区概况

详见第五章案例5.1,此处略。

二、功能分区

根据西村镇域范围内的旅游资源空间分布、交通轴线及客流走向,将规划区分为四个功能分区(见图6.11):东部创意乡村体验区、南部有机农业休闲区、西部活力山水运动区、北部禅韵田园休闲区。

西村镇旅游开发的各分区空间范围、开发定位及功能定位如下。

东部创意乡村体验区,包括山背、淇田、国桥3个村,是近期节点式开发区域。其功能定位为:充分发挥区域毗邻城区、直通明月山的区位优势,依托现有种植基地园区,深入挖掘地方特色,融入文化创意元素,发展创意游园、美食体验、民俗体验等功能。

南部有机农业休闲区,包括西村、分界、社台、石溪等村,是旅游全面开发核心区。其功能定位为:促进现代示范农业园区向休闲目的地全面转型,发展现代农业观光、农业文化科普教育、主题园区休闲娱乐、有机乡宴品尝、特色民宿体验、小镇休闲等功能。

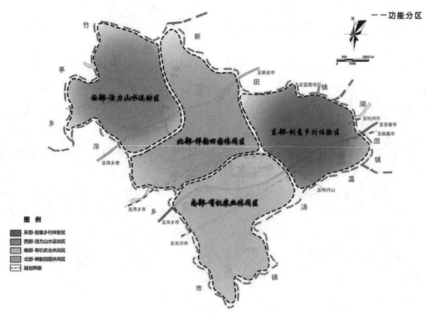

图6.11 西村镇旅游发展功能分区示意图

西部活力山水运动区，包括圳江、蚕塘、老山、模沙、大村、张坊等村，是近期单点式开发区域、中远期节点式开发区域和旅游资源储备区域。其功能定位为：加快推动沪昆高速模沙路口的景观升级和功能转型；依托区域内现有产业基础和原生态的乡村生活环境，充分利用山林、水体等自然资源，发展汽车服务、山地拓展、滨水运动、水上休闲等功能。

北部禅韵田园休闲区，包括南塘、西双、河北等村，是近中期节点式开发区域。其功能定位为：依托区域现有的规模种植基地，发展多样化的主题田园休闲活动；中期以古林寺为基础，结合水体、村居、田园等资源，发展禅农生活体验。

（案例来源：编委组编制的《宜春市袁州区西村镇旅游发展总体规划(2016—2030)》）

 本章小结

乡村旅游发展的空间规划是在点-轴渐进扩散理论、核心-边缘理论、区域增长极理论、产业集群理论等科学理论的指导下完成的规划编制环节，应遵循突出特色、规划衔接、因地制宜、分区协作4个基本原则。空间规划一般由确定空间布局和划分功能分区两个任务组成，在乡村旅游规划编制的过程中，通常先确定空间布局，再明确功能分区，也可同时进行。

乡村旅游发展的空间规划是在点-轴渐进扩散理论、核心-边缘理论、区域增长极理论、产业集群理论等科学理论的指导下完成的规划编制环节，应遵循突出特色、规划衔接、因地制宜、分区协作4个基本原则。空间规划一般由确定空间布局和划分功能分区两个任务组成,在乡村旅游规划编制的过程中,通常先确定空间布局,再明确功能分区,也可同时进行。

乡村旅游发展的空间布局是根据区域内的自然空间、资源分布、道路系统、土地利用、项目设计等状况对规划区域空间进行系统划分的过程,是对规划区内自然要素、经济要素的统筹利用和安排。它受到空间、资源、市场、社区、委托方等多重因素影响,在规划时需统筹考虑。多通过定位、定性、定量的"三定"方法来确定空间布局,常用的空间布局模式包括链式布局模式、核式布局模式、双核式布局模式、多核式布局模式、渐进式布局模式、圈层式布局模式。

乡村旅游发展的功能分区是根据规划区发展基础和目标定位,在对各分区进行背景分析的前提下,确定次级空间单元的发展主题、方向定位,是对乡村旅游地开发和管理的统筹安排与布置。常用的功能分区方法有视觉信息叠加法、综合分析法、降序分区法、聚类分区法4种,通常采用的工作程序是:确定范围—基础调查—功能区确定—分区和模拟—命名和制图。

复习思考题

根据小组负责村落/区域的基础分析结论和发展定位,参考本章案例的图文形式,提出规划区的空间布局和功能分区,并绘制相应的空间结构示意图,编写文字加以说明。

补充资料

乐平市鸬鹚乡乡村旅游发展的空间结构

第七章
乡村旅游产品与线路设计

学习目标

1. 了解乡村旅游产品的概念、特征及类型,能够在规划编制过程中正确运用这些理论;
2. 掌握乡村旅游产品策划的原则、基本内容和主要方法,能够在规划编制过程中综合运用多种方法完成符合策划内容要求的乡村旅游产品策划方案;
3. 理解乡村旅游项目的多种组合模式,能够在规划编制过程中实现旅游项目的综合平衡;
4. 了解乡村旅游线路的概念与基本要素,理解乡村旅游线路规划的作用,掌握乡村旅游线路设计的原则、流程与要求,能够在规划编制过程中完成旅游线路的规划设计。

重点难点

1. 乡村旅游产品策划的实际操作;
2. 乡村旅游产品体系的构建;
3. 乡村旅游线路设计的实际操作。

第一节 乡村旅游产品概述

一、乡村旅游产品的概念

乡村旅游产品是以乡村的自然景观、聚落环境、农业景观、农事活动和民俗文化等资源为基础,通过完善旅游配套和服务设施,以满足旅游者综合性、个性化旅游需求为目的而开发设计的具有亲自然性、参与性强、与农业农村密切结合等特征的一类专项旅游产品。

二、乡村旅游产品的特征

（一）乡村性

所谓乡村性,是相对于城市特征而言的,指人们在乡村地域内,能够感知和体验到的和城市有明显区别的所有自然和人文的元素。乡村旅游之所以能够迅速发展,正是因为和城市旅游产品相比,乡村旅游产品具有的诸多差异性、独特性而产生的旅游需求。城乡之间的这些差异包括地理差异、历史差异、文化差异,城乡两个地域仿佛磁铁的两极,存在相互吸引的能量,这种能量的放射点正是"乡村特色",这种能量吸引城市人进入乡村、乡村人进入城市,两个区域内人口彼此之间双向互动。乡村旅游产品的这一特点,决定了并非所有的乡村都能够发展旅游,只有那些具有相对突出的、明显的自然或者人文特性的乡村才具有开发乡村旅游产品的基础条件。

（二）亲民性

乡村旅游产品的亲民性可以从两个方面理解。一是从旅游投资的角度看,由于乡村旅游产品以小体量为主,对乡村原生的自然、人文环境依赖性较高,因而在开发投资方面的门槛较低,具有投资门槛的亲民性。二是从旅游消费的角度看,国内外的乡村旅游多以近距离的城市居民为主要客源,旅途短,交通费用少,不收门票或门票价格低,食宿费用相对城市低,旅游购物以当地自产自销为主,相对较为便宜,具有旅游消费的亲民性。但也要注意到,亲民性仅是大多数乡村旅游产品的特征,近年来随着乡村旅游产品的精致化,一些投资大、消费高的旅游产品也开始出现,最为典型的是一些价格高昂的乡村民宿。

（三）丰富性

乡村旅游产品的丰富性来自两个方面。一是我国乡村的广域性。我国国土广袤,乡村地区遍布全国各地,包括都市乡村、城市郊区、偏远乡村和野生地域范围,是一个非常宽广的地域。二是乡村内部的差异性。乡村旅游资源和旅游产品多种多样,从乡村自然环境、田园景观、生产经营形态、民俗文化风情、农耕文化到农舍村落,无不是乡村旅游吸引物;景观资源和地域文化的丰富性造就了乡村旅游产品的多样性,从而使乡村旅游产品的内容方式丰富多彩,它不仅能满足游客的观光需求、休闲需求、娱乐需求、农事学习需求,而且能满足游客充分参与和体验的需求。

三、乡村旅游产品的类型

乡村旅游游览项目实际上就是构成乡村旅游产品体系的核心要素,是依托乡村旅游区优势资源及核心吸引物打造的旅游活动项目。欧美地区乡村旅游发展具有上百年历史,主要围绕乡村观光度假、农场体验等项目类型形成了一系列各具特色的乡村旅游活动项目和产品类型。国内乡村旅游起步较晚,萌芽于20世纪80年代[1],但发展较快。乡村旅游产品可以从旅游资源类型、旅游功能以及旅游要素三个方面进行分类。

(一)按旅游资源类型划分

1. 水乡田园型旅游

水乡田园型旅游是指主要凭借优美的乡村田园风光、水乡农耕景观及独特的农业生产过程等内容,利用茶园、梯田、麦浪、松涛、荷塘等资源的开发水乡田园观光游、乡村度假游、果蔬采摘游、农业科普教育游、农事体验游等旅游项目活动。

2. 田园综合体旅游

田园综合体旅游是指以农业为主导,以农民充分参与和受益为前提,以农业和农村用地为载体,融合工业、旅游、创意、地产、会展、博览、文化、商贸、娱乐等三个以上产业的相关产业与支持产业,形成的多功能、复合型、创新性地域经济综合体。[2]

3. 农家乐型旅游

农家乐型旅游主要以田园风光和别有情趣的农家生活为资源,提供满足旅游者回归自然、体验乡村生活需求的农家食、住、行、游、购、娱等系列服务,在形式上往往表现为"住农家屋、干农家活、吃农家饭、享农家乐、购农家物"。农家乐型乡村旅游多发生在城郊地区或景区附近,通常是当地居民自发经营的,强调展示农村农作及生活主题[3]。此外,由于所依托的专业性质的不同,同类旅游产品还包括渔家乐、林家乐、牧家乐等。

4. 特色产业型旅游

特色产业型旅游主要围绕特定乡村区域范围内某一特色农村产业链来带动乡村旅游的发展,开发系列旅游项目产品。如茶园、葡萄庄园等,它们既是乡村旅游点,又是现代农业产业化生产基地。例如,茶文化旅游区可利用茶产业、茶文化开发满足旅游者需求的茶园观光、制茶、品茶、欣赏茶艺表演等系列独具特色的乡村旅游产品;葡萄庄园可以利用葡萄园和葡萄酒产业开发车间参观、采摘、葡萄饮品加工制作、葡萄制品展销等旅游项目。

5. 古村落型旅游

古村落型旅游主要是依托乡村地区的特色村寨、乡村宗祠、乡村古民居打造而成的,实际上多与民俗旅游交织在一起,有的可以成为专门的旅游产品体系,也有的因区位上与风景区相邻而成为风景区旅游线路的延伸和拓展。一般情况下,古村落型乡村旅游项目不限于观光,而是深入开发蕴含在古村落中的特色生活民俗,整合开展观光和文化体验旅游,如江西婺源的村落型产品、安徽西递与宏村、贵州少数民族山寨、杭州梅家坞等。

---

[1] 徐冬,黄震方,洪学婷,等.乡村旅游地文化胁迫类型、格局与机理研究——以苏州东山镇为例[J].地理研究,2020(10).

[2] 卢贵敏.以农业综合开发为平台综合施策建设田园综合体试点[J].中国财政,2017(15).

[3] 徐清.乡村旅游产品谱系及开发模式研究[J].浙江林业科技,2009(2).

6.民俗风情型旅游

民俗风情型旅游主要以农村的风土人情、民俗文化等为凭借和吸引物,充分突出农耕文化、乡土文化和民俗文化特色,吸引文化差异较大的城市旅游者前来观光游览、猎奇体验等。民俗风情型乡村旅游项目更多的是体现体验功能,如节庆活动、婚俗过程、歌舞观赏、地方娱乐和竞技参与等。云南、贵州等地区的乡村旅游多数以开发民俗风情型项目为主。

(二)按旅游功能划分

1.生态观光型旅游

生态观光型旅游是最基础的乡村旅游产品类型。一般以优美的乡村田园风光、乡村特色民居群落、传统的农业生产过程等作为旅游吸引物,把观光与休闲结合起来,满足游客回归自然、观光欣赏的需求。这类旅游项目的规划设计重点要注意两个方面的密切结合:一方面是自然观光与文化品位密切结合,另一方面是观光与休闲活动项目密切结合。生态观光型旅游项目主要包括三种类型:一是以单纯自然的农业风光为吸引物,比如梯田观光、农田观光;二是以自然风景为依托,结合对乡村风貌的参观,比如古村落旅游、农村新貌游等;三是农业观光园,一般是利用乡村地区开辟的果园、菜园、茶园、大型花卉生产基地等。

2.乡村体验型旅游

乡村旅游产品的打造贵在"乡村味",重在参与体验。体验型乡村旅游产品,主要是指在特定的乡村环境中,以体验乡村生活、农业生产过程、乡村民俗风情为主要形式的旅游活动。同当地人共同参与节事活动、游戏娱乐以及参与当地人的生活等,借以体验乡村生活或农业生产的过程与乐趣,并在体验过程中获得知识、休养身心。

3.乡村休闲度假型旅游

目前,乡村休闲度假旅游还不是国内乡村旅游的主导性形式,但随着城市化进程的推进,乡村休闲度假旅游的趋势逐渐明显。这类乡村旅游项目的打造通常依托乡村地区自然风景美丽、气候舒适宜人、生态环境优良的景观地带,以满足旅游者度假、休闲为主要目的。游客在水乡、山村或民俗园中小住数日,体验游览地的衣、食、住、行。养生度假旅游属于休闲度假旅游的高级形式,主要依托静谧的乡村环境和原生态生物资源,开发诸如食疗、温泉、按摩、理疗等与健康相关的项目作为休闲度假的补充。乡村休闲度假旅游项目的规划强调景区或村庄内自然环境和当地居民以及游客之间的和谐共处,更侧重于旅游环境的打造及食、宿、娱配套项目的规划。

4.乡村康体娱乐型旅游

乡村康体娱乐型旅游依托乡村地区有利于身心健康的各类自然与人文资源,如优越的气候条件、良好的地理条件、清新的空气、原生态的农产品、健康的乡村生活方式等,以运动、休假、疗养、康乐等形式使游客通过乡村旅游达到锻炼身体、宁气安神、消除疲劳的功效,满足游客回归大自然、陶冶情操、健康身心的需求。此类乡村旅游通常动静结合,主要包括运动健身和休闲养生两种类型。运动健身型乡村旅游项目以乡村特殊的地形地貌或特色资源为基础,结合前沿时尚的健身运动项目,开展以乡村风情为背景的运动性项目,如溯溪、登山、攀岩、露营、游泳、漂流、自驾游、定向越野、野外拓展等,客源市场以年轻人为主。休闲养生型乡村旅游项目主要以乡村地区有益于身心的生态环境为背景,开展SPA、理疗、温泉疗养等旅游活动。

5.专项型旅游

专项型旅游是指针对特定客源市场、特定旅游需求开展的一系列旅游活动。主要有科考型乡村旅游、探险型乡村旅游、商务会议型乡村旅游、节庆乡村旅游、美食型乡村旅游、教育科普型乡村旅游等。这类产品的规划重在围绕特定的主题与旅游目的打造一系列专项的乡村旅游项目与活动。

(三)按旅游要素划分

1.传统的"六要素"乡村旅游产品

"食、住、行、游、购、娱"是传统的旅游六要素。以"食"为主题的乡村旅游产品主要包括乡村美食菜品、乡村特色小吃、少数民族美食、各类乡土餐厅等。以"住"为主题的乡村旅游产品主要包括乡村特色酒店、乡村旅馆、乡村主题民宿、户外露营地、乡村木屋等。以"行"为主题的乡村旅游产品主要包括各类乡村交通旅游产品、旅游风景道等,如乡村小火车、乡野自行车、水上竹筏(木船)等。以"游"为主题的乡村旅游产品主要包括各类游览观光型乡村旅游产品,如乡野观光、小镇慢游、水上泛舟等。以"购"为主题的乡村旅游产品主要包括乡村文创商品、乡村本地纪念品、工艺品、乡村特产等。以"娱"为主题的乡村旅游产品主要包括各类乡村娱乐型产品,如乡村娱乐、山地娱乐、滨水娱乐、夜间娱乐等系列产品。

2."新六要素"乡村旅游产品

"商、养、学、闲、情、奇"是2015年提出的旅游发展新六要素。以"商"为主题的乡村旅游产品主要包括商务接待、会务、团建、野外生存、集体拓展等。以"养"为主题的乡村旅游产品主要包括乡村康养、乡村养生、乡村养心等产品。以"学"为主题的乡村旅游产品主要包括乡村各类研学旅游产品,如农耕研学、非遗研学、美食研学、森林科普研学等。以"闲"为主题的乡村旅游产品主要包括乡村度假、乡村休闲、农家乐、林家乐等。以"情"为主题的乡村旅游产品主要包括情感旅游、纪念日旅游、宗教朝觐旅游等。以"奇"为主题的乡村旅游产品主要是指以探奇为目的的各类乡村旅游产品,如乡村探险、乡村探秘、乡村骑行、徒步穿越、登山越野等。

第二节 乡村旅游产品策划

旅游产品策划是乡村旅游规划编制过程中的关键环节,是规划定位的具体体现和承载。杨振之等(2019)认为,旅游产品策划是在对旅游资源的区域分布、可进入性、旅游者对资源的感知和认知以及市场(需求市场与供给市场)情况进行调查研究,掌握第一手数据后,充分把握旅游资源自身具备的价值(历史价值、艺术价值、文化价值、科学价值)、品质与特色,设计出满足客源市场需求、有独特竞争力的旅游产品的过程。①

一、乡村旅游产品策划的原则

(一)因地制宜原则

乡村旅游产品开发不能跟风模仿、移花接木,或造假欺世,应就地取材,发掘本地区的乡村旅游资源,展现当地的乡村生活,要因地制宜充分利用本地区的优势和独特条件创造性地开发新的、有特色的乡村旅游产品,充分考虑自然生态条件、区位优势、投入能力、市场容量和环境承载能力等因素,合理地开发利用乡村旅游资源。②

(二)可持续发展原则

乡村旅游产品开发要注重乡村生态环境的保护与改善,以实现生态的可持续发展。生态的可持续化要求乡村旅游产品的开发不能超越自然环境的可承载力,要与基本生态进程、生物多样性和生态资源的维护协调相一致。发展的同时必须保护和改善生态环境,保证以可持续的方式使用自然资源和环境,强调限制发展。要以高质量的乡村生态环境作为经济高速发展的基础和保障,而不能以粗放经营的短期行为来获得一时的眼前利益。

(三)市场导向原则

乡村旅游的开发是一个经济过程,就市场经济而言,开发与规划的最终目的是使旅游产品进入市场,所以要紧紧把握市场的脉搏,树立以游客为中心的理念,深入洞察游客需求。否则,即使旅游资源品质再高,其价值也无法实现,从而难以实现最佳旅游经济效益、旅游社会效益和旅游生态效益。③乡村旅游要重视不同客源的群体特征,比如家庭式的乡村旅游就更重视参与型、教育型的产品和活动,老年人更喜欢康乐型的产品,情侣更喜欢观光型、参与型的产品等,要通过对客源市场的调查和分析,明确市场定位,开发适销对路的乡村旅游产品。④

(四)文化导向原则

旅游本身是一种文化交流活动,文化是旅游业的灵魂,乡村旅游不仅能满足旅游者的一般观光旅游需求,更能满足旅游者的"故乡情结""回归自然愿望",这是旅游者对农耕文化、民俗文化、乡土文化底蕴的追求和体验。因此,乡村旅游的开发要满足和创造旅游者的这些文化需求。在乡村旅游的开发中,要重视文化资源,在产品的开发中寻求文化差异、增加文化含量,通过精心设计和安排,将特色文化元素融入产品设

---

① 杨振之,周坤.旅游策划理论与实务[M].武汉:华中科技大学出版社,2019.
② 纪巧英,吴玉平.浅谈发展农家乐休闲旅游业的思考[J].福建农业科技,2007(6).
③ 梁智.旅游目的地社会经济承载力的经济学分析[J].南开管理评论,2002(4).
④ 章尚正,赵乐乐.中国乡村旅游的至高目标:营造国际品牌——以黄山市为例[J].安徽农业大学学报(社会科学版),2010(2).

计、旅游活动和旅游线路中,形成文化竞争力,实现旅游产品价值的最大化,实现旅游者最高层次的文化满足。

(五)整体性原则

旅游产品的整体性决定了旅游产品的开发应根据旅游业"食、住、行、游、购、娱"六大要素配套发展的要求组合旅游产品。任何产业要素短缺或形成瓶颈,都会直接影响到旅游产品的质量。① 乡村旅游产品开发不仅要满足游客观光、玩赏、住宿、餐饮的基本旅游需求,还要能满足游客休闲度假、娱乐参与、拓宽视野、增长知识、品尝美食、尝鲜购物、求知增智、探幽访奇等多重目的,融观赏性、参与性、体验性、教育性、娱乐性于一体。②

(六)产品差异性原则

产品差异性原则主要表现在物质层面的差异,以及价值和功能层面的差异。在乡村旅游产品的开发中应力求独特,做到"人无我有,人有我优,人优我特",时刻保持与众不同的个性。③ 差异性原则要求乡村地区在景区的环境、项目、活动、接待设施等方面要与竞争对手存在差异,以保证乡村旅游景区的竞争力。乡村旅游产品差异化的途径有两种:一是率先进入某一产品市场,即以市场先行者的身份出现,推出新产品、新项目,并且不断创新;二是使推出的项目或产品难以复制,或有很高的进入壁垒,如技术要求、乡村文化等,使其他潜在进入者无法进入,以保持乡村旅游产品的唯一性。

二、乡村旅游产品策划的基本内容

一个完整的乡村旅游产品策划,一般由以下几个方面的内容组成。

(一)旅游项目名称

旅游项目名称是旅游项目策划的一个重要内容。旅游项目名称是连接旅游项目与旅游者的桥梁,在对旅游项目命名时,要仔细揣摩旅游者的心态,力争通过一个有创意的名称来吸引广大旅游者。

(二)旅游项目主题

项目主题是项目的灵魂,体现了旅游地和旅游企业的目标和特色。项目主题鲜明与否,影响着旅游地或旅游企业的吸引力和竞争力,决定着项目开发效果的好坏。确定项目主题必须深入研究旅游地或旅游企业的发展目标、自身特色和优势,以及旅游者的需求特征和规律。只有这样,才能保证项目主题确切、新颖、鲜明、形象化,获得旅游者的好感,保证项目取得成功。

---

① 卢宏.乡村旅游与社会主义新农村建设协调发展机制初探[J].安徽农业大学学报(社会科学版),2013(2).
② 夏华丽.浅析我国乡村旅游[J].湖北函授大学学报,2006(2).
③ 邹统钎,吴丽云.旅游体验的本质、类型与塑造原则[J].旅游科学,2003(4).

(三)旅游项目功能

旅游者所能直接体验的是旅游项目的功能,进而深层次体验旅游项目的性质与主题。在规划中,规划团队应明确项目的主导功能是观光型、度假型项目,还是专项型、特殊型项目,或是复合型项目。

(四)旅游项目市场

项目市场策划是策划者通过对与项目产品市场紧密相关的各种要素进行系统的分析、组合,对项目未来的市场和市场行为进行全方位的超前筹划。项目市场策划由市场机会策划和市场营销策划两部分组成。市场机会策划即是对项目市场机会的分析、识别、捕捉、创造,进而选择占领目标市场的投资策略谋划。市场营销策划是根据项目现有的优劣势状况和既定的项目总目标,制定出市场营销目标,并就实现目标的过程、对策及措施进行创造性筹划设计。

(五)旅游项目选址和规模

为了保证项目的落地性和可操作性,旅游项目应具有一定的空间特征,项目策划要明确给出每一个项目大致的地理位置和占地面积。此外,还要考虑旅游项目的整体布局、建筑风格等。

(六)旅游项目融资与运营建议

项目融资策划应根据项目的性质、规模,建立融资方案,对项目设立所需的资金数量进行估算,制订项目资金投入计划,设计合理的资金筹措渠道和方式,以保证项目资金按时、足额到位,使建设按照策划方案有序进行。

不同的乡村旅游产品与项目,适宜的运营方式也不同,在规划中旅游产品策划部分,规划团队可以根据委托方的需求选择是否提出具体项目的运营建议。

此外,也要注意,由于规划类型与深度不同,乡村旅游产品策划部分的详略程度也不同。一般来说,在编制总体规划和概念性规划时,要明确乡村旅游产品的名称、选址、规模、风格和布局;在编制修建性详细规划时,对于主要节点的旅游产品与项目,需要形成更具指导性的3D效果图;如果是更进一步的节点设计和施工方案,产品策划部分则应包括完整的设计方案,可以直接用于指导产品与项目落地施工建设。

三、乡村旅游产品策划的主要方法

乡村旅游产品策划是旅游资源特色在逻辑上的必然延伸,必须建立在对资源禀赋的科学认识基础上,但同时也必须考虑旅游产品对旅游者的吸引力,以及产品运营后能够给旅游者提供的感受和体验。几乎所有的旅游产品策划都是在资源与市场之间寻求突破,在科学与艺术加工之间寻找平衡。在实践中,乡村旅游产品策划的主要方法包括经验分析法、头脑风暴法、亮点放大法和移植策划法4种。

(一)经验分析法

经验分析法主要依据对旅游资源的认识和对市场的认识。首先,规划编制团队应该根据当地旅游资源状况,提出每种旅游资源能够开发成具有何种功能的旅游项目,把所有这些项目都列举出来,并对其进行功能定义和整理;然后,规划编制团队应该根据对市场的认识,分析出旅游市场状况可能在何时对何种项目有制约,以及项目的市场价值等;最后,根据市场价值和实施的可能性排列出各个项目的重要程度。

(二)头脑风暴法

头脑风暴法是指规划团队成员、委托方、行业专家聚集在一起召开各类座谈会,请他们对规划项目畅所欲言,发表他们的看法。通过集体的力量,从而让规划团队开拓思路、扩展视野,获得创造性的设想。

(三)亮点放大法

亮点放大法是指在对乡村旅游资源有充分的认识基础上,找准资源的亮点和差异,然后将差异化资源主题化,并放大成整个项目的主题和核心产品,再围绕主题核心产品策划一系列的配套产品。

(四)移植策划法

移植策划法是指将其他事物的特点和功能合理移植过来,达到创造的目的。该方法一般分为创意移植法和项目移植法。但需要注意,项目移植法一般只适用于彼此之间比较类似的地区,且风险较大。

案例7.1 江西省萍乡市湘东区一三产融合项目策划(节选)

一、规划区概况

详见第六章案例6.1,此处略。

二、项目组团

《萍乡市湘东区一三产融合概念性规划(2017—2020年)》,根据区内各乡镇、街道自然资源禀赋、农业发展以及一三产融合基础,结合项目交通区位、市场区位等因素,以农旅融合为主要方向,布局了18个差异化的一三产融合组团项目,各组团内子项目及项目定位见表7.1。

表7.1 萍乡市湘东区一三产融合项目组团一览表

序号	项目组团	子项目	项目定位
1	幸福新村	景区迎宾区、农夫果园、幸福农院、双月湾湿地、古道竹村、桃源村色	大众型休闲农业景区典范
2	锦旺华年	花花世界、奇瓜异果	亲子型休闲农业示范园区
3	奇趣庙岭	河鲜一条街、稻乡虾田、渔塘总动员	创意农业休闲示范基地
4	好味竺园	酸甜杨梅、清甜鲜蔬、真味乡食	一三产融合型美丽新农村
5	七彩稻田	盛世种业、稻田乐园	稻作生态文化示范园区
6	上珠仙居	上珠油茶小镇、仙居山庄	精致型休闲农业示范园区
7	多彩小桂林	南岸花海、悠哉草水、毓秀钟鼓	慢游型山水田园景区
8	桃园人家	十里桃林、飘香人家	乡村休闲旅游示范点
9	梦回花谷	茶山樱海、桃红茶绿	主题型乡村旅游示范点
10	边山翡翠谷	边山花溪、翡林翠谷、园田旅居	康养型生态山水景区
11	福寿五峰	五峰问道、药谷养生	文化型健康产业基地
12	知青印象	官陂老街、知青记忆	知青文化创意休闲基地
13	杜鹃第一山	杜鹃花海、青山峡谷、清净乡舍	综合型山水田园休闲景区
14	活力双溪	双溪漂流、自驾车营地、山地运动公园	大型山地运动生态景区
15	青草云湖	月形湾天然氧吧、黄岗乡村民宿、桂花园、农趣园	生态型乡村旅游示范点
16	老家白竺	婆婆岩秘境、原乡山田	生态休闲农业基地
17	桐花豆腐小镇	桐花第一谷、豆腐工坊、豆腐民俗街	豆腐桐花文化主题村落
18	源洪食坊	美食街区、水上游园	森林美食休闲街区

三、幸福新村组团项目策划

项目范围:麻山镇幸福村4A级旅游景区创建范围。

建设时序:2017年、2018年重点提升项目。

发展目标:国家4A级旅游景区、省级乡村旅游示范点。

融合思路:按照国家4A级景区的规范要求,全面提升麻山幸福村景区的基础设施与服务设施建设水平,整合农业园区、乡村民居、生态山水、民俗文化等资源,丰富景区农趣体验活动内容,发展滨水亲水体验活动,提升传统民俗活动的参与度,将幸福村景区建设成为集农趣体验、滨水休闲、民俗展示、美食品尝、农产品购物、乡村旅居等功能于一体的综合型田园休闲景区,打造萍乡市大众型休闲农业园区的典范。

项目定位:悦活田园,生态麻山。

(一)迎宾区

1.建设范围

麻山桥头三角地块、幸福大道北端。

2.建设内容

1)游客服务中心

按照4A级旅游景区的标准,建设游客服务中心,中心内设服务大厅、旅游厕所和景区管理办公室,服务大厅应满足景区信息咨询与游客休息等基本功能,迎宾区内配备中型停车场一处。

2)傩文化传习馆

提升原有傩文化展示馆的展陈水平和游览环境,丰富场馆内傩面具的收藏规模与色调种类,完善馆内的傩面具解说系统,使参观者更好地理解傩文化背后的故事和意义;同时,按工序展示傩面具制作的工艺流程,并针对游客的需要,设计制作小型易携带的傩面具工艺品。

3)傩文化广场

在游客服务中心外建设广场一处,营造迎宾区的开敞空间,满足游客集散、文化活动场所功能。广场的设计融入傩文化元素,广场中央树大型的傩图腾柱一处,环广场外围布置一圈大型的傩面具雕塑,内圈布置傩鼓形状的休息凳。

4)幸福馆

游客中心一侧建设幸福馆一处,用于展示幸福村新农村建设、农业园区景区发展的成果。

5)幸福村集市

在迎宾区与幸福大道连接处,以少量固定商铺结合活动摊位的形式,建设幸福集市,销售游客游览过程中所需日常物资,以及麻山当地居民自种自营的土地产品、旅游纪念品等,集市的建设旨在丰富景区的活动和体验。集市摊位由景区管理部门统一制作、经营、管理,向承租农户收取象征性费用。

(二)农夫果园

1.建设范围

幸福大道两侧采摘园区。

2.建设内容

1)幸福大道

对幸福大道两侧邻近建筑进行立面改造,实施"穿衣戴帽"工程,形成统一协调的景观风格;提升幸福大道沿路的绿化景观,丰富道路两侧行道树的季相,并适量栽种樱花、紫藤、枫树等景观效果好的绿化植物;完善幸福大道的道路导引系统,在主要园区的入口处设置醒目的园区导引牌,有条件的路口应建设园区门廊,或配套种植以园区种植品类为主题的小型景观广场。

2)农夫果园

扩大景区内各散落园区的种植规模,形成集中的桔子、火龙果、无花果、猕猴桃种植区域;建设园区环形步道和服务驿站,驿站以有顶棚的敞开式草木亭廊为主,配备小体量的生态厕所、洗手池、休息凳椅等游憩设施,方便游客开展采摘和果园观光活动。

在各园区入口或主要交通节点设置内容浅显易懂的果木植物解说牌,游客在游览、采摘的同时,能够加深对各类水果的认识,也便于开展青少年农业科普活动。

3) 七彩葡萄庄园

提升七彩葡萄庄园的种植、生产环境,根据葡萄酒的酿造程序,理顺酿造车间、藏酒库、酒品展馆和酒廊的参观游览线路;进一步丰富七彩葡萄酒的品类,结合酒品展馆和酒廊,开展葡萄酒主题体验活动,将葡萄品种辨识、葡萄酒鉴赏、酿造、定制、委托窖藏等知识与体验融为一体,为游客提供印象深刻的葡萄文化之旅,同时促进七彩葡萄产品的销售。

(三) 幸福农院

1. 建设范围

幸福村以及幸福大观园。

2. 建设内容

1) 幸福小院

整治幸福自然村的聚落环境,在村中道路两侧建设竹制栅栏,种植常见的本地花卉,形成村间花径景观;农户建筑沿路外墙开展文化墙建设,绘制农事活动、乡间民俗、农村生活场景等彩画。建设主题化的农家小院,通过建筑色调调整、植物景观配置、传统农具展示等,营造落柚院、桔红院、柴火家、绿篱笆、风车家、花满庭等主题院落,形成"一院一景、一家一品"的幸福小院。结合丰富的农趣体验活动,如摘菜、赶鸭捉鸡、烧柴火灶、喂猪、打豆腐、晒红薯等,为游客提供原生态的农家美食。

2) 欢乐烤场

提升幸福大观园内现有的烧烤场环境,配套建设凉亭野餐桌、树荫烧烤位等设施,增加洗菜池、洗手池等设施;融入创意元素,为游客提供炭火烧烤、铁板烧烤、石板烧烤、炉灶煨食等多种服务,同时出售、出租各类烧烤所需的原料和工具;添设少量的乒乓球台、沙地秋千、儿童游乐器械等小体量的休闲游憩设施,丰富烧烤人群的活动内容。

3) 傩神古庙

加大对黄家坊傩神古庙的保护力度,扩大庙前集散空间,提升庙内游览环境,在景区导览系统和解说词中强化许傩愿、还傩愿的印象,引导游客前往古庙开展游览活动。

(四) 双月湾湿地

1. 建设范围

幸福村以及幸福大观园。

2. 建设内容

1) 风情麻山河

疏通整治麻山河河道,对沿河堤岸采用以石砌结合植物种植的生态护岸,提升沿河景观,建设游船码头,连通景区入口至幸福大观园的水上游线,为游客提供短途的水上竹筏缓漂,丰富景区的游览形式和活动。

2) 亲水野趣栈道

沿景区入口至幸福大观园东岸,以卵石结合木栈道的形式,建设亲水栈道,在水面开阔、风景优美河段建设亲水平台,配套建设小体量的草顶木构架亭、廊,内设凳椅等休憩设施,形成沿河的野趣步道,与水上游线形成互动,增添麻山河景观风味。

3)莲溪湿地公园

小规模引进种植部分具有较高观赏价值的花莲、碗莲、睡莲等品种,并种植观赏效果好、耐水湿的菖蒲、鸢尾、玉簪、芦苇等湿地植物,同时放养常见的当地湿地动物,如鸟类、鱼类、两栖类、甲壳类等小动物,营造完整的湿地生态系统与景观。对环境进行整治,加大景观营造;配套建设木栈道与石质汀步结合的观景步道,栈道部分可突出莲花池,游客可沿栈道近距离欣赏莲花;在莲花池内设置小型游船或舫形设施,乘载游客深入莲花池采摘莲花,建设集湿地观光休闲、垂钓、挖藕、捕虾、采荷、摄影等于一体的郊野湿地公园。

4)梦幻花园

进一步丰富景区花田片区的玫瑰种植品种,选择花期长、花色艳丽的品种,以不同类型的花艺、花茶、花绘等为主题,在花园周边的小木屋内注入不同类型的业态,在为游客提供丰富体验的同时,可作为景区内二销产品的销售平台。

5)水上乐园

提升双月湾湿地的水上游乐设施,建设集游泳、嬉水、体育锻炼、亲子乐园、水上拓展、竞技比赛等于一体的水上乐园。

(五)古道竹村

1.建设范围

汶泉村。

2.建设内容

1)汶泉竹村

以竹子为建筑材料和景观特色,对汶泉村的居民院落和麻白古道入口进行景观改造,形成竹林幽径、竹院、竹亭、竹门、竹廊等建筑景观,与院前道旁的竹篱笆、檐下的蓑灯、竹灯相映成趣。引导汶泉村居民开展以竹为特色的乡土餐饮服务,用粗细不一的竹子制成酒杯、碗、盘等餐具,提供笋类菜肴、竹筒饭、竹筒鸡、竹筒排骨等特色菜肴,搭配竹筒酒、竹叶饮料等特色饮品,形成独特清香的"全竹宴",作为麻白古道上的亮点进行打造。结合景观环境与特色餐饮,在村中发展竹制品的加工,如竹筒器具、竹雕工艺品、篾编生活用品和工艺品等。

2)回心古道

建设从汶泉村—麻白古道汶泉村界—经回心路折返汶泉村的古道和小径步道,形成汶泉村的环形徒步道,完善沿途的路标、导引,沿路建设竹林酒坊、吊床休息驿站,村界处立"回心转意"勒石。竹林酒坊以酿造竹筒酒为主要经营特色,为游客提供酒林参观、竹林酒品尝定制、竹林取酒等活动。冬、春两季,游客可在村民引导下,沿回心古道到竹林开展挖冬笋、采春笋等农趣活动。

(六)桃源村色

1.建设范围

桃源村。

2.建设思路

积极推进村落文化旅游策划方案的实施,将桃源村纳入幸福村景区的拓展建设范围,以"桃源"为项目亮点,整合区域内的山水、民居、农业资源,通过营造"桃花流水鳜鱼肥"的山水田园景观、发展"桃李芬芳满园春"的有机农业、打造"桃花处处笑春风"的风情村落,建设以"桃文化"为主题的田园文化旅游综合体。

3.建设内容

1)桃源胜境——主题游憩区

充分利用桃源村原有的道路、山体、水体,通过种植桃树、柳树,布置自然风格的亭、廊、石等景观,营造可观可游、可停可憩的"桃源胜境"。主要的景观廊道和节点包括:在景区主干道两侧种植桃花,结合祈福树、许愿亭等形式,建设桃花道;在河道两岸种植桃花与柳树,结合垂钓亭廊、亲水平台等,建设桃花溪;在河心洲上遍植桃花,设置以爱情文化为主题的景观与游戏,建设桃花岛。

2)桃梨芬芳——有机农业区

在村落西南片区,发展有机农产业,大面积种植寿星桃、蟠桃、黄金梨等品种,春季赏花之余,夏、秋季可以开展采摘活动。区域内同时发展小规模的生态养殖和有机蔬果种植,作为种养品类的补充。

3)笑春风——民居风情区

提升桃源村居民聚居区的建筑风貌与基础设施、公共设施,围绕村落的桃文化、山水资源与农业种植主要品类,引导居民参与乡村旅游,发展主题丰富、特色鲜明的食宿设施和乡村文化活动,作为桃源村文化旅游发展的重要组成部分。

(案例来源:编委组编制的《萍乡市湘东区一三产融合概念性规划(2017—2020年)》)

第三节 乡村旅游产品体系构建

乡村旅游产品体系构建是将乡村旅游目的地内部确定的项目进行分类组合,形成不同的体系,以此来评判旅游区项目设置的优劣情况。乡村旅游产品体系构建的主要内容包括确定旅游项目的组合模式及综合平衡情况。

一、旅游项目的组合模式

确定旅游项目的组合模式,是旅游产品体系构建的关键性工作。旅游项目的组合通常有全面组合、差异组合、专项广度组合、专项深度组合4种模式。

(一)全面组合模式

全面组合模式从深度和广度上全面开展,满足市场对旅游项目的各种消费档次、各种内容深度的全方位需求,全面向市场提供各种现实需求,激发市场的各种潜在需求和应对市场的未来需求。全面组合模式主要是大型乡村旅游区采用的娱乐项目组合策略,中小型乡村旅游区较少采用。其主要优点是抗风险能力强,弱点是经营成本很高、针对性弱、回收见效较慢。

(二)差异组合模式

差异组合模式中项目之间的相关度低,项目往往是由旅游地的特殊资源条件和几个特殊的细分市场形成的数个交叉面,经过简单的项目相加而成。差异组合模式分为浅度中档消费项目、中度低档消费项目和高难度高消费项目。浅度中档消费项目,如特色餐厅、民俗旅馆、游船、月光晚会等,为大众喜闻乐见的普及型中档消费项目;中度低档消费项目,如攀岩、溯溪等,为具有中档难度的低档消费项目;高难度高消费项目,如热气球、水上冲浪等,为设施、装备或技能要求高以及消费标准高的项目。

(三)专项广度组合模式

专项广度组合模式以少数种类的旅游项目,从不同的消费档次来组合项目。[1]这种模式便于集中旅游地资源优势,不断地开发和完善某一类专门项目,从而树立鲜明的特色。例如,乡村民宿项目,包括专项组合野营地、青年旅游、度假村、乡村主题酒店等。专项广度组合模式的弱点是项目类型单一,市场抗风险能力较弱。

(四)专项深度组合模式

专项深度组合模式,即以某特定项目为主导进行项目深度开发与组合。以乡村体验旅游为例,一般为低消费项目,面向大多数旅游消费阶层,既可以通过延长旅游体验时间、增加旅游体验项目种类等方式增加项目深度,还可以针对不同年龄、不同阶层的旅游者,从传承地方文化和提高参与程度两个方面来提升旅游地的知名度和社会效益、环境效益。

二、旅游项目的综合平衡

旅游项目的综合平衡是对旅游项目的策划、创意内容、组合模式与环境、土地适应性、设施建设条件的整合过程,具体包括旅游项目平衡和旅游项目与承载条件平衡。

(一)旅游项目平衡

旅游项目之间的性质有亲和性、交替性和排斥性三种关系。例如,垂钓与划船、划船与快艇之间,在项目的性质上都属于水上娱乐,具有亲和性。但是,垂钓与划船、划船与快艇之间具有功能与空间、时间上的排斥性,垂钓时不能划船,快艇运动影响划船。相同性质的旅游项目在空间上所造成的排斥性,可以在时间上采用交替性原则进行综合平衡。在垂钓区的非垂钓时间安排划船,在划船区的酷暑非划船时间调整用于快艇运动。对所有规划选定的旅游项目,可以按照亲和性、排斥性、交替性原则判明相互之间的空间组合关系,进行必要的调整,形成有机整合的项目组群,成为在时间上与空间上可行的旅游项目。

---

[1] 姜锐,姜华.基于价值工程理论的旅游不动产项目可行性分析研究[J].生态经济(学术版),2010(2).

补充资料

景德镇瑶里旅游度假区总体规划中的旅游产品体系

(二)旅游项目与承载条件平衡

每个旅游项目对承载条件均有特殊要求,有时间季节的要求,有空间尺度的要求,有对地形、环境、气象条件的要求。例如,滑雪项目对季节、坡度、雪厚、风速等地形、气候、环境条件有很高的要求,但同时要受到面积、地形、地质、水质、气候、景观基础设施条件、视觉环境保护、隔离或过渡带要求、生态环境保护、造价、维护费用、季节闲置等要素的制约与影响。因此,需要对用地、工程技术、基础设施和环境进行选择,通过选择与调配,达到旅游项目与承载条件平衡。旅游项目的策划创意,只有将之置于充满制约、具体真实的承载环境与设施条件之中进行综合平衡思考,才能最后确定与承载条件相符合的旅游项目。

第四节 乡村旅游线路规划

一、旅游线路的概念与基本要素

(一)旅游线路的概念

马勇(1989)是国内学者中较早对旅游线路做出界定的,他认为旅游线路是指在一定的区域内,为使游人能够以最短的时间获得最大观赏效果,由交通线把若干旅游点或旅游城市合理地贯穿起来,并具有一定特色的路线。①许春晓(1997)认为,旅游线路是指旅游经营者或管理者根据旅游客源市场的需求、旅游资源特色和旅游项目的特殊功能,考虑各种旅游要素的时空联系,形成的旅游地和旅游服务项目的合理组合。②杨振之等(2007)提出,旅游线路特指根据旅游者的需求,通过一定的交通线路,将若干个旅游区合理而有机地串联起来,形成一个完整的旅游运行网络和产品的组合。③

陈启跃(2010)在《旅游线路设计(第二版)》一书中提出,旅游线路设计可以界定为旅游企业为旅游者的旅游活动内容所进行的时间和空间安排,即将旅游过程中的旅游资源、旅游交通、旅游住宿、旅游餐饮、旅游购物、旅游娱乐、旅游服务等要素有机地联结起来并统筹安排,以求得旅游者在旅游过程中所需时间最节约、费用较少、旅游体验最优。根据旅游线路内容及服务对象的不同,他认为旅游线路设计有如下四种类型:一是区域旅游规划的旅游线路设计,二是景区内部的游道设计,三是旅行社等旅游经营企业线路设计,四是旅游者自己设计的旅游线路。④乡村旅游规划中的旅游线路规

---

①马勇.区域旅游线路设计初探[C]//.旅游开发与旅游地理.青岛:"区域旅游开发与旅游地图"学术讨论会,1989.

②许春晓."旅游产品生命周期论"的理论思考[J].旅游学刊,1997(5).

③杨振之,陈顺明.论"旅游目的地"与"旅游过境地"[J].旅游学刊,2007(2).

④陈启跃.旅游线路设计[M].2版.上海:上海交通大学出版社,2010.

划,内涵较为庞杂,与上述这四种类型都有关系,主要包括第一、二两种,但同时也为第三、四种提供指导。

乡村旅游线路,实质上是乡村旅游产品与服务在空间、时间上的串联组织,也可以视为一种宽泛意义下的旅游产品。旅游产品是旅游者在旅行过程中的综合感受,包括吃的感受、住宿的经历、交通的感受、在旅游景点观赏的感受、购物的满足、娱乐的感受。它的实现条件之一便是旅游线路,一条旅游线路就是一件旅游产品,任何节点、景点、服务方式等发生变化,旅游产品就会随之发生变化。

(二)旅游线路的基本要素

旅游线路的要素较多,其中以旅游资源(或景点)、旅游设施、旅游服务和旅游时间为代表。

1. 旅游资源

旅游资源是旅游线路的基本要素,是旅游者在旅游线路上停留的主要节点,旅游者选定并购买某条旅游线路,最本质的目的是游览观光,或以旅游资源为支持的休闲、康乐等旅游活动。[1]因此,旅游线路的设计必须对旅游资源进行合理组合,以满足旅游者的旅游愿望。

2. 旅游设施

旅游设施是旅游服务的凭借,也可以说是旅游服务中的"硬件"。旅游设施包括住宿、餐饮、交通设施及其他设施,它是旅游者完成旅游目的根本保证,旅游设施直接为旅游者提供旅游食、住、行等的条件,旅游服务设施完善与否,直接影响到旅游者的旅游效果。因此,旅游线路必须充分考虑旅游者的客观条件与旅游过程中设施的方便性,使旅游者以最佳效果完成其旅游活动,即旅游消费。

3. 旅游服务

旅游服务在这里主要是指服务的"软件",是旅游全过程中旅游从业人员为旅游者提供的必要服务,其中以接待和导游的服务为主。旅游者的旅游消费主要表现在该过程中,旅游服务应该是旅游线路的核心。旅游服务的好坏,直接影响该旅游产品的质量或旅游者的旅游效果。所以,在旅游线路的设计中,应特别强调和说明旅游服务的内容与档次,并与价格挂钩。

4. 旅游时间

旅游时间是旅游者对旅游产品的消费时间。旅游时间长短直接影响旅游消费,二者成正比。任何一条线路都应有时间规定,没有时间的线路是不存在的,旅游时间应根据旅游市场需求而设计。

二、乡村旅游线路规划的作用

(一)更好地满足旅游者的需求

乡村旅游是适应城市人群休闲度假的需要而产生的。因而,其路线设计首先要做

---

[1] 刘琴.主题旅游规划的理论与实践研究[D].上海:同济大学,2006.

到的,是有利于旅游者达成出行的目的。不可否认,由于乡村经济发展相对落后,乡村旅游景区的认知度也相应较低。加之,多数外来旅游者初次涉足该地,受道路交通、地理风貌、语言习俗等多方面因素的限制,往往出现"进入难、实现难、不知所往"的状况,因而知"难"而退。所以,发展乡村旅游,景区管理者应提供必要的线路支持与服务,以方便外来旅游者,尤其是使日益增多的自驾游客能够顺利进入景区,实现旅游目的。

(二)便于景区方进行游人压力管理

尽管乡村旅游在一些知名景区日益火爆,但乡村旅游景点的分散性与涉及内容较多,日益成为一大矛盾,并受困于基础设施的落后,乡村旅游管理的难度也日益增大。每逢旅游旺季,大量城市游客涌向乡村旅游景区景点,致使一些景点人满为患、超负荷运转,直接带来景区秩序的混乱与生态资源的破坏等负面影响。

(三)有利于旅游产品的优化组合

乡村旅游产品的生命力在于其特色,乡村旅游产业的发展又与地方政府为促进地方经济社会和文化等发展的努力密切相连,如促进农村农副土特产品的消费与文化产品的输出等。因而,乡村旅游线路设计会促使地方各有关部门、单位和广大旅游从业人员依托当地丰富的旅游资源,精心打造与众不同、独具特色,以及具有持久吸引力的旅游产品与旅游线路,从而推动当地旅游产品结构的完善、品种的丰富以及旅游方式的多样化。

三、乡村旅游线路规划的基本要求

(一)主题鲜明,亮点突出

旅游线路的设计不是简单机械地将沿途的旅游景区景点串联成线,而是围绕一次美好的旅游经历、一个突出的线路主题,将旅游资源、旅游设施和旅游服务有机地组合在一起,形成旅游产品的过程。一条旅游线路设计是否成功,要看它是否能走向市场,为旅游者所青睐。乡村旅游线路应有鲜明的主题、突出的亮点、有旅游吸引力的"兴奋点"、有盈利能力的"消费点",来满足旅游消费者和旅游经营者两方面的需求。①

但也要注意到,在规划乡村旅游线路时,不能为了凸显主题,将多个同类乡村旅游景区景点整合成一条线路。例如,我国贵州省黔东南苗族侗族自治州,分布有多个民族旅游村寨,其中以侗族旅游村寨的数量最多,在规划该区域的"民族村寨深度游"线路时,应围绕主题,选择不同民族的特色旅游村寨串点成线,或选择同一民族但核心吸引物不同的村寨纳入线路,切忌将多个同质化、雷同化的景区景点安排在同一条线路上。

---

① 张栋."兴奋点"和"消费点":旅游产品设计的两个重点——以澳大利亚摩尔礁"一日游"产品为例[J].旅游学刊,2006(3).

(二)组合多样,活动丰富

"组合多样"是指不同的线路之间,在线路主题、体验侧重、活动内容上应有所区分。线路的区分主要来自三个方面:一是线路核心资源的不同,比如说,在自然与人文景观都较为丰富的乡村旅游区,可以策划以田园观光为主的、以民俗体验为主的不同线路;二是线路适宜季节的不同,春天观花踏青、夏天避暑嬉水、秋天登高品果、冬天踏雪围炉,乡村在一年四季呈现的风景和提供的体验都有所不同;三是线路针对人群的不同,单位团建、家庭出游、青少年研学团队等,对主题与活动的偏好有很大的区别。规划团队在策划旅游线路时,应综合考虑上述几个方面的区别,尽量为规划区提供多样化、操作性强的线路设计方案。

"活动丰富"是指组成线路的乡村旅游产品与服务要兼顾多种业态、提供多种体验。乡村旅游线路的活动丰富是建立在细致、有创意的旅游产品策划基础上的。要尽量在同一条线路内为旅游者提供多种旅游体验,照顾到旅游者的视觉、听觉、触觉、嗅觉、味觉等多个感官,尤其要注意安排一些旅游者能参与其中的体验型活动。

(三)以人为本,主客共享

乡村旅游线路规划要切实关注旅游者和线路沿途社区居民的需要和利益。从旅游者需求来看,沿途吸引物和设施的选择、活动强度的安排、游览时间的长短等,都要切实考虑旅游者的生理和心理感受,要有仪式感、参与感、新鲜感、尊重感和价值感,切忌在线路上不假思索地填充游览点。从社区居民的角度来说,乡村旅游线路要为沿途居民参与获益提供空间和机会。例如,将土特产购物、农园采摘、吃农家饭等活动纳入旅游线路中包装成节点产品和体验,既保证了旅游者乡村体验的丰富性,也能够为村民参与受益提供机会。

四、乡村旅游线路规划的流程

在乡村旅游规划编制过程中,旅游线路规划工作通常由以下5个步骤组成。

(一)确定线路类型

根据空间尺度、功能目的、时间跨度的不同,乡村旅游线路可以区分为多种不同的细分类型。从空间尺度来说,乡村旅游线路有跨县、跨市甚至跨省活动的大尺度旅游线路,有在某一个市、县或邻近区域内开展的中尺度旅游线路,也有在具体的旅游景区、农业园区、旅游村落内组织串联形成的小尺度旅游线路。从功能目的来说,乡村旅游线路可以有田园观光型、乡村度假型、乡村研学型、民俗体验型等多样化的专题旅游线路。从时间跨度来说,有一日游、两日游以及多日游线路。需要注意的是,乡村旅游线路的时间跨度与旅游区的空间尺度有必然的联系。

(二)筛选沿途节点

乡村旅游线路的沿途节点包括两种类型:一类是开展旅游活动的游览节点;另一

类是满足旅游者基本需求的休憩、餐饮、住宿节点。确定沿途节点,即根据不同的线路主题、节点活动与功能的关系,综合考虑旅游者的需求,选择将哪些节点纳入具体线路的筛选过程。不同空间尺度的乡村旅游区,其旅游线路的节点尺度也不一样,较大区域内的旅游线路节点,往往指的是景区、园区等;而乡村旅游景区、园区内的线路节点,则指的是更为具体的观景点、游览点、用餐点、购物点,或具体的休闲设施场所等。

(三)安排串联方式

基本确定了线路上的节点之后,要考虑用合适的方式将多个节点串联形成线路。一般来说,大、中尺度的乡村旅游线路多以公路交通实现节点串联,可以是自驾,也可以是乡村旅游地提供的旅游交通服务,有条件的规划区在节点距离合适的情况下,也可以考虑规划专门的乡村骑行道来实现节点串联。小尺度的乡村旅游线路则多以景区电瓶车、游人步行等方式实现。无论是以何种方式串联节点,都要考虑游客在线路活动中基本需求的满足,安排合适的住宿、餐饮、旅游卫生间、休憩区等。

(四)确定线路名称

旅游线路的名称从某种意义上反映了旅游线路的性质、内容和设计的基本思路。因此,旅游线路的名称应简短,不宜超过10个汉字;旅游线路的名称应当反映旅游线路的主题,让人一目了然;此外,旅游线路的名称还应有新意,能产生一定的广告效应,使观者过目不忘。

(五)绘制线路示意图

完成前4个步骤后,规划编制团队应在规划区的总平图上绘制旅游线路示意图。一般而言,规划区会有多条主题不同、节点不同的旅游线路,在绘图时,要用不同的颜色区分不同线路。

本章小结

乡村旅游产品是以乡村的自然景观、聚落环境、农业景观、农事活动和民俗文化等资源为基础,通过完善旅游配套和服务设施,以满足旅游者综合性、个性化的旅游需求为目的而开发设计的具有亲自然性、参与性强、与农业农村密切结合等特征的旅游产品。乡村旅游产品具有乡村性、亲民性、丰富性3大特征,可根据旅游资源类型、旅游功能以及旅游要素等划分为多种类型。

乡村旅游产品策划要遵循因地制宜、可持续发展、市场导向、文化导向、整体性、产品差异性6个原则。一个完整的乡村旅游产品策划包括旅游项目名称、旅游项目主题、旅游项目功能、旅游项目市场、旅游项目选址和规模、旅游项目融资与运营建议6项内容。乡村旅游产品策划的主要方法包括经验分析法、头脑风暴法、亮点放大法和移植策划法4种。

乡村旅游产品体系构建是将乡村旅游目的地内部确定的项目进行分类组合,形成不同的体系,以此来评判旅游区项目设置的优劣情况。乡村旅游产品体系构建的主要内容包括确定旅游项目的组合模式及综合平衡情况。其中,项目组合一般遵循全面组合、差异组合、专项广度组合、专项深度组合4种模式。旅游项目综合平衡是对旅游项目的策划、创意内容、组合模式与环境、土地适应性、设施建设条件的整合过程,具体包括旅游项目平衡和旅游项目与承载条件平衡。

乡村旅游线路是乡村旅游产品与服务在空间、时间上的串联组织,也可以视为一种宽泛意义上的旅游产品,包括以旅游资源(或景点)、旅游设施、旅游服务和旅游时间为代表的多种旅游要素。乡村旅游线路规划有助于更好地满足旅游者的需求,便于景区方进行游人压力管理,更有利于实现旅游产品优化组合。乡村旅游线路规划要符合3个基本要求:主题鲜明,亮点突出;组合多样,活动丰富;以人为本,主客共享。在实践中,乡村旅游线路规划一般采用确定线路类型—筛选沿途节点—安排串联方式—确定线路名称—绘制线路示意图5个步骤完成。

复习思考题

根据小组负责区域/村落的基础分析结论和发展定位,参考本章相关案例,完成规划区旅游线路设计,绘制相应的线路示意图,并编写文字加以说明。

第八章
乡村旅游营销策划

学习目标

1. 了解乡村旅游营销的目标,能够在规划编制过程中根据规划区情况制定科学的阶段性营销目标;
2. 明确乡村旅游产品策略、价格策略、分销渠道策略、促销策略的类型和要点,能够根据规划区的产品和市场情况,策划适宜的营销组合;
3. 了解乡村旅游节事活动策划的作用,掌握乡村旅游规划中节事活动策划的要点,能够根据规划区实际情况完成具体的乡村旅游节事策划方案;
4. 了解新媒体营销的主要类型和特点,掌握乡村旅游新媒体营销的核心策略和实现路径。

重点难点

1. 乡村旅游规划编制过程中营销组合的合理选择与调整;
2. 乡村旅游节事活动策划主题性、创新性和可落地性的把握;
3. 新媒体营销策划的核心策略与实现路径在具体操作中的应用。

受专业人才匮乏等多种因素的影响,当前大多数乡村旅游地都存在营销观念落后、创新意识不足、促销方式单一、营销规划缺失等问题。[1]在乡村旅游规划编制阶段,规划团队围绕项目定位、目标市场和产品策划内容,编制营销规划,可以为项目地开展营销明确方向,也是提高乡村旅游规划可操作性的一个必要内容。本章将结合多个案例,系统阐述乡村旅游规划中营销策划部分的工作,涉及营销目标、营销组合策略、节事活动策划与新媒体营销策划4个方面的内容。

第一节 制定营销目标

乡村旅游营销策划中的目标制定,指规划期内项目地通过开展营销活动应该实现

---

[1] 冀晓燕.网络新媒体发展下乡村旅游的营销策略[J].社会科学家,2020(2).

的效果和成效,一般采用定性的表述方式,并根据规划期限的长短,提出阶段性的营销目标,明确各阶段营销工作的重点。

以《乐平市鸬鹚乡旅游产业发展总体规划(2016—2030年)》为例,在营销策划一章中,规划团队提出的总体目标是:提升品牌认知度和美誉度,着力开发德昌高速、昌景黄高铁线沿线市场,拓展国内客源市场,扩大游客总体数量和旅游收入,将鸬鹚乡打造成为区域性著名的生态农业休闲旅游名镇。

营销的具体目标如下:一是树立鸬鹚乡旅游形象,提升整体层次,从生态、农业、休闲等层面强化鸬鹚乡旅游品牌知名度,建立品牌美誉度,扩大鸬鹚乡旅游影响力;二是开拓客源市场,以自身区位及交通优势为基础,抓住高速沿线市场,重点开拓乐平、景德镇、南昌等周边市场,极力提高游客的停留时间和旅游消费水平;三是打造鸬鹚乡旅游大品牌,扩大品牌影响力,成为乐平市一流旅游目的地,目标市场产品认知率达到80%以上。

营销的具体目标分为三个阶段性目标。一是形象推广和概念营销阶段(2016—2020年)。本阶段主要做好鸬鹚乡旅游整体主题形象的树立与推广,明确鸬鹚乡旅游主题在公众心目中的品牌形象,为将来其他旅游产品的开发与推广奠定良好的基础。二是全方位营销和形象扩张阶段(2021—2025年)。本阶段要进行全方位营销,整合各种市场传播方式,打造全方位的传播效果,搭建"三个沟通平台",即强势传媒、新型网络(自)媒体、目的地品牌服务系统,实现与顾客、经销商的信息交换。采用公关、广告等市场活动进行全方位营销,迅速占领二级市场,加大三级市场与机会市场的宣传力度。三是产品创新和品牌完善阶段(2026—2030年)。本阶段着重于产品开发策略的调整,在品牌建设和产品的更新上下功夫,整合品牌核心价值,丰富产品体系,形成完善的品牌服务体系和系列品牌产品。此阶段是重要的投资回收期,一方面要留住原有的客源市场;另一方面,根据市场需求,整合品牌核心价值,适时推陈出新,延伸品牌产品链,使品牌不断扩张,以此来抓住潜在游客的注意力。

第二节 明确营销组合策略

一、乡村旅游产品策略

随着人类社会工业化、城市化水平不断提升,人们更加追求自然、恬静的生活方式,重视返璞归真、寻根溯源的旅游活动。因此,在设计乡村旅游产品时,应该充分突出乡村旅游目的地的特色,体现乡村文化、田园生活、自然闲趣等,这是乡村旅游产品吸引旅游者的重要因素。

(一)确保乡村旅游产品的质量

乡村旅游产品质量是形成乡村旅游品牌和口碑的基础。乡村旅游开发中,应该保证乡村旅游产品质量,让乡村旅游者获得满意而独特的乡村旅游体验,促进品牌价值的提升和旅游品牌形象的传播。乡村旅游产品作为综合性产品，其中任何一个部分都会影响旅游产品的整体质量，影响旅游者对旅游品牌的评价。因此，要保证乡村旅游产品的质量，必须高度重视旅游产品设计、生产、销售等各个环节的质量标准化工作，进而保证乡村旅游产品总体的优质、高效发展。

（二）发挥乡村旅游产品的特色

乡村旅游产品的核心吸引力在于能为乡村旅游者提供田园风光、民俗风情、农耕活动等亲近自然、感悟文化、回归生态的体验内容。为了满足多样化的乡村旅游需求，必须结合乡村资源条件实施差异化产品战略，突出产品特色；必须针对细分市场设计专项产品，保证适销对路；必须持续更新和创新乡村旅游产品，确保游客回头率。

（三）深挖乡村旅游产品的文化内涵

乡村特色文化的挖掘影响着乡村旅游产品的档次。乡村旅游产品中的传统文化、民俗风情以及乡村旅游企业文化，都能够为旅游者提供具有特色文化内涵的产品和服务。不同类型的乡村旅游产品可以从不同侧重点深入挖掘乡村旅游文化内涵。

1.观光游览型乡村旅游产品开发策略

1）注入乡村农家意境

观光游览型乡村旅游产品开发应该坚持以乡村环境为依托，以农业为基础，分别从视觉、活动、声音、嗅觉、触觉等方面，强调多感营销，营造"乡村意象"。通过视觉设计，强调传统民居、田园风光等，营造田园诗意的乡村景观；通过活动设计，充分开展特色产业参观体验、农业DIY、农耕体验、民俗风情体验活动等丰富多彩的乡村旅游活动；通过声音设计，以乡村鸡鸣、犬吠、蛙叫、虫鸣等打造生态、静谧的乡村氛围；通过嗅觉设计，以花香、果香、菜香、泥土的清香给旅游者独特的乡村嗅觉体验；通过触觉体验，开发亲近水面、亲近土地的活动，丰富旅游者的体验。

2）开发田园观光乡村旅游产品

田园观光旅游产品开发要注重农业与旅游相结合，突出观赏性、参与性、娱乐性、文化性、科技性，并针对不同细分市场开发特色乡村旅游产品。针对青少年市场，可以开发科普田园、教育田园等旅游产品；针对老年市场，可以开发生态养生、健身疗养、务农体验等旅游产品；针对城市家庭市场，可以开发观赏田园、体验农耕等旅游产品；针对城市中高端市场，可以开发休闲度假田园旅游产品等。

2.休闲度假型乡村旅游产品开发策略

1）强调乡村慢生活体验

为满足乡村旅游者远离城市喧嚣、回归原乡、感受乡愁、享受自然的需要，乡村旅游产品设计应该以乡村意境、民俗风情和田园山水景观为依托，重点强调在乡村淳朴、自然的环境中回归生态、享受生活、体验生产、感悟生命的悠闲自得，体现高端休闲农业与乡村旅游发展趋势。可以以"乡村慢生活"为卖点，设计乡村旅游休闲度假旅游产品，延长旅游者的停留时间，增加旅游者在乡村旅游餐饮、住宿等项目的消费。

2)突出乡村生态养生功能

利用乡村地区优质水源、空气、食品、药材等独有资源,突出养生健身功能,把游览、游乐、休闲项目与养生结合起来,注意满足乡村旅游者延年益寿、强身健体、休养疗养、医疗保健、生活体验等需求,打造绿色食疗、森林浴、雾浴、矿泉浴、温泉疗养等乡村养生旅游产品。

3. 文化体验型乡村旅游产品开发策略

乡村文化是乡村旅游发展的灵魂和核心,是塑造乡村旅游吸引力的源泉。文化体验型乡村旅游产品是重要的旅游产品,其开发应注重文化体验的原真性,强调文化体验的互动性,突出文化体验的主题性。

1)注重文化体验的原真性

文化体验型乡村旅游产品强调的是对乡村特色文化、乡土人情的体验。但由于文化的无形性,旅游者需要通过实物、体验活动才能感受文化,因此这类产品最重要的开发原则是保留文化的原真性。在乡村文化体验旅游中,要强调保持乡村自然环境的真实性,保护乡村居民的生产生活风貌,同时通过开发深层次的体验活动,使旅游者感受到原汁原味的乡村风情,进而通过宁静闲逸的乡村环境和真实淳朴的风土民情寻求真实的自我。

2)强调文化体验的互动性

当旅游者主体与旅游地客体之间建立了良好的互动关系后,旅游者能够获得一种心灵的收获和领悟。对于同样的乡村场景,不同旅游者由于具有不同的生活阅历、社会背景和文化素养,往往会产生不同的感受和体会。这就要求乡村旅游体验活动必须保证乡村旅游者能够真正参与到乡村旅游活动中,尽可能设计和提供参与性强、兴奋感高的活动和项目,引导旅游者参与当地乡村生产生活,并增加与当地居民的交流,使旅游者从乡村文化体验活动中提炼出个性化深度体验。

3)突出文化体验的主题性

一个具有吸引力的乡村文化体验主题可以更好地激发旅游消费者对产品的现实感受。在乡村旅游营销策划中,应该根据乡村本身的特点,立足于乡村文脉,综合考虑乡村自然、人文和历史资源,在充分认识客源市场需求的基础上,选择一个适当的主题进行开发,满足乡村旅游消费者的个性化、特色化需求,避免同质性开发,给予乡村旅游者难忘的乡村文化体验。

二、乡村旅游价格策略

乡村旅游产品的价格直接影响着乡村旅游者需求,决定着乡村旅游经营者和旅游消费者双方是否交换成功,影响着旅游产品的使用价值和价值是否能够实现。在乡村旅游发展实践中,较为常用的定价方法有差别定价法、捆绑定价法和转移定价法。①

(一)差别定价法

对于同一种乡村旅游产品,可按照游客差别或地点、时间差别来细分市场。在每

---

① 贾荣.乡村旅游经营与管理[M].北京:北京理工大学出版社,2016.

一细分市场上可界定不一样的价格,使得每一市场都达到收益最大化,同时避免同一定价对某一细分市场收益造成负面影响。差别定价主要分为三类。

1. 价格歧视

旅游产品价格歧视是以游客为对象的差别定价,其中也包含以旅游产品消费量为基础的定价。比如,我国众多景区都有针对老年人和儿童的售票优惠政策,对特殊人群购票也视情况给予特殊照顾。在餐饮方面,10 瓶 1 升的啤酒和 1 桶 10 升的啤酒定价不一样;住宿方面,第一晚 120 元/(日·间),第二晚 100 元/(日·间),第三晚 80 元/(日·间),随入住时间的长短相应地变更房价,以此来吸引游客;在乡村旅游线路方面,每多加一个景点,收费标准都有折扣。为了拓宽客源市场,吸引外地游客,部分乡村旅游景区实行内外有别的售票政策,比如外地游客凭车票购买门票时可享受一定的优惠措施。

2. 时间差别定价

乡村旅游具有明显的季节性,不同岁时节令体验效果不同,价格也有差别。比如,洛阳牡丹花会,4 月上旬早开期 40 元/人次,4 月中旬和下旬盛花期 50 元/人次,4 月底至 5 月初败落期恢复 40 元/人次。另外,乡村旅游还通过淡旺季制定不同的价格策略来调节景区游客数量,以缓解当地生态环境压力,确保游客的最佳体验效果。特别是法定假期旅游旺季时,用较高的价格来抑制游客旺盛的旅游需求,在淡季时利用较低的价格来吸引游客。

3. 地点差别定价

旅游目的地由于吸引力的不同,其形象、实力和影响力各有差别,不同等级的旅游地对游客的吸引力和辐射范围是不同的。比如,同为五岳的泰山与华山,在门票价格上略有不同。

(二)捆绑定价法

捆绑定价是指将多种对同一游客偏好不同的旅游产品捆绑在一起定价。在游客细分市场上,这些旅游产品应有明显的差异,即存在近似相反的偏好。比如,依托景区发展的乡村旅游可以和景区对接,实行联合营销,即捆绑式销售策略。

婺源县的旅游通票制是捆绑定价销售的典型案例。2007 年 11 月 1 日,为了改变婺源各景区分散经营、各自为政的弊端,壮大婺源的旅游产业,婺源县委、县政府收回了婺源 12 个精品风景区的经营权,正式成立了江西婺源旅游股份有限公司,且联合 12 个景区实行通票制经营,使婺源旅游形成"一个集团、一张门票、一个品牌"的发展模式,并期望通过集约化经营实现旅游强县富民的目的。

婺源实行通票制的景区包括李坑、汪口、晓起、江湾、思溪延村、彩虹桥、大鄣山卧龙谷、灵岩洞、百柱宗祠、文公山、江岭、庆源等。通票的有效期为 120 小时(即 5 天),票价为 180 元/人,比单独买票优惠 200 元以上。游客可以在婺源旅游集散中心以及江西婺源旅游股份有限公司下属的 10 个景区买到通票,售票新政策推出后,通票范围内的景区不再单独售票。购买通票,不管是散客还是旅行社组织的团体客都需要每个人凭身份证到售票点购票,并且要进行指纹扫描,在进入每个景点参观时必须出示通票并且再次扫描指纹验证身份,确认无误后可放行游客,通过这种方式达到统一管理、全面监控的目的。

乡村旅游产品是综合性旅游产品，乡村旅游企业为成套旅游产品制定一个低于各个旅游产品成本价格之和的总价格，这种定价策略称为"捆绑定价策略"。针对不同的团队市场，乡村旅游经营者要分别制定出符合其市场特征的、具有竞争力的团体折扣价格策略。针对旅行社，则可以采取批量折扣、佣金折扣和特许经销等方式给予价格优惠，通过旅行社加大市场推广力度。

（三）转移定价法

转移定价也叫"隐藏定价"，通常是将一种旅游产品价格定得较低，通过产品之间的连带效应，使游客在其他产品消费中补偿对前一种产品的消费。特别是在门槛值较低的旅游产品中，常采用此类定价方法。如在餐厅经营中，可以推出某些特价菜吸引消费者，而在酒、水、菜肴中适当提价以赚取利润。①对于乡村旅游这样的综合性旅游产品，例如在农园采摘中，通常做法是经营者以免费或较低的门票价格作为引诱产品吸引游客入园采摘，同时适当提高采摘果蔬的售价来抵消门票的漏损。

三、乡村旅游分销渠道策略

旅游产品分销渠道即旅游产品使用权在转移过程中所经过的各个环节连接而成的通道，从狭义上讲，就是旅游中间商的构成体系。旅游中间商具有市场调研、开拓市场、组合加工等功能，合理选择分销渠道，有助于旅游区扩大市场范围、节约营销费用和提高营销效率。②旅游市场分销渠道策略主要包括分销渠道的类型及选择，渠道成员的协调、激励与评估，以及分销渠道的管理等内容。

（一）乡村旅游分销渠道的类型及选择

1. 乡村旅游分销渠道的类型

乡村旅游分销渠道可以分为直接分销渠道和间接分销渠道两种类型。直接分销渠道是指乡村旅游产品生产者将乡村旅游产品直接供应给旅游消费者，没有乡村旅游中间商的参与。这种分销方式有利于供需双方信息畅通，最大限度地帮助乡村旅游经营者按需生产，减少浪费，更好地满足乡村旅游者的需求，同时建立稳定的顾客关系；但采取直接分销渠道要求乡村旅游经营者花费较大的人力、物力和财力，因此也分散了乡村旅游经营者的精力。间接分销渠道又分为短渠道和长渠道、窄渠道和宽渠道。间接分销渠道可以集中乡村旅游经营者的精力，促进旅游企业的专业化协作，促进乡村旅游产品的广泛分销，并能加强促销。

2. 乡村旅游分销渠道的选择

乡村旅游经营者在选择分销渠道时，应该综合考虑目标市场的规模和特征、乡村

---

①董蕴琳，徐虹，喻晓航.基于顾客价值的会议型饭店服务系统开发研究[J].北京第二外国语学院学报，2006(7).

②李卉婷.旅游景区的营销管理研究[D].天津：天津大学，2009.

旅游产品特点、自身的实力和经营规模的大小。当目标市场的规模较大,地理分布广,旅游消费者的购买频率高,但一次购买量少时,应该选择较长、较宽的分销渠道,降低交易成本;当旅游消费者的购买量大,购买频率低时,就应该减少中间商,采取较短的分销渠道。销售那些价格较高、游客容量小、更新换代快的乡村旅游产品时,应该选择短渠道销售策略;而销售价位较低、旅游容量大、产品生命周期较长的乡村旅游产品时,应采取长渠道策略。此外,实力强的乡村旅游企业可灵活选择分销渠道,而实力较弱、经营规模小的乡村旅游企业则应该选择窄而短的销售渠道。

(二)乡村旅游分销渠道成员

乡村旅游分销渠道主要由乡村旅游代理商、乡村旅游批发商、乡村旅游零售商、专业旅游媒介和旅游电子商务等组成。①这些成员主要帮助乡村旅游经营者进行乡村旅游产品的推广与销售。

1. 乡村旅游代理商

由于乡村旅游目的地在开发某一客源市场时,很难直接对该市场开展营销活动,因此必须借助乡村旅游代理商来完成。乡村旅游目的地通过与乡村旅游代理商签订协议,委托其在某个区域内代理销售乡村旅游产品,乡村旅游代理商则借助其营销资源优势寻找市场机会和营销机会,并通过收取佣金和手续费获得收入。此时,乡村旅游目的地应该加强对乡村旅游代理商的营销,可以邀请代理商考察乡村旅游目的地项目,开展以代理商为目标的推广活动,或者利用佣金吸引代理商。

2. 乡村旅游批发商

通常情况下,乡村旅游批发商是一些实力雄厚,拥有较强的宣传和销售能力的旅游企业。乡村旅游批发商按照不同主题组合各项乡村旅游产品,形成乡村旅游产品目录。乡村旅游消费者通过该目录,可以在短时间内、以便捷的方式获取乡村旅游产品信息,从而选择价格合理、时间合适、配比得当的包价旅游产品。因此,对于乡村旅游目的地来讲,进入乡村旅游批发商所制订的乡村旅游产品目录,对于产品的推广和销售有重要的意义。

3. 乡村旅游零售商

乡村旅游零售商是指直接面向旅游者,为其提供乡村旅游产品的中间商。乡村旅游零售商对于乡村旅游市场特征、乡村旅游者的消费偏好最为熟悉,能直接为乡村旅游者安排适合的乡村旅游线路,并提供乡村旅游咨询、票务和导游服务,因此在乡村旅游产品销售中具有重要的作用。乡村旅游经营单位必须保持与乡村旅游零售商的密切联系,扩大产品的销售,同时从零售商身上获得准确的乡村旅游市场信息和乡村旅游者的需求变化信息。

4. 专业旅游媒介

专业旅游媒介对于乡村旅游产品信息的传播有重要的作用,包括旅游经纪人、旅游俱乐部、在线旅游服务商等。旅游经纪人是连接乡村旅游经营者和旅游者,并促成双方交易,从中获得佣金的中间商。旅游俱乐部是指通过制订团体旅游计划,获得价

---

① 夏林根.乡村旅游概论[M].上海:东方出版中心,2007.

格优势,帮助俱乐部会员以优惠价格出游的中间商。在线旅游服务商是利用互联网技术,为乡村旅游者或潜在乡村旅游者提供乡村旅游信息、预订信息、模拟体验旅游等服务的中间商。乡村旅游经营者通过与这些专业旅游媒介的合作,加深旅游者对目的地乡村旅游产品的了解,深化印象,扩大乡村旅游形象的影响范围,增加销售。[①]

5.旅游电子商务

旅游电子商务具有传统旅游营销渠道无法比拟的优势,它改变了传统的旅游经营方式,有效减少了销售环节,降低了产品成本,提高了工作效率,能为乡村旅游者提供更丰富、更便捷、更低价、更优质的服务,是一种更有效的旅游营销渠道。旅游者可以通过旅游电子商务平台广泛地收集乡村旅游经营单位的文字、游记、评论、图片等详细、及时的信息。乡村旅游经营者应该充分利用旅游电子商务平台,扩大乡村旅游品牌的知名度,为游客提供便捷的信息和有效的信息反馈平台。

(三)乡村旅游分销渠道管理

乡村旅游分销渠道管理主要包括调动分销渠道成员的积极性、缓解和减少渠道成员的冲突两项任务。首先,为了调动乡村旅游中间商的积极性,乡村旅游经营单位应该制定一套切实可行的业绩考核制度,分析乡村旅游中间商的营销能力和业绩情况,以灵活的优惠方式奖励优秀的中间商,淘汰销售业绩低下的中间商。其次,缓解渠道成员的冲突。渠道成员之间往往容易产生竞争和利益冲突,对乡村旅游产品的整体营销产生不利影响。此时,乡村旅游经营单位应该加强与各渠道成员的沟通,同时建立成员与成员之间的联系,促进成员间的交流互动,有效缓解矛盾。

四、乡村旅游促销策略

乡村旅游促销的实质是要实现乡村旅游经营者和旅游者之间的信息畅通,从而影响消费者的购买行为和消费方式。乡村旅游经营主体可以选择旅游广告、旅游营业推广、人员推销以及公共关系4种方式向旅游者及时传达产品信息,得到消费者的注意,引起消费者的兴趣,激发消费者期望,促进消费者购买行为的发生。

(一)旅游广告

乡村旅游经营者可以通过电视、互联网、广播、报纸、杂志等媒介进行广告宣传,在主要客源地的道路交通干道悬挂路牌广告,或通过媒体进行公开宣传,提高乡村旅游品牌知名度,影响消费者尤其是潜在乡村旅游消费者的购买行为,促成乡村旅游产品销售。

(二)旅游营业推广

乡村旅游经营者可以针对旅游消费者的特点和兴趣点,向他们散发旅游宣传品、赠送能够展示乡村旅游产品信息的实用物品,或以有奖销售、展销、优惠、折扣等方式,

---

① 刘伟平,陈秋华.旅游市场营销学[M].北京:中国旅游出版社,2005.

向旅游者宣传乡村旅游产品,增加销售机会。

(三)人员推销

人员推销是乡村旅游从业人员直接与旅游消费者或潜在消费者接触、洽谈、宣传、介绍本企业的旅游产品,以促进销售的活动过程。人员推销是乡村旅游促销中最直接的方式。首先,乡村旅游经营单位在提供乡村旅游产品的各个环节中,要强化"全员营销"意识,加强对乡村旅游从业人员的培训,提高服务技能,做到热情待客、真诚服务,形成良好的口碑,促进销售。其次,派遣专职的推销人员,以发放乡村旅游产品宣传材料的形式走访旅行社、社区进行推销。最后,通过展销会、交易会、新闻发布会等会议形式发布和宣传乡村旅游产品,提高其知名度,增加乡村旅游产品销售。

(四)公共关系

乡村旅游企业运用双向的传播、沟通手段,增强与相关管理部门、企业、乡村旅游消费者、旅游公众之间的相互了解、相互合作,帮助乡村旅游经营管理部门掌握不断变化的环境情况,并有效地利用这些变化,促进乡村旅游营销目标的实现。

第三节 节事活动策划

在常规的营销组合策略之外,在营销策划部分,规划团队可以为项目地策划一系列的特色节事活动,为项目建成后的运营提供可选的节事活动参考。

一、乡村旅游节事活动策划的作用

在分析乡村旅游资源禀赋、目标市场需求的基础上,通过放大项目地原有的特色节日和活动、移植其他乡村地区的节事活动,或根据项目定位策划主题节庆,可以有效增强乡村旅游地的吸引力,特别是在淡季,可以通过节庆活动来刺激市场需求,增加淡季乡村旅游商机。

对于乡村旅游目的地来说,节庆活动本身是乡村旅游的一个重要吸引物,体现了乡村特色民俗和节庆,是乡村旅游产品体系的有机组成部分。乡村旅游节事活动不仅可以扩大旅游者规模,增加旅游者消费,提高乡村旅游收入,还能有效塑造乡村旅游目的地形象,并通过将乡村旅游形象传播给节事活动的参与者和宣传媒体,提升乡村旅游目的地声誉。

二、乡村旅游节事活动策划的要点

在乡村旅游节事活动的设计中,早期的一些活动,主要是以农业资源和民风民俗为主,基本是本色发挥。但随着乡村旅游发展步入更成熟的阶段,旅游市场对乡村旅游地提出了更高的要求,越来越强调节事活动的文化性、主题性和互动体验感。成熟的旅游节事活动能够有效聚集人气、提高当地知名度,带来可观的经济收益,节庆活动除了本身是一种独特的旅游资源,也是当地品牌形象的外化和品牌传播的发力点。[①]在策划乡村旅游节事活动时,要注意以下几个要点。

(一)注重节事活动的季节均衡

乡村旅游活动在很大程度上受到当地户外条件、接待能力、季节性等的影响,因此具有明显的淡旺季,相对集中在春秋两季,冬季乡村旅游活动较少,这给当地乡村旅游接待和管理带来不便,更影响了乡村旅游收入的稳定。在缓解季节差方面,节事活动能够起到较好的效果。因此在策划乡村旅游节事活动时,应该主动拓展淡季的活动,根据乡村旅游地的特点,策划新的主题活动,打造新的乡村旅游节事活动品牌,促进乡村旅游活动由季节依托到季节引导的转变,实现乡村旅游节事活动的季节均衡发展。以江西婺源篁岭古村的"晒秋文化节"为例,婺源是我国南方久负盛名的乡村旅游地,拥有众多明清徽派古村,但一直以来当地的淡旺季非常明显,在春天的油菜花季游客住宿常常一床难求,到了秋冬季节游客门可罗雀。自2015年开始,当地连续多年举办"晒秋文化节",依托山地古村在屋顶晾晒粮食作物的"晒秋"民俗,配合晒秋人家赏红枫、乡间踏秋趣农事、丰收盛宴贴秋膘、晒秋美宿枕乡愁、农夫集市享丰收、秋收行摄创艺术等特色主题体验活动,吸引了大量游客在秋季前往婺源旅游,有效缓解了季节差。

(二)凸显节事活动的乡土性与创意性

传统的乡村旅游节事活动所依托的元素多来源于农业种植品类和乡间岁时节日,这二者能够很好地体现乡村旅游地的乡土性,在今天的乡村旅游策划中仍然是值得规划人员重视的元素。同时,也要注重从资源和市场两端发力汲取灵感,创新一系列与项目主题定位贴切、能够为乡村旅游地增色的时尚化、差异化节事活动。以江西省景德镇市浮梁县2021年的"艺术在浮梁"活动为例,2021年5月1日至6月1日,在当地的寒溪村史子园举行了为期32天的乡村公共艺术展,来自5个国家的26位艺术家、建筑师、音乐人、创意人在这个一直寂寂无闻的小村里完成了22个田野乡村艺术项目的设计、展陈,举办了4场文化活动,并于当年秋季开展了第二期活动,在升级已有作品的基础上,打造了夜间项目和常态化的音乐分享会、书写工坊、涂鸦工作坊等活动。艺术与乡村跨界融合形成的特色节事活动,引起了市场高度的关注,特别是在年轻游客群体中反响热烈。

(三)注重节事活动内容的综合性

西方国家的经验表明,单一的乡村旅游活动虽然能够在某一时段带来一定的收益,但是由于其目标群体有限,面向的细分市场狭小,很难带来大规模、持续性的效益。因此,乡村旅游活动策划除了依托某一特定主题外,为了扩大吸引力,还应该在主题活

---

① 朱芳琳.乡村旅游营销模式创新研究[J].商场现代化,2017(8).

动之后持续举办其他主题的活动,注重与体育赛事、商业展览等不同类型的活动联合进行,在形式上和内容上形成互补,形成一个多元化、多样性的乡村旅游活动综合体,以丰富乡村旅游活动内容,延长旅游者逗留时间,提高重游率,提振乡村旅游地的人气和活力。以上文提及的婺源"晒秋文化节"为例,每年的活动期间,景区运营公司都会策划多样化的民俗文化活动用以丰富游客在节庆期间的体验,这也是"晒秋文化节"可以持续吸引市场的核心原因。

案例8.1　江西省新干县海木源景区节事营销体系

本案例节选自《江西省新干县海木源景区旅游总体规划(2019—2030年)》。该规划的重点任务是解决旅游区发展战略和发展目标、空间布局和产业要素、形象定位和市场营销、产品体系和保障体制等关键性问题,使投资者通过规划明确眼前建设利益和长远发展目标,实现本项目融入周边区域,形成客源共享、功能互补和环境共建的发展格局。

一、规划区概况

海木源景区位于江西省新干县潭丘乡(海源、毛斜、木源村)地带,总占地面积约5000亩,是由社会资本投资开发的一个乡村旅游景区,项目总投资约3.2亿元人民币。景区于2015年开始筹建,主营方向有生态旅游和生态农业两类产品。2016年7月,景区成功举办了第一届旅游节,受到外界一致好评,当年接待游客量达到5万人次左右,营业综合收入达到600万元,为当地农民提供了60个以上就业岗位,年人均增收3000元左右,当地大塘村委会帮扶10户贫困户脱贫,以入股发放股权证形式,享受景区每年年终分红。2017年,景区年接待游客量达15万人次左右,营业综合收入达1200万元,获评国家3A级旅游景区。

在一期建设的基础上,海木源景区于2018年筹建二期,规划以转型升级、提质增效为主线,以自然生态为依托,以漂流、森林、温泉、湖泊为重点,高起点、高品位、高质量开发旅游产品,打造集峡谷漂流、生态观光、休闲度假、文化研学、探险娱乐、创意农业等项目于一体的多类型、深层次的旅游目的地,最终将旅游区打造成为江西省一流的生态旅游示范区。

二、节事营销体系

以节事活动作为海木源景区对外旅游推广的主要手段,组织四季不间断的节庆活动体系,策划全年节事活动,让海木源旅游"全年无休"。

2月——海木源文创设计大赛:发布文创类设计大赛,收集海木源旅游商品设计作品,并进行评选。

节事策划:举办海木源文创设计大赛,大力推动海木源景区旅游商品品牌创新,促进景区中旅游商品产业发展。发出募集令,通过线上宣传渠道,如微信、微博等,召集全国的文创设计爱好者参与到海木源文创设计大赛中。线上收集并组织专家进行筛选,在平台上进行展示投票,选出优胜作品。以旅游套票、文创礼品等作为奖励对大赛参与人员进行发放。将优秀的文创设计作品实物投入生产,在海木源文创展示区进行展览销售。

3月——海木源三月踏青节:重点宣传生态踏青、享受春天等信息,策划摄影大赛、书法大赛、绘画大赛等。

节事策划:举办海木源三月踏春节,将海木源景区六大片区形成联动,游览观光体验与民俗文创业态相辅相成。通过线上渠道重点宣传生态踏青、享受春天气息等信息,吸引游客前来。设计优惠的旅游活动,策划摄影大赛、书法大赛、绘画大赛等,增强游客的互动体验感。游客在自然田园类项目中尽情享受春意过后,可过渡到人文体验片区进行深入体验。

4月——生态文化旅游节:在海木源景区举办生态文化节,吸引游客前来感受海木源景区原生态风光。

5月——棋盘山徒步发现之旅:以棋盘山为主要载体,策划徒步"寻宝"、徒步竞赛等形式的活动提高景区热度。

节事策划:举办棋盘山寻宝之旅活动,主要以团队活动体验为主,以棋盘山为活动区域,根据寻宝活动方案设计"寻宝图",分多个区域布置"宝藏",完成任务最快最全的队伍即可获胜。设计棋盘山寻宝之旅活动方案,并在微信、微博、社群等渠道进行宣传,吸引团队前来参与体验。团队需要根据"寻宝图",在棋盘山4个区域根据提示找到相应的"宝藏",且过程中全部成员均需要到达山顶打卡,通过拼智商、拼体力、拼游戏技巧选出优胜团队。

6月——田园户外音乐节:在田园场地举办露天音乐会,邀请多名知名歌手参加,积极宣传,形成影响力。

7月——海木源酒文化旅游节:举办酒文化旅游节,依托海木源特色原浆酒,开展品酒、玩酒、买酒等主题活动。

8月——海木源激情漂流节:策划海木源激情漂流节,加大漂流规模,活动助力引爆海木源漂流项目。

节事策划:举办海木源激情漂流节,依托海木源现有的漂流知名度,配合景区的全面提升体系,争取进军江西漂流界大咖。编制海木源激情漂流节活动方案,制定漂流节营销策略,以高品质、低价位的劲嗨漂流体验为亮点进行宣传。吸引游客到达景区后,设置一系列现场活动,如漂流表情包比拼赛、最美笑脸抓拍、漂流竞速赛等,让游客不仅体会到简单漂流的海木源漂流,而且留下更加深刻的印象。

9月——亲子采摘收获之旅:在采摘果园设计适合不同年龄结构的家庭进行比赛的亲子采摘活动,促进家庭关系。

节事策划:举办亲子采摘旅游节,利用北部温泉康养体验片区果蔬基地资源,在果蔬成熟季可组织采摘活动,增加景区人气的同时,也为丰富的果蔬产品提供销路。设计亲子采摘节旅游专线,定制周末一天半旅游行程。围绕果蔬采摘设计一系列体验型家庭活动,如果蔬采摘大赛、吃水果大赛、水果拼盘DIY等。开展土地认领活动,游客通过认领土地成为临时主人,可在移动端视频实时在线监控管理,随时到庄园进行果蔬管理、果蔬采摘等体验活动。

10月——金秋海木源美食节：推出海木源美食展供游客品尝；在美食节期间，美食与门票展开联动营销。

11月——冬季户外拓展运动周：组织公司、学校、协会等单位前往海木源景区参加团建活动，体验户外拓展运动的乐趣。

12月——农垦文化旅游节：以景区田园类旅游项目为主要载体，以农垦文化为源，策划文化旅游节。

1月——海木源温泉旅游趴：依托海木源景区温泉旅游资源，在冬季组织温泉旅游派对，共同在寒冬中寻找温暖。

（案例来源：编委组编制的《江西省新干县海木源景区旅游总体规划（2019—2030年）》）

第四节　新媒体营销策划

乡村旅游满足了旅游者对自然与田园生活的向往，但因其地理区位限制，交通不便，信息传达不及时，其知名程度与旅游人数无法与大型旅游景区相提并论。乡村旅游知名度的提升离不开营销与推广。随着信息技术的快速发展，微博、微信以及各种短视频平台等新媒体已经成为人们日常生活的一部分，新媒体对旅游者、旅游业以及旅游目的地都产生了不同程度的影响[1]。因此，在编制乡村旅游营销策划过程中，利用网络新媒体来促进乡村旅游市场的宣传和营销已经是必然趋势。

一、新媒体营销的主要类型和特点

（一）新媒体营销的主要类型

顾名思义，新媒体营销就是以一种新的媒体形式来做营销，新媒体在选择上主要分为网络新媒体、移动新媒体和数字新媒体三种[2]。

1.网络新媒体

网络新媒体的发展主要依托于互联网的全面普及。在新的网络环境中，信息的获取和接收方式被彻底改变，信息的传播和交流也开始跨越时空的界限，信息共享程度越来越高。网络新媒体主要包括各大门户网站（如携程、同程、新浪、搜狐），电子邮件/即时通信/对话链、博客/播客、网络文学、网络动画、网络游戏、网络杂志、网络广播、网络电视等。其中，重点关注微博及社交网络的"病毒式"传播的口碑宣传方式，对旅游区进行"病毒式"传播。

2.移动新媒体

移动新媒体很好地继承了网络新媒体不受时间、空间限制的特点，而在覆盖程度

---

[1] 孙静，楚英英.新媒体时代乡村旅游营销策略研究[J].新闻研究导刊，2020(16).
[2] 朱芳琳.乡村旅游营销模式创新研究[J].商场现代化，2017(8).

上,要比网络新媒体更加广泛。相比于网络新媒体,移动新媒体开始逐渐成为新媒体中的主流,智能手机的普及让移动新媒体获得了进一步的发展。在选择上,可以有智能手机应用程序软件、手机短信/彩信、手机报/出版物、手机电视/广播等。

3. 数字新媒体

数字新媒体是指第一、二、三媒体在应用数字技术之后,形成的新的媒体形式。数字新媒体广告投放包括数字电视、IPTV、移动电视、楼宇电视、城市多媒体终端等,适合在一级目标客源市场的火车站、飞机场、饭店大厅、大型购物中心、重要的景区景点和旅游咨询中心等地,开展旅游营销宣传。

(二)新媒体营销的特点

新媒体给乡村旅游营销带来了深刻影响,全国各地的群众都能够利用网络渠道获得多元化的旅游信息。此外,新媒体营销有着更广泛的受众范围、更多元的营销方式、更广阔的营销渠道,促使乡村旅游信息的更新速度进一步提高。在新媒体背景之下,乡村旅游营销的特点体现在以下几个方面①。

1. 覆盖面广

新媒体能打破沟通障碍,不受时间与空间的限制,信息传播范围可以遍布整个世界。信息传播者无论何时何地都可以将自己的信息传播出去,最大限度地实现了所有区域内的信息覆盖。

2. 交互性强

传统媒体的传播模式是一对多,信息传播方式是自上而下的。传统媒体由信息传播者发布信息,媒体始终处于强势地位,信息接收者只能被动接受,无法及时反馈自己的意见,交互性差。新媒体传播改变了传统媒体的单一输出方式,人们可以在新媒体中发表自己的观点,实现了信息的双向传播。

3. 即时性强

传统媒体受出版时间以及播出时间的限制,大众不能第一时间获知信息。新媒体接收的信息都是"正在进行时"。网络大众可以通过电脑、手机等终端,第一时间发布与接收世界各地发生的事情,打破了传统媒体定时传播的局限。②

4. 成本较低

乡村旅游由于农村宣传经费有限,且客源主要局限在周边区域,相比传统的实体宣传方式,新媒体营销平台进入门槛较低,媒介成本较低,平台提供许多免费资源,乡村旅游营销人员可以将多数资金和精力投入营销内容的创作中,有效地降低营销运营成本,做到足不出户信息遍全球。

综合来看,具有以上特点的新媒体营销适用于资金相对匮乏、技术相对落后、影响范围相对狭窄的乡村旅游地。在乡村旅游营销策划中增加新媒体营销部分,不仅可以丰富营销内容,更能够为乡村旅游地提出切实可靠的营销思路。

---

① 王伟利. 新媒体发展下乡村旅游的营销策略分析[J]. 西部旅游,2022(7).
② 孙静,楚英英. 新媒体时代乡村旅游营销策略研究[J]. 新闻研究导刊,2020(16).

二、乡村旅游新媒体营销的核心策略

新媒体营销策划在内容形式、传播媒介、受众群体等方面与传统营销策划存在区别,因此,不能简单地用传统的营销策略来进行设计,要根据新媒体发展的现状不断调整营销策略。

(一)从产品促销深化到网络社交

传统乡村旅游景区在商铺、户外、地铁等广告投放量很高,但是需要意识到产品促销活动通过单纯的广告输出,很难引起广告观看者的共鸣,不适当的色彩、用语甚至会引发反感情绪,造成反效果。因此,不要只注重广告宣传的功能,而要强调开发广告互动的功能,用更加有趣、实用、美观的内容吸引消费者观看、与友人分享交流、产生前去游玩的想法。虽然广告传播力度有限且获取的信任有限,但是如果用户自身在新媒体平台上以网络社交的形式开展交流分享,便会增加景区曝光度与可信度,优化产品促销效果,实现更多的景区网站访问量和门票购买量。因此,在营销策划编制中,要重视网络社交平台的运营和维护,保持平台流量和活跃度。

(二)从广告宣传深化到情感互动

传统的广告模式不适用于现在大众的消费心理,无法最大限度地吸引游客。各种新媒体平台既能发布日常宣传信息,也能与粉丝进行互动交流。现代城市人群在高压枯燥重复的环境中积累的情绪需要一个窗口去宣泄,被暂放的理想需要一个地方寄托,乡村旅游接待的就是这样一个城市群体。因此,在乡村旅游新媒体营销策划中,需要通过新媒体平台在日常宣传中融入自由与情怀的宣扬和交流,以吸引产生共鸣的游客;通过偶尔推送的幽默图文、热词等拉近与粉丝的距离,使得营销平台更加生动鲜活。例如,婺源篁岭晒秋摆脱原始的广告宣传模式,以民俗、乡愁为切入点,配以小桥流水、晒秋大妈、乡间民宿、遍野梯田的场景,营造休闲舒适的乡村意象,景区知名度和美誉度得到显著提升。

(三)从单向推广深化到主动服务

消费者希望利用新媒体平台收到独特的、有温度的、实用的信息,也希望遇到的问题都能得到及时有用的回复和解决。因此,乡村旅游新媒体营销策划中,不能一味地只重视内容输出。一方面,需要优化数据监控系统,重点关注电访次数多、互动次数多的游客,对其开展精准营销;另一方面,也需要建立专业的幕后团队,针对用户问题及时准确地给予回应,并通过适当回访以了解游客的喜好变化,提升景区游客满意度,增加游客再次游玩的可能性[①]。

---

① 付晓彤.互联网时代乡村旅游景区新媒体营销优化策略研究[D].武汉:武汉轻工大学,2019.

三、乡村旅游新媒体营销的实现路径

(一)加强乡村旅游公共网络设施建设

新媒体营销离不开完备的网络基础设施。①乡村旅游地处偏远,地形复杂,范围广阔,为了解决网络覆盖问题,新媒体营销策划中要强调当地政府与景区的有效联合,共同开展网络基础设施建设。

在合适的制高点架设无线设备,实现无线网络全覆盖,保证游客在景区内可以随时随地观看和分享图片、视频等,从而为整个乡村旅游景区提供稳定、高速的无线网络,满足运营者、游客的上网需求,为后期的网络新媒体营销搭设硬件基础。这种做法具有成本低、网络稳定和维护简单的特点,符合乡村旅游景区网络建设的要求。

此外,乡村旅游景区要配套相应的电子导游。例如,在各主要景点配备具有详细讲解功能的电子导游;在景区官网或者小程序上配备具有景点、餐厅、卫生间等设施的详细地图导航;配备具有各景点项目人口密集度显示、游玩须知和小建议等功能的智能电子导游;保证官网、各新媒体软件等电子客服、人工客服更加专业,以满足游客咨询、购票及其他个性化需求,并收集相关建议和意见等。

(二)创新乡村旅游新媒体营销内容

新媒体营销的推广渠道不同,展示内容的方式也不同,但共同点是通过图片、视频、链接等形式进行推广。可以根据用户的需求塑造内容,不断优化和改进内容,通过创造性的内容获得用户的关注。新媒体营销策划编制前,规划团队首先要把握目前新媒体营销常见的和具有创新性的营销内容或形式,以及利用这些营销内容开展新媒体营销的思路。

1. 信息发布

在微信、微博、网站等平台上及时、准确地发布景区简介、景点推荐、周边资讯、路线导航、购物攻略等内容,满足消费者的需求,同时不断提高自身信息服务能力。在不同时期调整和更新信息,保证消费者获得第一手资讯。

2. 活动推送

设计乡村旅游活动主题,依托新媒体平台推送文字、图片、视频等内容,开展互动性较强的宣传营销活动,主要包括活动预热、活动介绍、活动总结等信息,提升活动影响力和品牌知名度,实现主题活动线上营销与线下执行相结合。

3. 旅游体验微电影

目前,微电影是一种流行的微传播方式,可以利用乡村的景色优势,借助新媒体渠道和平台拍摄旅游宣传微电影,将乡村旅游景点融入一定的故事情节中,通过微电影的传播力量,将景色和故事剧情结合起来,通过剧情和景色的互相渗透激发更多消费者的体验欲望。②

---

① 张倩.互联网时代乡村旅游新媒体营销优化策略研究[J].中国管理信息化,2020(20).
② 余兵.新媒体语境下乡村旅游产品营销方式创新[J].新闻战线,2015(8).

4.短视频引流

抖音、快手、大鱼号等短视频自媒体在当前网民中占据非常高的地位,可以通过日常发布短视频,开展旅游营销宣传,打造乡村旅游景区打卡胜地,并策划主题活动吸引全网参与,借助互联网平台有效地确保营销活动的曝光。

5.直播旅游

随着互联网和新媒体的发展,年轻受众更倾向于通过直播获取信息,看直播产生旅游体验欲望、购买乡村农副产品,已经成为年轻人旅游消费的方式之一。同时,利用直播技术可以展示乡村旅游场景、乡村民俗文化、特色农产品等,吸引游客前往体验。

6.VR虚拟游览

设计场景化的旅游营销,增加VR虚拟游览功能,打开VR全景就可以对景点进行全方位、多层次的线上游,这一宣传形式打破了传统的局部观,以全局观的形式使消费者对特色景点进行初步了解和大致掌握,以此来帮助消费者进行合理化选择,刺激消费者的旅行欲望。

除了以上提到的几种常见的新媒体营销内容形式外,更有多种内容形式正在创新发展中,不断迎合市场多变的需求。但无论形式如何,最主要是要通过直观、新颖、有冲击感的内容,借助新媒体平台实现增加曝光量、提升知名度、优化参与感的营销目标。

(三)推动乡村旅游多平台联动推介

乡村旅游新媒体营销策划的编制过程中,新媒体平台的布局和运营具有重要作用。要坚持利用已有平台、线上线下结合、开发自身平台三个要点,多维度共同推动新媒体营销进程,实现乡村旅游地的全面营销。

1.充分利用有影响力的旅游平台

随着旅游市场发展的日渐成熟,旅游平台也得以不断完善,在消费者市场中比较有影响力的旅游网有携程网、马蜂窝、驴妈妈等,综合社交平台有腾讯QQ、微信社群、微信公众平台、微博、抖音、小红书等。这些平台通过利用意见领袖的旅游体验来实现对景区旅游信息的传播和宣传,实现乡村旅游景区在社群、媒体的"二次营销",效果较好。比如,婺源篁岭景区曾多次与抖音短视频平台开展合作,邀请数百名抖音达人齐聚篁岭,"篁岭晒秋"多次登上抖音旅行热榜,成为旅游热门话题。有效利用强影响力的旅游平台开展营销活动,有助于形成旅游信息推介的合力,景区品牌知名度可以实现显著提升。

2.设计线上线下综合销售模式

无论何种营销模式,最注重的是市场知名度,乡村旅游业的产品营销亦是如此。一般来看,乡村旅游业发展初期,都会借助大的旅行社的市场影响力来打开自己的旅游市场,但是这种模式不仅受众有限,而且营销宣传覆盖面不能达到预期的效果。乡村旅游业在前期,可以线下宣传,线上采取低价优惠的政策,激发乡村旅游景区游客的购买欲,并且让游客线下了解到线上模式的优惠,再通过线上购买。乡村旅游线上平台具有一定的知名度后,即可借助互联网络逐渐打开线上营销的攻势,让更多的人了解到乡村旅游产品网上销售渠道,从而实现市场知名度的提升。[1]

3. 积极开发景区自身旅游媒介

对乡村旅游景区来说,加强自身建设是创新营销方式的基础。加快旅游景区官网、微信社群、微信公众平台、微博、抖音、小红书等官方账号建设,引进优秀的App应用软件等。其中,以微信社群、微博、短视频自媒体为代表的自身旅游媒介最具有代表性。

1)微信营销

微信是基于朋友圈的交流平台。微信可以通过朋友圈、微信群分享信息,一传十、十传百,达到信息传播的目的。乡村旅游经营者可以创立微信公众号,开设景区推介、活动推广、生活资讯以及政务板块等内容,并安排专人进行微信运营,发布原创内容。

2)微博营销

微博是一个开放的交流平台,具有极强的交互性。微博可以精准判断用户的基本信息、性别、学历、兴趣爱好等,并根据用户的浏览信息内容精准推送相关信息。乡村旅游经营者可以开通官方微博,参与微博话题,运用话题营销以及精准定位人群的方式开展微博营销。

3)短视频营销

目前,旅游主体以"80后""90后"为主,新一代年轻人与世界交流的方式由图片变成了视频。全民短视频时代,每个网民都是媒介平台。短视频录制简单、成本低廉,乡村旅游企业可以在各个短视频平台注册官方账号,邀请短视频平台的网络主播来乡村旅游目的地旅游体验,网络主播在旅游过程中,可以实时分享旅游体验感受,实现旅游企业、旅游者与潜在旅游者的互动交流。[2]

(四)重视乡村旅游消费者体验营销

体验营销是营销的一种有效方式,但是在传统媒介营销模式下,针对消费者的体验营销往往无法有效实施,消费者的体验最终也流于形式。新媒体为消费者体验营销提供了平台,能够将消费者的体验感受传达给更多的消费者,给消费者提供感性体验环境。[3]乡村旅游新媒体营销策划中,要积极挖掘各个新媒体在体验营销中的潜力。

1. 利用新媒体搭建旅游体验活动宣传平台

为了唤起更多消费者的乡村旅游意识,可以利用新媒体平台发出乡村旅游体验号召活动,如"江南农村小镇两日游""愚公故里一日游""乔家大院观赏游""广西苗乡踏春游"等。鼓励消费者报名参加,并从报名的消费者中随机抽取获得免费名额,让消费者可以免费体验乡村旅游特色风情。通过免费旅游体验活动号召,吸引消费者关注乡村游活动。同时,利用网络媒体等新媒体全程报道体验活动过程,将活动发布到各个新媒体平台上,提高活动的影响力,吸引更多潜在消费者的关注。

---

[1] 冀晓燕.网络新媒体发展下乡村旅游的营销策略[J].社会科学家,2020(2).
[2] 孙静,楚英英.新媒体时代乡村旅游营销策略研究[J].新闻研究导刊,2020(16).
[3] 余兵.新媒体语境下乡村旅游产品营销方式创新[J].新闻战线,2015(8).

2. 利用新媒体分享体验活动感受

体验营销和口碑营销有一致性，借助体验者之口进行口碑传递，能够形成一对多的传播局面。乡村旅游经营者要利用新媒体开通分享平台，如在旅游官网、旅游微博和微信等平台上，开通消费者旅游体验反馈渠道。鼓励体验者发布乡村旅游的感受，借体验者之口和新媒体的快速、广度传播优势，吸引更多消费者参与。

3. 打造个性化定制营销服务

利用新媒体在乡村旅游网络平台上开通消费者定制服务，开展消费者一对一服务营销。例如，可以利用微博和微信等微平台实施消费者定点服务，由旅游服务人员针对消费者诉求，利用微平台对消费者进行解答，针对个性化诉求，给消费者提供相应的旅游方案，并帮消费者规划具体的乡村旅游路线。这种以新媒体为平台的营销就是对传统营销服务的创新，能增强用户黏性，提升旅游者满意度和重游率。

在社会大众追求健康、休闲旅游产品的当下，作为生态环保旅游代表的乡村旅游受到了消费者的热捧。未来，乡村旅游产品将迎来更广阔的发展空间，为了在旅游市场上大有作为，乡村旅游营销策划必须要积极利用新媒体弥补传统营销方式的劣势，为消费者提供更加满意的营销服务。

本章小结

乡村旅游营销目标是规划期内项目地通过开展营销活动应该实现的效果和成效，一般采用定性的表述方式，并根据规划期限的长短，提出阶段性营销目标，以明确各阶段营销工作重点。

乡村旅游营销组合策略中，乡村旅游产品策略要强调确保乡村旅游产品的质量，发挥乡村旅游产品的特色，深挖乡村旅游产品的文化内涵3个要点；乡村旅游价格策略主要包括差别定价法、捆绑定价法、转移定价法3种；乡村旅游分销渠道策略要明确分销渠道类型及选择方式，了解分销渠道成员构成，并制定合理的分销渠道管理模式；乡村旅游促销策略主要包括旅游广告、旅游营业推广、人员推销、公共关系4个方面。

成熟的旅游节事活动能够有效聚集人气、提高当地知名度，带来可观的经济收益，节庆活动除了本身是一种独特的旅游资源，也是当地品牌形象的外化和品牌传播的发力点。乡村旅游节事活动策划要注重节事活动的季节均衡，凸显节事活动的乡土性与创意性，注重节事活动内容的综合性。

新媒体营销策划主要包括网络新媒体、移动新媒体、数字新媒体3种类型，具有覆盖面广、交互性强、即时性强、成本较低的特点。乡村旅游新媒体营销策划编制中，要强调从产品促销深化到网络社交、从广告宣传深化到情感互动、从单向推广深化到主动服务3个核心策略，从加强乡村旅游公共网络设施建设、创新乡村旅游新媒体营销内容、推动乡村旅游多平台联动推介、重视乡村旅游消费者体验营销4个方面具体实现。

 **复习思考题**

根据小组负责村落/区域的基础分析结论和发展定位,参考本章相关案例的图文形式,为规划区编制营销策划,包括制定营销目标、设计营销组合、制订节事活动计划、编制新媒体营销策划等。

第九章
乡村旅游发展的设施规划

学习目标

1. 了解乡村旅游发展设施规划的含义和基本原则,能够在规划编制过程中正确运用这些理论;

2. 掌握乡村旅游发展基础设施规划的特征与内容,能够在规划编制过程中准确地把握基础设施规划的内容并进行正确的设计;

3. 了解乡村旅游发展服务设施规划的基本内容,熟悉乡村旅游发展服务设施在乡村旅游规划中的应用,能够在规划编制过程中根据一般程序完成服务设施的规划与设计。

重点难点

1. 乡村旅游发展设施规划的基本原则在实际操作中的运用;

2. 乡村旅游发展设施规划中对基础设施规划特征和内容的选择与调整;

3. 乡村旅游发展设施规划的编制过程中对设施进行科学、合理的规划与设计。

无论乡村旅游地空间尺度的大小如何、类型如何,乡村旅游地的开发建设都是一个系统工程,而旅游规划则是统筹协调系统内部子系统与要素之间关系的一个过程。在前面的章节中,我们学习了旅游产品和线路的设计。旅游产品是驱动旅游者前往目的地的核心因素,但是旅游者在目的地的活动和需求会涉及更多的系统性因素,在物质实体上,我们把这些因素统称为"旅游设施"。旅游设施根据主要使用人群的不同,又可以分为基础设施和服务设施。围绕规划区定位和产品体系来开展配套的设施规划与设计,是旅游规划编制中一个非常重要的基本认识。

第一节　设施规划的基本原则

一、乡村旅游设施的含义

从狭义理解,旅游设施是旅游地为旅游者提供的各类设施的总称。从广义上说,它包含了所有满足旅游者旅游需要的内容,包括组织合理的旅游路线、温馨舒适的住宿条件、有地方特色的饮食等,这些设施分别从各个方面为旅游者提供服务。从形象上看,旅游设施是乡村旅游地景观环境的重要组成部分;从功能上看,它承载着旅游者在目的地的各种活动;从内容上看,它涉及了旅游者"食、住、行、游、购、娱"等方方面面,在旅游规划中具有十分重要的作用。

广义的旅游设施可以分为两类,即旅游基础设施和旅游服务设施。旅游基础设施是旅游者与目的地居民等群体共享的设施,包括给排水、电力电信、交通、卫生等设施。旅游服务设施主要是直接为旅游者提供服务的,包括住宿设施、餐饮设施、娱乐设施及其他辅助设施。[1]

二、乡村旅游设施规划的基本原则

旅游设施规划直接关系到旅游地开发的规模、效益以及旅游地发展的生命力。由于乡村旅游地的特点,乡村旅游设施的规划和设计在实践中需要考虑发挥乡村特色,利用和提升现有的各种资源为旅游服务。具体应遵循以下原则。

(一)功能性原则

旅游设施规划的首要目的是满足乡村旅游发展的客观需要,所规划设施的体量、选址与规模要与乡村旅游地性质、规模、功能相匹配。我国大部分乡村地区都存在基础设施薄弱、服务设施缺失的问题。[2]因此,对乡村旅游设施的规划,应该首先满足功能需求,配备充足的垃圾箱、旅游厕所、停车场等基础设施,在展现乡村美好形象的基础上,还要与时代相结合,满足旅游者的时代生活需求。

(二)乡土性原则

近年来,随着乡村旅游项目在全国遍地开花,建设开发过程中呈现出来的景观城市化、公园化等倾向引起市场和业界的大量批评。乡村是与城市完全不同的地理空间单元,乡土性是乡村旅游赖以存在的根本。乡村旅游规划涉及乡村旅游形象的展现,应以自然、生态为吸引点,加强突出其乡土特色,选取乡土材质进行构建,采用乡土语

---

[1] 玄欣田.乡村旅游开发与管理模式研究——以成都农家乐为例[J].商丘职业技术学院学报,2014(1).
[2] 庞小波.乡村振兴视域下乡镇政府职能转型与优化[J].无锡商业职业技术学院报,2020(5).

言作为解说,提炼乡土元素进行装饰,将乡土韵味进行极致表达,构建具有浓郁乡土风情的旅游设施体系。

(三)经济性原则

大部分乡村旅游项目的体量都不大,因此单体投资额也较小。在乡村旅游设施规划中,各项配套设施的选择不仅要符合投资能力,更要力争有较好的经济效益,还要考虑它的日常维护费用和淘汰速度,力求经济实惠。同时,要遵循资源的适度消费和可持续利用原则。服务设施应以简单实用为宗旨,规模不应太大,要采用节能技术和设备,以减少资源消耗和污染物的排放。

(四)灵活性原则

旅游设施规划要有一定的弹性。波动是旅游市场的显著特征,设施配套应考虑这一情况,使之有一定的灵活适应力。特别是我国"五一"和"十一"等长假期间,旅游接待饱和,与旅游淡季形成鲜明对比,在设施规划中应灵活掌握,要做到既能满足旅游需求,又不浪费资源。在乡村旅游设施的规划设计中,可以部分利用乡村社区的公共设施,充分利用村民家中闲置资源等,对其加以提升改造形成补充性设施。

第二节 乡村旅游基础设施规划

一、乡村旅游基础设施规划的特征与内容

基础设施泛指国民经济体系中为社会生产和再生产提供一般条件的部门和行业。旅游基础设施一般包括旅游交通设施、给排水设施、电力通信设施和环境卫生设施等。

旅游基础设施不同于工农业生产部门的基础设施,需要以旅游为主导进行规划和建设,其规划具有以下特征。

(一)公共性

基础设施服务于一个国家或地区的社会经济整体,其使用具有公共性,基础设施的投资也多由公共部门出资完成。一般来说,旅游基础设施以旅游地原有设施基础为主,也有开发中为发展旅游专门建设的部分基础设施,如旅游公路、旅游厕所等。在一些基础设施非常薄弱的乡村旅游地,新建的旅游基础设施甚至会构成当地基础设施的主要部分。旅游地的基础设施既为当地居民服务,也为旅游者服务。

(二)系统性

基础设施是一个有机的综合系统,它是国民经济体系中的一个运转载体,是社会经济发展的支撑工程体系。旅游基础设施中的各类基础设施,如道路设施、水电通信

设施等自身形成独立的网络系统,但各个系统同时又需要相互协调,形成一个有机整体。

(三)长期性

一方面,基础设施建设一般规模较大,资金较多,建设难度较大,施工周期较长,消费周期长,效益回报期长;另一方面,基础设施建设对于乡村长期发展具有重要意义,是一项长期而又艰巨的任务。随着乡村旅游发展而不断完善的基础设施,对于乡村居民的生活环境改善和生活水平提高也具有客观促进作用。

二、旅游交通设施

旅游地的交通系统包括对外交通和旅游景区内交通。对外交通是旅游者来旅游地的必然途径,主要是从区域的旅游中心城镇到旅游地的交通,乡村旅游地一般不位于主要交通干线上,也正是由于交通闭塞,一些传统村落和古村落保留下来。在旅游开发中,大多乡村依托周边城镇已经完善的交通系统,只需开辟从中心城镇到旅游地的旅游线路即可。旅游景区内交通系统主要根据旅游线路和旅游景点的安排来组织,有步行和车船游览线,也有公路和辅助道路。

(一)交通入口

乡村旅游地入口是旅游地给旅游者的第一印象点,也是旅游者集散的重点节点。合理规划交通入口对乡村旅游地的发展具有非同一般的意义。在满足景观门户、游客集散等功能之外,交通入口还要注意以下两点:一是入口的体量要与乡村旅游地的规模相适配,并在连接处或附近地带预留足够的空间,以适应旺季和景区发展所需;二是在一些景区与社区高度重叠的乡村旅游景区,要注意处理旅游交通入口和本地居民交通入口的关系,尤其是收费的景区,最好能将二者分置。

我国许多传统村落和古村落最初选址和建设都根据传统的生态理论,讲求依山傍水、人居环境与周围的自然环境紧密结合。在许多村落的入口,现在依然保留有古树、牌坊、亭、桥等与自然环境融为一体的景观。例如,徽派村落和我国西南地区部分许多少数民族村寨的"水口林",是一种独特的乡村旅游资源。因此,在这些乡村旅游地入口应严格控制车辆的出入,避免噪声污染、交通拥挤、空气质量降低等不良因素的影响。

(二)道路系统

乡村旅游规划中的道路有对外交通和对内交通2种,其中对内交通又可以细分为内部车行道、游步道和特色交通3种。

1.对外交通

乡村旅游地的对外交通主要是为了解决乡村旅游地的通达性问题,确保游客进出通畅。一般情况下,对外交通道路在设计规格上应尽量满足旅游大巴的通行需要,干线采用三级公路标准,支线可用四级公路标准。对于一些位于山岭重丘区道路建设条件不佳的乡村旅游地，支线可以采用3.5米单车道另加错车道的方式建设。在规划设计中，还应具体注意以下问题：一是为了保持乡村旅游景区景点的安静、安全和游览环境，停车场和游览区域之间应保持适当的距离作为缓冲空间；二是在选址和建设中，应尽量减少对乡村地区原有自然景观、植物群落和水系的破坏；三是不同类型的乡村旅游地，道路具体建设标准不一，完全为解决进入性的外部道路和风景道、绿道等道路建设的要求，也会有所不同，在规划中应有所区别，做到因地制宜。

2. 对内交通

1）内部车行道

由于乡村旅游景区景点的体量一般较小，内部车行道的设计会对资源环境造成较为不利的影响，带来噪声、尾气、拥堵和停车难等问题。因此依托单个自然村或某个小体量自然、田园景观发展的乡村旅游景区景点，在规划设计时不倡导设计供旅游大巴和游客驾驶车辆使用的内部车行道路；通过串联多个居住点或自然村形成的乡村旅游景区，可以依托内部村道设置电瓶车行驶道路系统来满足旅游者在景点之间的交通转换，但也要注意内部道路条件是否满足电瓶车行驶条件。

2）游步道

根据游览线路、旅游景点的分布具体安排，游步道的类型和级别多种多样，具体详见表9.1—表9.4。乡村旅游景区景点的游步道设计，应着重体现景观性、协调性、生态性和安全性，力图使游步道不仅便利游人，更为景区增色；在景观风貌上，要尽量和周边环境协调融合，不突兀；在选材上，以就地取材为优，以不破坏原有环境为前提；从布局上，应考虑维护原有的生态格局；安全性常常是乡村游步道设计中易为规划设计人员所忽略的一个方面，要选择排水性能好、防滑性能强的铺砌材料。

表9.1 游步道宽度分级

道路级别	陆地规模/(ha)				解释说明
	< 2ha	2~10ha	10~50ha	> 50ha	
主路/(米)	2.0~3.5	2.5~4.5	3.5~5.5	5.0~7.0	联系景区重要景点主要出入口、景区各功能分区、主要建筑物，构成风景区游步道系统的骨架，同时也是风景游览的主要路线
支路/(米)	1.2~2.0	2.0~3.5	2.0~3.5	3.5~5.0	联系各主路，到达重要景点及一切主路以外的各路线
小路/(米)	0.9~1.2	0.9~2.0	1.2~2.0	1.2~3.0	支路不能到达之处。深入各级景点的游览道路，是景区游步道系统的最末梢，是主路和支路的补充，特别是在山地型景区内受地形限制最明显，最能体现游步道特色和空间转换、激发游览兴趣的道路类型

表 9.2 游步道难度分级

步道分级	适用对象	步道状况	主要特点
一级步道	老少皆宜	坡度较平缓,步道长度约为2千米,宽度约为2~2.5米,容纳双向通行	自然度与敏感度较低,承载量与可及性高,可满足一般社会大众的观赏性、体验性、生理性与社会性等基本游憩需求
二级步道	体力较佳者	坡度起伏较大,长度一般超过2千米,宽度约1.0~1.2米	自然度与敏感度较低,如由自然保护区、生态保护区发展起来的森林公园,承载量较低、步道状况稍差,主要满足体力较佳、自然体验及生态学习需求的游客
三级步道	文化知识程度较高的游客或者由有经验向导带领	人烟稀少,里程较长,一般是20千米以上	自然度与敏感度极高,而且可及性极差,一般为原始状态,以生态环境资源保护为最高原则,适度开发,甚至不开发,保持原貌,一般为文化知识水平较高的科研旅游者

表 9.3 游步道的产品类型

类型	项目内容	产品功能	合适客群
观景游步道	观赏森林自然资源风景名胜、人工景观林、人文历史遗迹	基本的旅游导引作用,是进行旅游活动的基础	大众
健身游步道	道路强调新奇性,增加一定难度,增强健身效果,同时强调服务的周全性	满足游客自主选择、健身康体的需求,形成旅游特色与品牌。吸引游客持久重复消费	青年、老少皆宜
疗养游步道	森林疗养、高山疗养	充分利用独特森林生态环境,满足游客身心保健疗养需求	中老年为主
探险游步道	原始森林、山洞、高山、悬崖探险猎奇	满足喜欢冒险和追求刺激的游客需求	中青年、青年为主
科教游步道	通过人与自然的互动,了解自然生态动植物的生态习性、生存环境、多样生态系统,认识特殊地质地貌	增长知识、扩大视野、科普学习、生态教育	青少年为主
怀古游步道	古道及其线路的遗址遗迹、建筑景观小品复原与展示	保护利用已经或即将消亡的文化遗产,继承发扬传统精神文化	老年、青少年为主

续表

类型	项目内容	产品功能	合适客群
远足游步道	轻装、简食、徐行、宁静	兼具自然观察、环境教育、休闲游憩等多重价值的生态旅游理念。学习体验自然野趣和历史文化，感受自然	大众
综合性游憩步道	体验、娱乐、游戏	满足大众游客休闲娱乐等多样化需求，亲身参与、游戏娱乐	大众

表9.4 不同地形地貌适合的游步道类型

类型	主要特点	游步道建议尺度	合适客群
平地型游步道	借鉴中国古典园林重要构景原则，游径宜曲不宜直，在相对平坦的区域将步道设计为柔和的曲线。游步道在空间上也有一定的起伏，不同的观景角度，景观各异，加上不同材料的铺面，满足游人的视觉感受和审美需求	长度约2千米，宽度2~2.5米，容纳双向	老年、青少年皆宜
台阶型游步道	有陡坡或斜坡，或步道一侧有悬崖、狭窄的溪谷等，必要时设坚固扶手，使游人安全、放心攀爬	长度一般超过2千米，宽度1~2米	青少年、体力较佳者
爬梯型游步道	在较陡的陡坡或悬崖处设爬梯步道，有时爬梯比较笔直陡峭，可以增加游客的探险体验，这种爬梯一般由木材或金属制成，同时配有安全防护措施	长度一般不超过70米，宽度0.6~1.5米	体力较佳者
栈桥型游步道	通过分隔空间，扩大视觉效果的一种处理手法，栈桥型步道一般在江湖或瀑布地应用较多，使水面与空间相互渗透，使人望之有深远之感	长度50~200米，宽度1.5~2.5米	中青年、青少年

3.特色交通

特色交通是指根据乡村旅游地的地形和风土民俗，为丰富旅游者体验而设计的特色交通方式，包括骑马、有轨火车、船、热气球、索道、溜索、滑道、自行车道等。乡村旅游景区景点内的特色交通工具应尽量采用污染少、噪声小、安全性高的交通设施。体量小的景区，应多铺设游步道、小径、台阶等，以减少交通工具，这既可以保护乡村旅游地的生态环境，又可以让游客尽兴游玩，充分体现旅游的实践意义。在大的乡村旅游地，可以适量安排特色交通工具，但也要坚持因地制宜、生态友好的基本前提。

(三)停车场

随着近程游、郊区游、本地游的常态化,自驾游散客在乡村旅游市场中占比越来越高,这也就导致了乡村旅游景区景点旺季停车难的问题。但一味主张在乡村旅游景区景点修建大规模的停车场用来满足游客需求,也不尽科学。特别是占用农地建设硬化停车场,是规划者尤其应该摒弃的一种方案。在日常停车场之外,可在附近以点状的方式布置一个或多个备用停车点,用来满足旺季时的停车需求。

停车场大小根据车辆数量、所能提供空间大小、停车场入口位置和使用周转率而定。可参考的具体标准如下。一是泊位面积。一般情况下,露天停车场面积核定参考城市道路交通规划设计规范平均每车泊位25~30平方米,封闭式车库每泊位为30~35平方米。在乡村,停车场面积可以结合当地地形,并适当降低该标准执行。在一些有房车营地的景区,房车停车位的标准面积为40平方米。二是与景区其他设施之间的匹配,一个车位通常对应0.8间客房或3~5个餐位。三是单个停车场的面积最大不应超过400个停车位。

三、给排水设施

(一)供水设施规划

旅游地的供水规划应根据总体规划中游览区、接待区、生活区、生产区、加工区统一安排的原则,确定供水方案。供水规划的主要任务是估算用水量,选择水源,确定供水点,布置供水管网,满足游人和居民的用水需求。旅游地用水的水质标准应符合国家生活用水的标准。供水量的确定既可以以人均用水量,也可以采用旅游住宿业床位数核定。不同地区人均用水最低标准也不一样。

依照床位数核定就度假区开发而言,总供水需求(包括游客、员工和辅助设施)通常采用下列标准:最低标准为300~400升/(旅游床位·天);热带气候海滨度假区为500~700升/(旅游床位·天)。

(二)排水设施规划

排水规划的目的是保证乡村旅游地的干净卫生,维护旅游资源和生态平衡,为游人和乡村旅游地居民提供一个良好的环境。①乡村旅游地内排水主要是雨水和污水排放,对污水处理的要求取决于该地区主要排水系统的性能。

排水既可采用合流制,也可采用雨污分流制。由于各种污水对环境的污染越来越严重,现在一般采用雨污分流排放制。地表水排水系统规模由最大降水量决定,采取散水、蓄水并重,综合治理的原则。降水用明渠方式就近排入河沟溪涧;或进行截流蓄水,使降水能够被科学利用,补偿水源或用作灌溉。在许多乡村旅游地内,降水还是旅游资源的重要组成部分,如瀑布、漂流、溪流、水库、湖泊等,是可以被很好地利用的天然资源。

---

①薄楠林.新形势下郑州地区乡村旅游与文化发展的整合研究[J].佳木斯职业学院学报,2018(9).

污水排放应就近先作污水处理,污水处理设施通常可以布置在乡村旅游地的边缘,没有条件或规模较小时,可通过水网输送到就近的污水处理厂。对于乡村农园,处理后的污水还可以再利用,用来灌溉农田、果园、苗圃、林木等。旅游地的污水处理一般要求达到二级处理,少数要求达到三级处理。

四、电力通信设施

(一)电力供应

乡村旅游地内电力的输送线路可能是环路结构,每隔一定距离设变电站和开关设备;也可能是放射状结构,直接接入变电站和用电大户(如宾馆)等。这两种传送方式的电力干线和变电设备可能修建于地面之上或地面之下,建在地面之下能避免电线杆和电缆造成的视觉污染,因此对乡村旅游地来说效果更佳,但建设费用由于地形和距离的不同会增加2%~10%。

在乡村旅游地内,高架线(电力、电话)的规划必须考虑不破坏自然景观,不会对乡村旅游地内的旅游资源造成损害。电力线需要整合成等高的线束,以免影响天际线,最好能够埋入地下或避开主要景点和可能引发火灾的游憩点。

(二)通信系统

乡村旅游地通信系统主要由邮政网络、宽带网络、电视网络及公共广播4个部分组成。

(1)邮政网络系统,要求乡村旅游地建设完善的邮政服务设施,满足乡村旅游地包裹邮递、旅游纪念品投递等方面的邮政通信需求。

(2)宽带网络系统,要求乡村旅游地能够连接互联网,能为游客提供上网服务;有条件的乡村旅游地需要进一步对宽带网络进行升级,在旅游地(或主要游客活动地)内实现免费Wi-Fi全覆盖。

(3)电视网络系统,要求联通有线电视网,为游客提供丰富的电视节目内容。

(4)公共广播系统,要求在旅游地适当位置设置广播喇叭,构建覆盖全区域的广播体系。公共广播可用于业务广播、会议广播和播放各类景区通知及突发事件等。

五、环境卫生设施

(一)旅游厕所

旅游厕所是乡村旅游地非常重要的设施,它的位置既要相对隐蔽,又要让游客易于寻找,不能破坏乡村旅游地景色。在各景区和旅游线路上,在规划中都要考虑旅游厕所布置。乡村旅游地旅游厕所的建设和布局主要需要考虑以下几个方面。

1.厕所布局

乡村旅游地旅游厕所一般沿游线进行布局,要求密度适中,要能满足游客的需求。主游线上的旅游厕所,一般按照半径500米辐射范围进行建设,在游客集中地适当增设旅游厕所。在游人较少区域,适当扩大旅游厕所辐射范围。

2. 厕所外形

旅游厕所在外观上要朴素大方,标识明确,造型和色彩要与周边环境和建筑相协调,同时体现乡村旅游地特色,并形成独特景观;建筑材料要做到防风化、防腐蚀、无污染,地面铺装要做防滑处理。

3. 厕所管理

乡村旅游地的厕所应尽量不收费,为加强对厕所的管理,应设立流动管理岗位,采取分片责任管理,每天定时对厕所进行全面清理打扫,喷洒杀虫剂和清香剂。厕所应采用生态化、无害化、自处理化设计;同时,乡村旅游地内的厕所应设置标准且醒目的标志和指向清晰的路标。

4. 厕所建设

乡村旅游地旅游厕所的建设应遵循《旅游厕所质量要求与评定》(GB/T 18973—2022)标准,厕所一般采用水冲或生态厕所。厕所设计应体现人本主义思想,并考虑伤残人士的使用方便性。有条件的乡村旅游厕所应增设工具间和第三卫生间。

(二)垃圾处理

垃圾处理是乡村景区亟待解决的问题,与城市垃圾处理体系相比较,乡村垃圾处于无序状态,直接影响乡村景观环境和景观形象。关于垃圾的处置,乡村景区规划中应涉及3类区域。

1. 垃圾收集区域

垃圾收集区域的规划内容包括收集区域的特征、收集的方法(可多次使用的垃圾桶、易于处理的垃圾袋)、垃圾车设计和可回收物品的种类。乡村旅游地规划建设中迫切需要改进的是垃圾管理,对于乡村旅游地内的垃圾应采用社区化管理的模式,定时定点收集清运,保证乡村环境的清洁卫生。

2. 存放区域

乡村垃圾场应选择距离乡村旅游地较远,地势低洼和下风下水的地方,避免造成二次污染。各乡村景区应按垃圾存放场的设计要求(位置、容器类型、压缩装置)和回收处理的要求,对垃圾进行全面的管理,切实解决腐臭气体、苍蝇、老鼠等垃圾衍生物等问题。

3. 垃圾处理区域

垃圾处理区域的规划应对垃圾处理点的位置、各种处理方法、对环境的潜在威胁(视觉污染、环境污染、火灾、废物利用)、季节变化(数量和条件)等进行综合考虑。垃圾要严格按照相关的规范和技术要求,进行集中处理,并达到对乡村环境无害的要求。

(三)垃圾箱布设

垃圾箱是乡村景区广泛分布的服务设施,既有收集垃圾的使用功能,又有美化环境的景观美学价值。垃圾箱设计既要美观大方,又要方便实用,在功能上能满足游客需求,在形式上与周围景观相协调。

1. 位置选择

在景区中,为了防止游人乱扔垃圾,需要在景区的主干道上每100~200米设一个垃圾箱。垃圾箱应该靠近野餐桌,同时也要接近路面和停车场,以方便垃圾打包机的工作。在游人休息和聚集的地方也要设置垃圾箱。

2. 外形设计

垃圾箱应坚固、适用,造型别致,与周围环境融为一体。如张家界森林公园的垃圾箱是掏空的树干型垃圾箱,颜色、质地很好地融合在整个景区的环境中。有些景区的垃圾箱做得非常简陋,随意地放在景区的某个地方,既不方便,也不雅观,极大地影响了游人对景区的印象。

3. 推荐的垃圾箱

目前,比较先进的景区采用了回收垃圾箱,游客按要求将垃圾分为纸制品、易拉罐和玻璃瓶、未分类物品3类,投到相应的垃圾箱里,非常有助于垃圾的回收。同时,采用先进的垃圾打包机和回收工具,为收集垃圾提供方便。

第三节 乡村旅游服务设施规划

一、乡村旅游服务设施规划的内容

乡村旅游以生态体验和自然回归为特征,乡村旅游设施的规划应切合乡村旅游的主题并具有功能性、安全性、便捷性、经济性和美感性等特征,这些都是乡村旅游规划的重要内容。在规划旅游服务设施时,应明确以下几个方面内容。

(一)服务设施的选址

旅游地的服务设施不应设在脆弱敏感的生态区域。地形要平缓开阔,便于各种服务设施的合理布局和各种污水、废气、烟尘、废渣的排放。如果没有上述的地形条件,也可选择在通风条件好的较大的缓斜坡地或较宽的沟道内,使各种建筑物的布局随山就势、依山傍水,形成高低搭配、错落有致的建筑群。旅游设施应主要集中在最外圈的服务社区,其他区内根据分区要求设置最基本的服务设施或不设服务设施。

(二)服务设施的建设规模

景区的服务设施的规模要根据旅游者规模来确定,服务设施建设的标准则按照乡村旅游地主要目标人群的消费水平来设计。一般乡村旅游景区应以大众消费的中低档旅游设施为主。经过旅游市场调查,认为确有必要时,再建设一部分高档的旅游设施。

(三)服务设施的材料与建筑风格

生态游景点的旅游接待设施都是尽量就地取材,本着简易的原则搭建,还要保证和当地的人文和建筑风格相协调。建筑物以方便简洁为主,经过精心规划和设计,建筑风格要融入自然环境,与总体景色相协调,并突出地方特色。

二、游客服务中心

根据《旅游景区游客中心设置与服务规范》(GB/T 31383—2015),景区游客服务中心是为游客提供信息、咨询、游程安排、讲解、教育、休息等旅游设施和服务功能的专门场所,其提供的必要服务包括厕所、寄存服务、无障碍设施、科普环保书籍和纪念品展示等。在一些省级乡村旅游行业标准中,如《江西省乡村旅游点质量等级划分与评定》中,对游客服务中心做了如下要求。

(1)主入口有游客服务中心。

(2)游客服务中心有服务总台,位置醒目、合理、宽敞,配备有公共休息设施。

(3)游客中心能提供售票、咨询、宣传品、价目表、小件物品寄存、雨伞、邮政服务、投诉电话、手机充电和互联网接入等服务项目。

(4)有公众信息资料(如研究论著、科普读物、宣传促销资料、音像制品等),内容丰富,制作良好,适时更新。

(5)有导游员或讲解员,导游服务质量达到GB/T 15971的要求。

(6)导游员或讲解员经过旅游部门专门培训,着装整洁、得体,持证、挂牌上岗。

(7)配置有专职咨询服务人员和咨询服务电话,能为游客提供优质的旅游咨询服务。

(8)有用于接待、洽谈的会议室,并配备相应的设备。

总体来看,行业标准对游客服务中心的设施与服务提出了非常具体的要求,在规划建设的过程中,规划团队应注意对标来开展相应的设计。

在达到行业标准的基础上,还要注意到,游客服务中心是游客与目的地联系的"第一印象区",常与交通入口、停车场等组成旅游景区的入口综合服务区。游客中心也往往是游客进入景区后开展游览活动的起点,在一些环形线路组织完善的景区,游客中心同时还是终点。因此,在具体的策划和设计中,游客服务中心是需要被凸显的一个重要节点。在外观设计上,要建立起独特的文化识别特征,在建筑风格、文化传递和设计理念上,形成独具一格的直观形象表达。在内部功能上,要盘活景区要素服务,联动周边乡村社区的产业和"旅游+"资源,合力拓展乡创集市、特色餐饮、农产品展销等业态,打造乡村旅游景区的一站式服务中心。

三、旅游标识系统

广义上,旅游标识系统包括形象标识和导视系统。形象标识多以图形、文字或图文结合的形式出现,以高度凝练、象征化的形式呈现旅游地的特点;导视系统则是为旅游者参观游览服务的一种解说性旅游设施,也就是狭义上的导视系统。旅游标识系统是乡村旅游景区标准化建设中的重要环节,在一些修建性详细规划、A级景区提升规划中,规划团队需要为项目地设计完备的旅游标识标牌系统。旅游标识系统的风格、材料,要与乡村旅游地整体环境相协调,要注意避免出现城市路牌式的设计。

根据内容和功能,乡村旅游标识系统主要由以下3类标识牌组成。

(一)指示性标识牌

指示性标识牌,一般设立在重要的交通节点、人流密集的岔路口等位置,主要功能是提供路线方向指南,标明各类建筑与设施所在的方向及通往路线,包括用来指示卫生间、餐厅、垃圾箱等其他设施。此类标牌要求措辞简练、字体较大、方向清晰,以利于游客选择路线。由于大部分乡村旅游地的位置都比较偏僻,实践中,规划团队不仅要考虑乡村旅游景区景点内部的指标性标识牌设置问题,还要注意通往乡村旅游景区景点外部道路上的道路导引是否明确。

(二)解说性标识牌

解说性标识牌主要用于说明景区景点景物的有关情况,为游客提供更加丰富的信息。具体包括两类:一类是景区景点概况解说,在旅游景区的出入口,有必要对整个区域进行概括介绍,内容包括位置、面积、地形地貌、气候、动植物、自然与文化景观特色,应配有整个景区的全景图。另一类是景物解说牌,用来对具体的参观游览对象进行解说,以深化旅游者对旅游地的认识。此类标牌设立在被解说对象旁边合适的位置,便于对号入座。当被解说对象重复出现时,应选择比较典型的、游人易看到的地方设立标牌。

(三)警示性标识牌

警示性标牌用来标明规章制度,规范游客行为,一般设置在休息点、主要出入口等旅游者比较集中的地方和已发生安全事故的位置。可以通过这类标牌,提醒游客注意自己的行为和人身财产安全。标牌标示的内容应明确清楚、思想积极,不能让游客感到压抑和不解。

除以上3类必备的标识标牌之外,部分景区还会设置宣传性标牌,用来宣传和倡导生态环保、健康人文、优良乡风等,营造和谐的旅游氛围。

四、旅游住宿设施

乡村地区的旅游住宿设施在档次结构与规模结构上,显著不同于城市中的旅游住宿,相对而言,乡村旅游地标准化住宿设施占比较少。在不同类型的乡村旅游规划中,对旅游住宿设施的规划详尽程度也有所不同:区域性的乡村旅游总体规划和概念性规划中,旅游住宿设施规划的重点是明确设施类型整体的档次、规模与类型配比,并且要处理好住宿设施在时间和空间上的建设布局;在乡村旅游景区的修建性详细规划中,旅游住宿设施规划更加重要,要纳入旅游产品策划进行系统布局。近年来,随着非标住宿设施的发展壮大,精品酒店、民宿客栈、露营营地等个性化、主题化的住宿设施在乡村旅游地越来越多,有部分乡村旅游景区甚至以主题化住宿作为核心业态,这也就对规划团队提出了更专业的要求。

其中,旅游民宿已经成为乡村地区的主流住宿业态。2022年7月,修改后的《旅游民宿基本要求与等级划分》(GB/T 41648—2022)公布,对旅游民宿的公共环境和配套、建筑和设施、卫生和服务、经营和管理、等级划分条件提出了比较具体的指导性意见,也是今后旅游民宿开展行业管理和等级评定的主要依据。在住宿设施规划中,规划团队应尽量参照该标准进行部署,以指导规划区旅游住宿业态规范、科学发展。

五、旅游餐饮设施

品尝地方特色美食,是旅游体验的重要组成部分。相比于其他类型的旅游设施,餐饮设施具有灵活多样的特性,小到一个食品摊,大到一个美食城,都是餐饮设施。实践中,乡村旅游餐饮设施多由散落的市场主体经营,随旅游者消费需求变化而变化。乡村旅游餐饮设施规划要处理好以下几个主要问题。

一是餐饮设施在规划区内的选址布局。要确保餐饮设施的布局能够满足游客游览途中对食物的需要,用餐点、补给点和游客在区域内的动线相匹配。同时,由于餐饮加工较易造成环境污染,布局餐饮设施时必须考虑设施对周边环境的影响。在一些生态环境敏感的区域,不宜安排餐饮初加工设施。

二是要凸显乡村与地方特色。可以在规划中突出地方餐饮的特点,指明拟重点发展的特色餐饮项目。

三是要协调好餐饮设施的类型与档次结构。餐饮消费的内部跨度非常大,不同的游客人群愿意在餐饮上支付的费用也不同,规划者要充分考虑各种类型的、各种档次的餐饮设施在乡村旅游地的配置。

六、旅游购物设施

乡村地区在进行旅游开发之前,原有的购物设施普遍都存在体量小、商品种类少、消费档次低的特点,难以满足旅游者的购物需求。因而在编制旅游规划时,要立足乡村旅游地的定位、区域的特色产出,围绕更好地满足旅游者需求的目标来规划旅游购物设施,一般将以下3种设施纳入规划中:第一种是面向旅游者日用商品购物需求的设施,可依托乡村旅游地原有的商超、小卖部等发展提升;第二种是布局少而精的乡村旅游文创商品和纪念品售卖业态;第三种是规划一部分售卖乡村土特产的购物点。

不同类型、不同档次的购物设施组合在一起,也可以形成乡土集市、商业街等集聚性的购物设施,为旅游者提供富有乡土特色的旅游购物体验。对于此类集聚性购物设施,规划中应提出相应的业态建议,以引导形成有趣多样的旅游购物环境。

七、旅游休闲设施

随着旅游业的快速发展,旅游者对各类休闲设施的要求也越来越高,期望在旅途中体验到丰富时尚且充满趣味性的参与性活动,配备基本的休闲设施是乡村旅游地实现单纯的观光旅游向度假旅游转变的必要工作。规划者应根据项目地的资源禀赋、发展定位和规模体量等,结合乡村旅游产品和项目的策划,设计多样化的乡村休闲活动,以吸引更多的旅游者,延长游客的逗留时间。

休闲娱乐项目一般坚持"动静结合"。动态项目一般包括采摘、农事活动、徒步、攀岩、漂流等各类拓展竞技类项目;静态项目一般包括露营、各类特色研学体验、非遗项目体验、艺术写生等。休闲项目的布局按照全域统筹、分散布局的原则,让游客走在不同的区域内均有不同的项目可参与体验。

 本章小结

广义的旅游设施可以分为两类,即旅游基础设施和旅游服务设施。旅游基础设施是旅游者与目的地当地居民等群体共享的设施,包括给排水、电力电信、交通、卫生等设施。旅游服务设施主要是直接为旅游者提供服务的,包括住宿设施、餐饮设施、娱乐设施及其他辅助设施。乡村旅游设施规划应遵循功能性、乡土性、经济性、灵活性4个基本原则。

旅游基础设施具有公共性、系统性、长期性3个特征,乡村旅游基础设施规划一般包括旅游交通设施、给排水设施、电力通信设施、环境卫生设施等规划。

乡村旅游服务设施规划需要明确服务设施的选址、建设规模、材料与建筑风格3项内容,一般包括游客服务中心、旅游标识系统、旅游住宿设施、旅游餐饮设施、旅游购物设施、旅游休闲设施等方面的规划。

 复习思考题

根据小组负责区域/村落的基础分析结论,围绕规划区乡村旅游发展的主题定位、产品体系,根据本章所学知识,完成规划区的设施规划。

第十章
乡村旅游资源与环境保护规划

学习目标
1. 了解乡村旅游资源保护的范围和对象,以及各类旅游资源保护要点;
2. 熟悉乡村旅游规划与开发中应达到的各类环境质量标准;
3. 掌握旅游容量测算的方法。

重点难点
1. 各类乡村旅游资源的保护要点;
2. 乡村旅游环境保护规划的要点;
3. 乡村旅游容量测算的主要方法。

旅游资源是旅游业发展的基础,且绝大多数属于不可再生资源。明确旅游资源保护的范围与重点,在规划编制过程中,通过调整空间布局和旅游线路、控制旅游容量等方式,可以实现对旅游资源更科学的保护与利用。

第一节 乡村旅游资源保护

一、乡村自然资源保护

良好的自然生态和优美的自然环境是乡村旅游开发的重要条件,在实践中,乡村旅游开发依托的自然资源非常多样,不同的自然资源成因、属性等不同,应采取的旅游资源保护措施也不尽相同[①]。

(一)水体旅游资源保护要点

水体旅游资源包括江河、湖泊、海滨、瀑布、温泉、潭池等,不同类型的水体旅游资

---
① 王铁.承德乡村旅游存在的问题和对策[J].安徽农业科学,2008(23).

源保护的侧重点也有所不同。

1. 江河旅游资源的保护

逐水而居是人类的天性,也是乡村聚落营造的主要环境因素。对江河旅游资源的保护重点,一是严控生产和生活污水的排放,二是加强对江河中航行船只的监管,三是严禁在游览区江河水体中开展采砂作业。

2. 湖泊旅游资源的保护

湖泊是开展滨水休闲和水上娱乐项目的重要资源依托,保护重点主要有:一是饮用水源等湖泊水体不能纳入旅游开发范围;二是拟开展旅游活动的湖泊严禁养殖水产;三是严格控制湖泊周边的生产生活污水排放,特别是在乡村地区,部分小型湖泊会被作为鸡鸭养殖场,甚至在上游建设养猪场,这类养殖在旅游区内不能开展;四是保护湖泊的景观质量,定期清淤,严格控制湖畔建筑物的体量、高度、样式、色彩,防止对湖泊景观的视觉影响。

3. 海滨旅游资源的保护

沿海工矿企业的工业废水、废气、废物以及生活污水,须经过处理达到排放标准后方可排放。同时,要防止游览海域航行的各类机动船舶机油和燃油的漏油事件。严格执行滨海乡村旅游资源开发的环评程序并纳入保护区范围的海域,要严格按照规划控制游客接待量和永久性设施的建设规模;允许建设永久性设施的滨海区域,住宿、餐饮、旅游地产、游乐设施等应距离海岸线80~100米。加强对海滩旅游活动的管理,及时清理废弃物,确保沙滩清洁。加强对滨海旅游者的环境教育,严格禁止私采珊瑚[①]和过度捞捕行为[②]。

4. 瀑布旅游资源的保护

保护瀑布景观,禁止在上游和景区范围内开办工矿企业。加强对瀑布水源林及周边植被的保护,确保森林覆盖率维持在较高水平。加强瀑布流域内水资源保护,加强点源、面源污染防治,加强水土保持建设。在一些全年水量变化较大的瀑布景区,可考虑建立蓄水系统。

5. 温泉旅游资源的保护

近年来随着康养旅游市场的蓬勃发展,温泉旅游成为开发热点。在温泉旅游资源的开发中,要尽量控制对温泉资源的利用,做到科学测定流量、合理确定开发规模,适度开发,避免水源枯竭。同时,要加强对温泉水脉的保护。使用后的温泉应适当处理,防止出现污染。推行大型经营性场所用水的循环利用和二次利用,提升温泉旅游资源的利用率。[③]

6. 潭池旅游资源的保护

潭池指四周有岸的小片水域,一般水质较好,是乡村中较为常见的水体旅游资源,也是乡村旅游景观营造中常用的元素。农村的潭池自身多有洗衣、养鱼等实用功能,或聚落风水格局的组成因素,开发时要定期对潭池、淤泥、堤岸等维护处理,要杜绝生

---

① 魏敏. 我国滨海旅游度假区的开发及保护研究[J]. 中国社会科学院研究生院学报,2010(3).
② 立安,龚丽平. 惠州市滨海旅游资源开发中的环境保护问题探析[J]. 经济研究导刊,2014(36).
③ 刘慧婷. 宜春温汤富硒温泉水资源与环境保护研究[J]. 能源与环境,2016(5).

活用水直排等问题。

(二)森林植被旅游资源保护要点

严格控制计划外采伐,减少旅游区内居民因用柴而砍伐森林植被。加强森林防火,乡村旅游区要配备专职或兼职消防人员,配备必要的消防器材和设施。加强对森林病虫害的观察监测,及早控制消除。加强游客环境教育,禁止或控制在林区野炊、吸烟,防止游客随意采摘花木枝叶。严格执行《中华人民共和国自然保护区条例》,不得在自然保护区核心区和缓冲区内开展任何形式的旅游活动。在实验区内有控制地开展有组织的观光、科考、科普等活动,不得搭建永久性住宿、餐饮、娱乐和其他设施。对古树名木分类登记,采取定期检查、隔离保护、专人监护等措施。维护原生种群和区系,培育地带性树种和特有植物群落。

(三)动物旅游资源保护要点

严格执行《中华人民共和国野生动物保护法》等法律、法规,坚决打击滥捕乱杀、走私贩卖野生动物的违法活动。禁止乡村旅游区餐馆出售野生保护动物餐食的行为,维护其正常的生态系统。严格保护野生动物的生存环境,维护其正常的生态系统。对珍稀、濒危动物的科考、研学等旅游活动,要制订科学、周密的活动方案,经主管部门审批后方可开展。

二、乡村人文资源保护

(一)文物古迹旅游资源保护要点

文物古迹属于不可再生旅游资源,乡村旅游规划中所涉的文物必须遵照《中华人民共和国文物保护法》进行保护,所涉的古镇、古村必须依照《历史文化名城名镇名村保护条例》进行保护,在保护的前提下开展利用。

文物古迹资源保护方面,尤其需要注意的是传统村落(古村落)的保护与开发问题。乡村旅游开发实践中,传统村落常被视为开发价值较高的一类资源,其开发与保护的典型模式可以总结为以下三种①:一是"活态传承"模式,其典型代表为1988年以来贵州四家生态博物馆的建立,这种模式强调传统村落的原地保护与自主保护;二是"行政保护"模式,典型代表为安徽徽派村落的保护,特别是2009年黄山市"百村千幢"工程的实施,通过做好传统村落普查与建档工作、加强法律法规建设、加大财政支持力度、加大人才培养力度等举措,走出了一条政府引导、市场运作、社会参与的传统村落保护之路;三是"以改促保"模式,以云南哈尼梯田传统村落改造为典型代表,基于房主意愿,对传统"蘑菇房"实施技术改造,同时加强对村落基础设施的建设与改善,在满足当地居民现代化生活需求,提高生活质量的同时,实现了对传统村落的有效保护。无论采用哪一种模式对传统村落进行保护与开发,都需要在明确保护内容、保护重点的基础上进行,遵循完整性、真实性、可持续原则,实施分类、分区保护。

---

①廖军华.乡村振兴视域的传统村落保护与开发[J].改革,2018(4).

(二)非遗民俗旅游资源保护要点

民俗属于非物质文化遗产中的基础文化类别,其内容非常广泛,主要包括:物质生产习俗(农业生产习俗、狩猎生产习俗、渔业生产习俗、牧业生产习俗、行业生产习俗),物质生活民俗(服饰习俗、饮食习俗、居住习俗、交通习俗),人生礼仪(诞生礼仪、成年礼仪、婚嫁礼仪、丧葬礼仪),岁时岁日与信仰民俗,社会民俗(家族的民俗、乡里社会的民俗),民间娱乐习俗等。[1]非遗民俗旅游资源是乡村地区吸引游客的核心因素,也是构成乡村旅游特色体验的重要内容。

非遗民俗旅游资源保护包括如下要点。

(1)对于一些有历史文化艺术科学价值且对旅游者有吸引力,但是在现代乡村生活和市场经济中已经不具备使用功能和经济价值的非遗民俗,以及传承状态不佳濒临灭绝的非遗民俗,要进行记录、录音、录像等抢救性保护,在乡村旅游开发中可以以静态展示的方式呈现。

(2)对于一些仍然部分存在于乡民生活中,或有传承人的非遗民俗旅游资源,应注重对非遗的活态展示和传承性保护,如通过设立非遗传习馆、非遗体验馆等方式,将乡村旅游作为传承非遗民俗的一种方式。

(3)对于独具特色的传统建筑、民族服饰、特色饮食、民族歌舞、传统节庆、民族习俗、传统体育竞技、传统手工艺品等,应积极寻求其与旅游者体验需求和市场需要的结合点进行科学开发,加工提炼成特色节庆、民俗体验、文创产品等旅游产品,实现对这类非遗民俗旅游资源的生产性保护。

(4)要避免对非遗民俗旅游资源的碎片化、庸俗化、雷同化开发,或不假思索地照搬、照抄"网红"项目,这不仅对乡村优秀文化传承不利,也会造成乡村旅游产品的粗制滥造,影响游客旅游体验品质。

三、农业景观资源保护

农业景观是指以乡村聚落及其周边自然环境为背景,以农业活动(耕作、畜牧等)为本底,由历史、人文等因素构建的农业土地景观形态。[2]典型的农业景观包括桑基鱼塘、梯田耕作、稻田养鱼、都江堰水利工程、坎儿井、砂石田、间作套种、淤地坝以及欧洲的圃制农业等。[3]当前乡村旅游开发中,普遍存在农业景观核心价值消失、旅游产品雷同、乡土特色丧失等问题,以及由于对农业景观资源的开发与保护不当,造成乡村生态系统解体、生物多样性降低、景观丰富度减弱等,值得旅游开发与规划人员重视。要秉持农业景观特质性保护、可持续发展、地域分异、协调共生原则,注重集乡村生产、生活、生态以及审美于一体的农业景观特性,挖掘多样化的乡村旅游活动,实现农业景观在乡村旅游开发中的有机再生。

---

[1]李荣启.民俗类非遗在当代的保护与传承[J].艺术百家,2018(6).
[2]薛俊菲,马涛,施宁菊,等.美丽乡村农业景观体系分类构建——以南京市桦墅村为例[J].安徽农业科学,2019(22).
[3]冯娴慧,戴光全.乡村旅游开发中农业景观特质性的保护研究[J].旅游学刊,2012(8).

案例 10.1　江西省井冈山市长路村旅游资源保护规划

一、规划区概况

详见第三章案例 3.1,此处略。

二、长路村旅游资源保护规划

(一)保护原则

(1)完整性原则:维持村落原有的人工、人文、自然环境。

(2)真实性原则:挖掘丰富的历史文化内涵,保护村落真实的历史风貌。

(3)可持续原则:使历史建筑在符合现代生活需求的同时保持风貌特色与周围环境资源。

(4)分类保护原则:依据历史建筑不同的历史、科学和艺术价值等,制定相应的保护规定和整治措施

(二)保护内容

1.建筑

保护各级文物保护单位,以及尚未列为文物保护单位的不可移动文物;保护历史形成的传统乡土居住建筑及其群体布局;保护重要的古建筑,包括内部平面布局、外观式样与设计手法、典型装饰风格与建造材料以及其他建筑元素。

(1)建筑分类保护。根据建筑实际情况,分别采用保护、修缮、改善、保留、整治改造和拆除等方式进行保护更新。

(2)建筑高度控制。为保护长路村传统风貌的整体性、完整性、关联性,建筑的高度需要得到控制,并建立视域、标志性景观、对景等视觉关联体系,避免长路村传统风貌出现视觉污染以及村庄内外之间良好的观景视线通廊受到阻断与破坏。对历史建筑采取点高的控制方法,并以其为中心和主要影响因素,对其周边区域采取面高的控制方法。

(3)在建筑高度控制方面,将建筑区划分为禁建区和限建区。禁建区内禁止存在任何建筑,以保证古村最佳观景方向的天际轮廓线,而限建区则划分为维持原高、限高二层区、限高三层区、限高四层区四个部分;对于视线通廊,通过建筑立面改造的方式,梳理核心区空间环境,保证沿水塘岸边观长路传统村落的视线通畅,通过建筑整治和改造,保证长路传统村落整体格局与风貌的视线通畅。

(4)建筑细部保护。建筑细部是整体风貌的重要组成部分,门、窗、屋顶、门楼等传统建筑构架与古村建筑一起,共同组成古村的整体风貌格局。在保护开发的过程中,对建筑的门、窗、墙体、屋顶和门楼、立面装饰等其他建筑架构进行整体评价后分级,再根据不同的分级内容开展针对性的修复和保护。

2.空间

保护历史形成的道路与巷弄系统,维持其线型、宽度、空间尺度与景观特征;保护各类绿化庭院和开放空间,维持各类公共空间的层次关系。

根据保护与发展并行的原则,在不破坏原有空间格局和历史风貌的前提下通过对土地使用性质的合理调整,更好地保护历史资源,弘扬传统文化,推进长路村旅游发展,为创造和谐社会奠定坚实的物质基础。遵循科学、合理、实施性和可操作性有机统一结合的原则,衔接井冈山市总体规划进行土地利用布局,完善各项基础设施的配套,充分考虑现状条件,统一规划,分步实施。对长塘组周边土地进行重新整合,有效利用闲置的零散土地,将其改造为公共绿地或农林种植地,全方位改善自然生态环境。

3. 环境

保护贯穿村落的传统水环境,包括古水井、古树、引水排水的明沟暗渠、自然溪流与农田灌溉沟渠等;保护风景名胜、古树名木和有历史价值的自然遗迹;保护村落周边自然环境和农田景观,保护田园生态环境,防止村落建设蔓延连片发展。

对原有的历史遗迹进行保护性开发,严禁在保护区范围及周边开展可能对环境造成污染的活动。加强长塘组的环境保护与治理,为进一步维持自然生态环境,避免生态环境遭到破坏,应采取积极有效的措施对环境进行防治和保护。

不断改善生态环境,加强绿化建设,将保护区建设成为树木掩映、空气清新、环境优美、卫生整洁的生态旅游区。设立旅游区环境卫生机构,按规范要求配备环境卫生清扫工人,保持良好的卫生环境。

4. 肌理

保护历史形成的由街坊、地块、建筑及其布局所形成的村落肌理,控制构成肌理的各要素。

古村的传统风貌格局由村庄古建筑、水域、林地、山体环境共同构成。古村内部有多条巷道,建筑依次排开,坐落于山水环抱中,形成良好的景观层次与图底关系,构成田园风景画卷。

严格保护古村核心区域,对影响古村建筑风貌的建筑改造整治,恢复原有历史风貌;严格保护古村周边自然山体和林木资源,禁止任何不利于山体保护的建设活动,保护古村的历史地理环境和宏观生态景观背景;对古村以北的村民集中区建筑进行改造整治,使其在形式、体量、高度、色彩等方面与传统风貌相协调,延续古村风貌特色。

5. 其他

保护重要的历史场所以及历史、文化、社会生活和社会结构等方面的非物质文化遗产。

对于历史场所与文物,尽量建立文物保护单位的资料档案,文物建筑的维修、修缮应保持其原真性,采用同样的材料和工艺。健全镇级文化保护机构,组织专门的古建筑修缮队伍,加强日常维护。

非物质文化是动态或活态地表现和传承的,需要通过各种途径和形式表现出来,否则就会逐渐消失。多通过口头讲述和亲身行为等来直接表现和传承非物质文化,而表现和传承往往需以空间为物质载体,因此非物质文化的保护具体还需要落实到物质空间中来。针对长路村的非物质文化,可采用代表性原则、美学原则、原生态主体性原则、分级与分类保护原则以及未来原则五大原则来进行保护与开发,在保护方式上可以采用抢救性、博物馆、家庭传承、长效保护、整体人文生态保护和数字化网络传承等方式。

三、保护重点

长路村旅游资源保护重点见表10.1。

表10.1 长路村旅游资源保护重点内容一览表

大类	保护内容分类		具体保护对象
物质环境与资源	农田		周边基本农田
	水系		排水自然沟渠和人工水系系统
	池塘		村内池塘
	历史街巷		建筑前巷道、红军小道
	推荐文物保护单位		李氏宗祠
	建议登记为不可移动文物		建议李庆民家宅、李承德家宅、李光晶家宅、李桂生家宅、李四妹家宅、李香莲家宅登记为不可移动文物
	建议登记为历史建筑		建议李广德家宅、李华德家宅、李春伟家宅、李治民家宅、李贵德家宅、普水莲家宅、刘梅林家宅、朱来姐家宅、李福德家宅、王学英家宅、李光传家宅、李育德家宅、罗根发家宅、李光辉家宅、李贵德家宅、李有忠家宅等25个建筑登记为历史建筑
	传统风貌民居		反映传统村落特色风貌民居52栋
	历史环境要素	古树名木	古树29处
		遗址	盘古仙道场、石灰窑遗址、砖窑遗址
非遗民俗资源	文化内涵		李氏宗族文化
	民俗		盾牌舞、采茶舞、狮猴舞

第二节 乡村旅游环境保护

一、乡村旅游规划中常用的环境质量标准

不同类型、不同地区的旅游规划所涉及的环境质量标准不完全一致。乡村旅游规划中常用的环境质量标准主要有《环境空气质量标准》(GB 3095—2012)、《声环境质量标准》(GB 3096—2008)、《地表水环境质量标准》(GB 3838—2002)和《污水综合排放标准》(GB 8978—1996)、《旅游区(点)质量等级的划分与评定》(GB/T 17775—2003)等。

(一)《环境空气质量标准》(GB 3095—2012)

《环境空气质量标准》(GB 3095—2012)中,将环境空气功能区分为两类:一类区为自然保护区、风景名胜区和其他需要特殊保护的区域;二类区为居住区、商业交通居民

混合区、文化区、工业区和农村地区。环境空气质量标准分为二级。一类区适用一级浓度限值,二类区适用二级浓度限值。乡村旅游区属于二类功能区,适用于二级浓度限值。

(二)《声环境质量标准》(GB 3096—2008)

《声环境质量标准》(GB 3096—2008)中,按照区域功能的使用特点和声环境质量的要求,声环境功能区可分为5种类型,分别记为0、1、2、3、4类。其中,0类声环境功能区指康复疗养区等特别需要安静的区域;1类声环境功能区指以居民住宅、医疗卫生、文化教育、科研设计、行政办公等为主要功能,需要保持安静的区域;2类声环境功能区指以商业金融、集市贸易为主要功能,或者居住、商业、工业混杂,需要维护住宅安静的区域;3类声环境功能区指以工业生产、仓储物流为主要功能,需要防止工业噪声对周围环境产生严重影响的区域;4类声环境功能区指交通干线两侧一定区域距离之内,需要防止交通噪声对周围环境产生严重影响的区域,包括4a类和4b类两种类型。4a类为高速公路、一级公路、二级公路、城市快速路、城市主干路、城市次干路、城市轨道交通(地面段)、内河航道两侧区域;4b类为铁路干线两侧区域。绝大多数乡村旅游区属于0类和1类,少部分的综合接待区属于2类,各类声环境功能区噪声限值见表10.2。

表10.2 环境噪声限值 单位:dB(A)

声环境功能区类别		时段	
		昼间	夜间
0类		50	40
1类		55	45
2类		60	50
3类		65	55
4类	4a类	70	55
	4b类	70	60

(三)《地表水环境质量标准》(GB 3838—2002)

该标准适用于中华人民共和国领域内江河、湖泊、运河、渠道、水库等具有使用功能的地表水水域。依据地表水水域环境功能和保护目标,按功能高低依次划分为5类:Ⅰ类主要适用于源头水、国家自然保护区;Ⅱ类主要适用于集中式生活饮用水地表水水源地一级保护区、珍稀水生生物栖息地、鱼虾类产卵场、仔稚幼鱼的索饵场等;Ⅲ类主要适用于集中式生活饮用水地表水水源地二级保护区、鱼虾类越冬场、洄游通道、水产养殖区等渔业水域及游泳区;Ⅳ类主要适用于一般工业用水区及人体非直接接触的娱乐用水区;Ⅴ类主要适用于农业用水区及一般景观要求水域。对应地表水水域环境功能的5种类型,地表水环境质量标准基本项目准值分为5类(见表10.3)。不同功能类别分别执行相应类别的标准值。水域功能类别高的标准值严于水域功能类别低的标准值。同一水域兼有多种类别使用功能的,执行最高功能类别标准值。

表 10.3　地表水环境质量标准基本项目标准限值　　　　　　　　单位:mg/L

项目	Ⅰ类	Ⅱ类	Ⅲ类	Ⅳ类	Ⅴ类
水温(℃)	人为造成的环境水温变化应限制在:周平均最大温升≤1;周平均最大温降≤2				
pH值(无量纲)	6～9				
溶解氧≥	饱和率90%(或7.5)	6	5	3	2
高锰酸盐指数≤	2	4	6	10	15
化学需氧量(COD)≤	15	15	20	30	40
五日生化需氧量(BOD5)≤	3	3	4	6	10
氨氮(NH_3-N)≤	0.15	0.5	1.0	1.5	2.0
总磷(以P计)≤	0.02(湖、库0.01)	0.1(湖、库0.025)	0.2(湖、库0.05)	0.3(湖、库0.1)	0.4(湖、库0.2)
总氮(湖、库,以N计)≤	0.2	0.5	1.0	1.5	2.0
铜≤	0.01	1.0	1.0	1.0	1.0
锌≤	0.05	1.0	1.0	2.0	2.0
氟化物(以F计)≤	1.0	1.0	1.0	1.5	1.5
硒≤	0.01	0.01	0.01	0.02	0.02
砷≤	0.05	0.05	0.05	0.1	0.1
汞≤	0.00005	0.00005	0.0001	0.0001	0.0001
镉≤	0.001	0.005	0.005	0.005	0.01
铬(六价)≤	0.01	0.05	0.05	0.05	0.1
铅≤	0.01	0.01	0.05	0.05	0.1
氰化物≤	0.005	0.05	0.2	0.2	0.2
挥发酚≤	0.002	0.002	0.005	0.01	0.1
石油类≤	0.05	0.05	0.05	0.5	1.0
阴离子表面活性剂≤	0.2	0.2	0.2	0.3	0.3
硫化物≤	0.05	0.1	0.2	0.5	1.0
粪大肠菌群(个/L)≤	200	2000	10000	20000	40000

(四)《污水综合排放标准》(GB 8978—1996)

该标准按照污水排放去向,分年限规定了69种水污染物最高允许排放浓度及部分行业最高允许排水量。适用于现有单位水污染物的排放管理,以及建设项目的环境影响评价、建设项目环境保护设施设计、竣工验收及其投产后的排放管理。目前我国允许造纸工业、船舶工业、海洋石油开发工业、纺织染整工业、肉类加工工业、钢铁工业、合成氨工业、航天推进剂、兵器工业、磷肥工业、烧碱、聚氯乙烯工业等12个工业门类，不执行国家污水综合排放标准，可执行相应的行业标准。

（五）《旅游区（点）质量等级的划分与评定》（GB/T 17775—2003）

根据《旅游区（点）质量等级的划分与评定》，我国的旅游景区分为5A级、4A级、3A级、2A级、A级5个等级。不同等级的旅游景区在环境质量方面有相应的要求，详见表10.4。

表10.4　不同等级旅游景区的环境质量标准

项目	达到的环境质量标准				
	5A	4A	3A	2A	A
空气质量	达到《环境空气质量标准》（GB 3095—2012）的一级标准				
噪声质量	达到《城市区域环境噪声标准》（GB 3096—2008）的一类标准				
地表水环境质量	达到《地表水环境质量标准》（GB 3838—2002）之相关规定				
污水排放	达到《污水综合排放标准》（GB 8978—1996）之相关规定				
卫生质量	全部场所达到《公共场所卫生管理规范》（GB 37487—2019）、《公共场所卫生指标及限值要求》（GB 37488—2019）、《公共场所设计卫生规范》（GB 37489.1—2019）规定的卫生标准				
	餐饮场所达到《公共场所卫生管理规范》（GB 37487—2019）、《公共场所卫生指标及限值要求》（GB 37488—2019）、《公共场所设计卫生规范》（GB 37489.1—2019）规定的卫生标准				
	游泳场所达到《公共场所卫生管理规范》（GB 37487—2019）、《公共场所卫生指标及限值要求》（GB 37488—2019）、《公共场所设计卫生规范》（GB 37489.1/.3—2019）规定的卫生标准				

二、乡村旅游环境保护规划要点

（一）大气环境保护规划要点

拟开发的乡村旅游景区景点周边严禁开设污染严重的厂矿企业。因旅游发展需要建设的厕所、污水处理厂、垃圾集中处理场地等选址要科学，一般应建在游览区、娱乐区、野营地、餐饮、住宿设施的下风侧，并与游客集中活动的区域保持一定的空间距离。提倡在乡村旅游景区景点内使用环保汽车或绿色交通工具，减少汽车尾气和灰尘对旅游区大气环境的污染。要杜绝在乡村旅游景区景点使用燃煤锅炉与薪柴燃料，推广使用天然气、煤气和电能作为日常能源供应。

（二）水体环境保护规划要点

认真贯彻执行水体环境保护相关的法律法规，加强农村地区水质监测和管理。控制水土、有机质流失和农田污染，大力推广有机农业和生态农业，推进科学化使用化肥和农药。积极采取措施防治农村环境污染,尤其是防治禽畜养殖业的污染。发展高效、无污染的绿色肥料和有机肥料,推广高效、低毒和低残留化学农药,发展和推广生物农药,保障食物供给的环境安全。乡村旅游景区景点内的生活污水和厕所污水必须经过严格处理,达到国家排放标准之后才能排放。开展水上游乐项目的乡村旅游区,水上游船应以非机动船为主,尽量不使用动力船。①各种水上项目的开展,应以不污染水体为前提。

(三) 噪声环境保护规划要点

乡村旅游区的功能分区应充分考虑不同旅游活动对噪声环境的要求,特别是康复疗养区和游客居住区,应尽量布局在自然环境优美的地方,与旅游交通干线、停车场、游客集散处、商业区、户外活动区保持一定的防噪声距离。在规划道路系统、设计旅游路线时,应兼顾防噪因素。充分利用隔音林带和绿地的降噪功能。乡村旅游开发过程中新增的室内休闲娱乐设施、餐饮、住宿设施等,要尽量采用吸声材料。此外,有研究表明,部分噪声可以提高西红柿、水稻、大豆等农业作物的产量和品质,在噪声大的乡村旅游功能区设置农业观光园等项目,是一个比较科学的布局。②

(四) 废弃物处理规划要点

合理布局垃圾箱(桶)的数量和位置,在有条件的乡村旅游区,应实行垃圾分类处理。垃圾转运站和处理厂应安排在远离集水区的地方,安排人员专门负责垃圾的收集、清运。结合农村特点建立垃圾和粪便无害化处理设施,例如农户可采用"三位一体"模式,建立大棚、沼气池等,将种植、养殖、粪便和生活垃圾处理与利用集成在一起,形成农业生产和废物再利用的有效机制。③旅游车船上,配备必要的废弃物收集器具,防止直接向外倾洒。

旅游厕所的设置应符合国家标准《旅游厕所质量要求与评定》(GB/T 18973—2022)的相关规定。景区内公厕应为水冲式或环保型,有严格管理制度,无异味、无秽物。粪便处理要符合国家《粪便无害化卫生要求》(GB 7959—2012)的要求,严禁任意排放。

(五) 绿化规划要点

在乡村旅游区内,因地制宜地恢复、提高植被覆盖率,以"适地适树"的原则扩大林地,发挥植物的多种功能优势,改善乡村旅游区的生态和环境。在乡村旅游区总体规划和概念性规划中,一般仅对旅游区重要的公共空间及游览环境内的绿化提概括性的要求。在修建性详细规划以及景观节点改造规划中,应明确各节点绿化景观的植物配比和栽种方式。无论是何种类型的乡村旅游区绿化规划,都要注重对乡土风貌的保护

---

① 张杰,徐波,那守海.森林公园生态旅游环境保护体系的构建[J].东北林业大学学报,2003(4).
② 马庆斌.观光农业及其规划研究[D].西安:西北大学,2002.
③ 黄昭瑾.乡村休闲产业之特性与规划理念[C]//.唐建军,严力蛟,段兆麟.城乡生态环境建设原理和实践.北京:中国环境科技出版社,2004.

与适度更新,要清楚认识到农村园林化与城市造园在追求理想环境的手法上是有区别的,乡村绿化"是在极富自然情调的田野上整理乡村的风景,点缀人造景观"[①]。

(六)自然灾害防治规划要点

自然灾害对游客生命安全构成严重的威胁,在规划编制中应予以充分重视,部署必要的灾害防治措施。对乡村旅游活动产生不利影响的自然灾害主要有洪涝、台风、海啸、风暴潮、地震、滑坡、泥石流等。旅游项目选址时,对地质灾害隐患点要审慎对待,确系有开发价值的,应对项目地进行治理解除地质灾害隐患后方能开发。要建立景区景点自然灾害信息系统,及时通报灾情,使游客科学安排旅游活动。完善防洪工程体系,加强乡村旅游地的防洪排涝设施建设,主要旅游景区景点的设施建设要充分考虑防洪、排涝的要求。所有旅游基础设施和接待设施,应按照相应的防震、抗震标准进行建设。沿海地区或靠近海岸的旅游设施,应达到抵御台风、风暴潮的标准。

第三节 乡村旅游容量测算

一、旅游容量测算方法

(一)旅游容量测算的基本指标

基本空间标准和周转率是旅游容量测算的基本指标,这些指标是否准确可靠直接关系到旅游容量测算的科学性。

1.基本空间标准

旅游容量的基本空间标准,又称单位规模指标,是指单位利用者(通常以人或人群为单位,也可以是旅游车、船等)所需占用的空间规模或设施量。基本空间标准可表示为:

$$基本空间标准 = \frac{旅游区游览面积(或游道长度)}{合理的游人数}$$

基本空间标准是旅游容量测量的基点,计算不同类型旅游地的基本空间标准时所采用的计量指标也不一样。一般而言,旅游空间容量、旅游心理容量的基本空间标准常用平方米/人、米/人表示,旅游设施容量则以设施比率(设施量/人)表示,旅游生态容量以一定空间规模上的生态环境能吸收和净化的污物量(污物量/环境规模)来表示。基本空间标准是在实际工作中通过对旅游者的调查获得,通过对旅游者的多次调查和观察,得出某一场所的基本空间标准,常用的调查方法有问卷法、统计法、航空摄影法等。

基本空间标准因场所而异,室内与室外标准不同,自然旅游区与人文旅游区也不

[①] 周武忠.旅游景区规划研究[M].南京:东南大学出版社,2008.

一致,不同国家采用的基本空间标准也不一样。以我国为例,《风景名胜区总体规划标准》(GB/T 50298—2018)对各类游憩用地生态容量的基本空间标准做了相应规定,详见表10.5。

表10.5 《风景名胜区总体规划标准》规定的基本空间标准

场所类型	基本空间标准/(平方米/人)	备注
游览线路	5~10	以每个游人所占平均游览道路面积计
主要景点	50~100	
一般景点	100~400	
浴场海域	10~20	海拔0~−2米以内水面
浴场沙滩	5~10	海拔0~+2米以内沙滩
专用浴场	>20	
针叶林地	3300~5000	
阔叶林地	1250~2500	
森林公园	500~660	
疏林草地	400~500	
草地公园	>140	
城镇公园	50~330	

2. 周转率

周转率是指某一旅游区单个开放日内接待游客的平均批数,可以表示为:

$$周转率 = \frac{旅游区每日可游时间}{游客在旅游区的平均逗留时间}$$

周转率是旅游容量测算中的基础指标之一,计算方式也较为简单,但是在实践中要对旅游区性质有基础判断后再行测算,不可简单套用上述公式。以洞穴为例,出于资源保护与游客安全保障考虑,进入洞穴游览的相邻批次游客之间应留有一定的间隔期。因此,洞穴旅游容量的周转率可表示为:

$$K = \frac{T}{t + t_1}$$

其中,K为洞穴游览的周转率;T为洞穴每日开放时间(小时);t为每批游客游览洞穴所需时间(小时);t_1为相邻游览批次间的间隔期(小时),取值0.5~1小时。

(二)旅游容量测算的两种方法

1. 面积法

面积法测算旅游容量的逻辑是,用旅游区的空间规模除以基本空间标准得到瞬时容量,再根据周转率(开放日可接待游客批次),测算出旅游区的日容量,用公式表示如下:

$$C = \frac{A}{A_0} \times Z$$

其中，C为旅游区日空间容量；A为空间规模（游览面积）；A_0为基本空间标准；Z为周转率。

2.游道法

一般情况下，即使在相对平坦的旅游景区内，游客也并不是平均分布在可游区域内，而是集中在景区的游览线路上呈线性运动，导致游览线路成为人流最为集中的区域。因此，仅用面积容量法并不能准确反映旅游景区的接待能力与生态容量。

游道法是指在同一时间内每位游客所必须占有的游览线路长度。这类计算法主要适用于游览空间呈狭长形的景区，如峡谷型旅游景区、旅游洞穴等。

(1)完全游道法。完全游道法指环行游道及进口与出口不在同一位置的非环行游道，计算公式为：

$$C = M \times \frac{D}{m}$$

(2)不完全游道法。不完全游道法指进口与出口在同一位置的非环行游道，即游客游至终点必须按原路返回。计算公式为：

$$C = M \times \frac{D}{m + m \times \frac{E}{F}}$$

其中，C为日环境容量（人次）；M为游道全长（米）；m为每位游客占用合理游道长度（米）；D为周转率（D＝游道全天开放时间/游完全游道所需时间）；F为游完全游道所需时间（小时）；E为沿游道返回所需时间（小时）。

现实中，乡村旅游景区景点的体量一般较小，游览区多呈点状分布，面积法在测算乡村旅游容量中的适用性有限，因而多采用游道法测算景区景点的日容量。

二、旅游容量应用场景

(一)科学设置旅游年容量

在得出旅游日容量的基础上，乘以景区景点全年适游天数，便可算出旅游年容量。旅游年容量可以作为乡村旅游景区景点规划布局各类接待设施的一个指导性指标，当旅游年容量超出接待设施的容量时，景区发生超载的风险增加，对旅游者体验质量、旅游地生态人文环境都易造成负面影响。特别是在山地型乡村旅游地和布局紧凑的传统村落、民族村寨等，景区内外交通的通畅程度相对有限，景区严重超载时，各类安全事故的发生风险会升高，规划人员和景区运营人员对旅游年容量都应有充分的认识。

(二)旺季景区超载预警

由于外出旅游的人数越来越多，各景区会在旅游旺季时迎来客流高峰，景区超载现象也越来越多，旅游景区处理不当时，甚至会出现拥堵和踩踏等事件，这不仅影响旅游景区的形象，破坏乡村生态景观，更会影响游客的旅游体验。在景区接待的游客接近日容量上限时,景区可以采取限制车辆驶入景区道路和限时限量售票预约的办法调整旺季的客流量。同时,景区也应提前预测游客容量和超载情况,及时向社会发布旅游信息。

(三)公共卫生风险预警

公共卫生风险预警是指在一些公共卫生事件发生时,如新冠疫情、流感等,景区下调日容量指标,按照50%～60%来执行,以确保游客不聚集,降低公共卫生事件发生概率。公共卫生条件落后的乡村是公共卫生事件的突发地,更应该加强公共卫生体系建设,开展应急救护知识的专门教育,全面提高公共卫生管理和紧急处置能力。在疫情常态化下,景区更应该加强危机处理部门的联防联控能力,配置防护装备,强化防护措施,加强消毒防范,普及突发公共卫生事件法律法规和危机预案等相关知识。

本章小结

乡村旅游的资源保护规划围绕自然资源、人文资源、农业景观资源三个方面进行编制。乡村旅游环境保护规划要符合相关标准。同时,能够科学合理地设置旅游容量也是乡村旅游资源与环境保护的必要环节。乡村旅游容量的测算有面积法和游道法两种方式。实践中,乡村旅游景区景点往往呈现体量小、点状分布的特征,因此多采用游道法来测算乡村旅游区的日容量。旅游容量的测算可以为乡村旅游地科学设置旅游年容量、开展旺季景区超载预警以及实施公共卫生风险预警提供数据支持。

复习思考题

根据小组负责区域/村落旅游资源与环境的具体情况,编制旅游资源与环境保护规划。

第十一章
乡村旅游规划保障体系

学习目标

1. 熟悉乡村旅游社区参与主要模式,能够在规划编制过程中提出恰当的社区参与建议;
2. 了解乡村旅游规划投资估算的内容,能够在规划编制过程中综合分析规划区乡村旅游发展的效益,提出适宜的投融资模式建议;
3. 了解乡村旅游规划实施的组织和人力保障,厘清乡村旅游用地的基本问题,学习乡村旅游相关的政策制度,能够在规划编制过程中根据规划区实际情况提出可行的保障措施。

重点难点

1. 乡村旅游社区参与模式的选择与创新;
2. 乡村旅游发展投融资模式的选择;
3. 乡村旅游规划实施的保障措施。

第一节 社区参与规划

乡村旅游社区是由聚居在一定乡村地域范围内具有某种互动关系的、有共同文化维系力的人群所组成的社会生活共同体,他们承受旅游活动所带来的经济、社会文化、环境等方面的积极与消极影响,往往表现为一个又一个的自然村落。[1]乡村旅游的发展与社区息息相关,对于一些乡村旅游地而言,社区及社区居民自身就是核心的旅游吸引物。即便是在景区与社区空间分离的乡村旅游地,周边社区的支持与参与,对旅游发展仍然至关重要。对于乡村社区来说,旅游曾被视为乡村地区脱贫攻坚的重要路径之一,在接续推进乡村振兴、促进共同富裕的新征程中,旅游仍然是解决"三农"问题的一个有力抓手。因此,可以说,在乡村旅游发展的语境中,社区参与既是手段,也是

---

[1] 郭华.乡村旅游社区利益相关者研究:基于制度变迁的视角[M].广州:暨南大学出版社,2010.

目的。正确认识、妥善处理旅游发展与社区发展之间的关系,是乡村旅游规划编制人员必须思考的一个问题,在社区与景区高度重叠的旅游项目规划编制中,社区参与规划应当被作为一个必要内容纳入规划成果。

一、社区参与模式

张瑾(2019)等认为,乡村旅游社区参与是建立在社区旅游产权基础上的一种权利,具体包括村落旅游开发决策权、村落旅游经营管理权、村落资源收益获取权三个方面。① 这三个方面构成了社区参与的主要内容。从乡村旅游开发涉及的主体来考虑,社区也是旅游资源保护的必要参与主体。常见的乡村旅游社区参与模式有以下8种,规划团队可以根据旅游区和项目的具体情况提出社区参与模式的相关建议。

(一)"公司+农户"模式

"公司+农户"模式来源于我国早期的乡村经济发展实践中一些高科技种养企业与乡村社区的合作方式,因其充分考虑了农户利益,能够实现对社区的广泛带动,在乡村旅游开发中,这种模式依然实用,并演化成"公司+农户"和"公司+社区+农户"两种模式。"公司+农户"模式通过吸纳社区农户参与乡村旅游开发,在开发乡村旅游资源的同时,充分利用社区的公共空间、农户闲置资产、富余劳动力以及乡间多元化的农事活动来丰富乡村旅游活动,向游客展示乡村文化,同时促进农户增收。"公司+农户"模式中的公司多为在旅游行业有一定经验的开发商,通过引进先进的管理团队和管理经验,促进乡村旅游产品质量的提升与服务的标准化。②

(二)"公司+社区+农户"模式

该模式中,公司先与当地社区基层治理组织(如村委会)合作,通过社区组织农户参与乡村旅游,公司一般不与农户直接合作,但农户从事接待服务需要经过公司的专业培训,或经营场所需达到公司统一的要求。公司制定有相应规定来规范农户的行为,保证接待服务水平,保障公司、农户和游客的利益。公司负责项目规划、游客招徕、营销推广和组织培训;社区组织起到居中协调沟通的作用,负责选拔农户、安排接待、定期检查、处理事故、协调矛盾等;农户则按规定接待,为游客提供餐饮、住宿、讲解等服务内容。

(三)股份合作制模式

乡村旅游资源的产权可以界定为国家产权、乡村集体产权、村民小组产权和农户个人产权4种产权主体。股份合作制模式是在明确乡村旅游资源所有权的基础上,综合参与式发展和现代企业制度,成立股份合作制企业形式的村落旅游经营管理组织,由村落居民、地方政府与投资商共同参与村落旅游开发、经营、管理的一种模式。把不

---

① 张瑾,曹国新.传统村落社区旅游产权的保障机制研究[M].北京:中国财政经济出版社,2019.
② 严伍虎,张淑琴.建立适合中国农业的电子商务模式[J].陕西行政学院学报,2008(2).

同产权归属的旅游资源、特殊技术、劳动力转化成股本,按股分红与按劳分红结合分配收益,国家、集体和个人可在乡村旅游开发中按照股份获得相应收益,实现社区参与的深层次转变。通过"股份制"的乡村旅游开发,把社区居民的责、权、利有机结合起来,引导居民参与旅游开发与资源环境保护,从而保证乡村旅游的良性发展。

(四)"农户+农户"模式

在一些没有外来开发商介入的乡村旅游地,部分具备一定经济、技能基础,且对商业机会较为敏感的农户会成为乡村旅游经营的"开拓者"。随着经营经验和客户资源的积累,旅游经营大户会从"开拓者"中脱颖而出,成为其他农户效仿学习的对象。在经营大户的示范带动下,更多农户加入旅游创业行列,并学习经营大户的经验和技术,由此形成"农户+农户"的乡村旅游开发模式。也有小部分在村中声望较高、组织协调能力较强的经营大户,会成立旅游合作社之类的经营组织,在"农户+农户"基础上形成农户联营模式。这类社区参与模式属于典型的社区自主自发治理模式,通常投入较少,但管理水平和服务水平有限,适用于对基础设施和服务设施投资需求不大的乡村旅游地。

(五)家庭农场模式

家庭农场是指以家庭成员为主要劳动力,从事农业规模化、集约化、商品化生产经营,并以农业收入为家庭主要收入来源的新型农业经营主体。① 家庭农场起源于欧洲,在法国、美国、日本等国家均是重要的农业经营主体类型。2008年党的十七届三中全会报告,第一次将家庭农场作为我国农业规模经营主体之一提出。2013年,中央一号文件再次提到家庭农场,提出"鼓励和支持承包土地向专业大户、家庭农场、农民合作社流转,发展多种形式的适度规模经营"。在实践中,不少家庭农场依托规模种养兼营农业观光、采摘、垂钓、农事体验等休闲农业服务,是乡村一二三产融合发展的重要载体,也是社区参与乡村旅游发展的模式之一。②

(六)"政府+公司+村落旅游协会+旅行社"模式

这一模式的特点是将乡村旅游开发决策、旅游产品生产和销售等环节整合到一起,充分发挥旅游产业链中各个环节的优势,能够较好地解决乡村旅游供销不对路的问题。具体的做法是:政府负责乡村旅游规划和基础设施建设,优化发展环境;旅游公司负责运营管理;村落旅游协会负责组织村民参与食宿接待、导游服务、旅游商品加工制作、民俗活动展演、节庆活动等,负责维护修缮传统民居,协调公司与村民之间的关系;旅行社负责开拓市场、招徕客源、组织线路等。

---

① 黄文华.发展家庭农场的思考[J].现代农业,2014(11).
② 关宏宇,李维峰.黑龙江省农垦哈尔滨管理局都市农业发展研究[J].农场经济管理,2015(9).

（七）社区外迁模式

社区外迁模式指的是村落当地居民整体外迁后由其他主体依托村落资源发展旅游的一种方式。近年来，少数传统村落的旅游开发主体为避免居民生活空间与景区游览空间重叠而导致纠纷，也为了更好地保存历史建筑等文化遗产，采用将当地居民整体外迁的方式开发乡村旅游。开发主体出资从社区居民手中置换获取村落资源所有权和其他资源的使用权，社区外迁后社区与景区在空间上处于分置状态，原村落成为开发主体为旅游者建设的旅游景区。当地居民外迁后的新区，一般毗邻原村落，社区居民通过受雇就业于景区企业、在周边从事旅游接待等方式参与旅游发展。该模式对社区人口规模、开发主体资金实力、村落资源禀赋、区域旅游发展水平均有较为严格的要求，实践中较为少见。

（八）村投企业模式

村投企业模式是指在县域层面成立村集体经济发展投资公司，探索以村投公司发展壮大农村集体经济的道路。①村投企业通过整合农村集体资源、注入财政资金、打造专业团队、开展市场运作等多种手段，打造出专业化涉农投资平台，推进乡村旅游社区"资源变资产、资产变股权、股权变资金、资金变项目、项目变收益"。村投企业能够集聚生产要素、凸显平台功能、培育乡村产业、带动农民增收，从而破解农村集体经济发展后劲不足、资源配置单打独斗、产业格局小乱散弱等现实问题。相对于前述7种社区参与模式，村投企业模式是新鲜事物，尚处于探索阶段。

二、社区参与保障

为保障乡村旅游发展过程中社区的充分参与，规划团队可以进一步提出相应的社区参与保障措施，主要包括以下几个方面。

（一）培育村民参与意识，提高参与积极性

开发商与政府应在积极动员社区成员参与的基础上，奖励参与旅游开发或对旅游开发做出一定贡献的居民。

（二）制定社区参与制度，畅通社区参与渠道

建设社区参与旅游开发各项活动的制度体系，实行规范化管理；政府与开发商应出台专门的文件，规定吸纳社区居民参与旅游就业的具体事宜，明确"社区优先"的原则，体现出与外来就业者相比，当地居民在就业比例及利益分配上的优势。

（三）提高社区参与水平，建设学习型社区

提高社区参与水平的关键是提高社区的参与能力，通过引导性学习和自适应学

---

① 练泉珍."十三五"期间我国农村集体经济发展措施[J].现代农业科技,2017(14).

习,建设学习型社区。在建设初期,应加强对社区居民知识和技能的教育培训,引导其更好地参与到旅游开发的各项活动中(见表11.1);之后,随着社区参与范围的不断加大、参与程度的不断加深,社区参与本身也是社区居民的自适应学习过程,通过参与,社区居民可以向市场学习、向旅游者学习、居民间相互学习,并及时运用到实践之中。

表11.1 社区居民培训内容

培训类别	知识类型	主要培训内容	培训方式
基本知识培训	基本观念	可持续发展观、环境保护意识、服务意识、公众参与意识等	政府组织专题培训、讲座;媒体宣传教育
	旅游服务常识	导游基本素质、旅游礼仪、岗位职责、安全救援常识等	
	传统文化知识	传统文化常识、民间技艺传习等	政府组织村落精英进行培训;村民交流;板报、墙报;媒体宣传教育;中小学素质教育
	法规教育	环境保护法律法规、旅游法律法规、市场管理规章等	政府组织专题培训、村内交流;媒体宣传教育
从业技能培训	服务技能	经营技能、礼仪、普通话与外语水平、宣传销售技能、烹饪技巧等	政府组织专题培训;示范户交流;考察、学习
	专门技能	旅游产品策划与设计、商品加工和包装、特色技能等	政府组织专题培训;示范户交流;考察、学习

(四)建立公平合理的分配制度,协调各方利益

在保障社区居民利益的前提下,同时处理好政府在旅游基础设施投入,以及开发商在经营性旅游设施投入上的公平利益,协调社区、政府和旅游开发商各方利益。

(1)特许经营制度应优先向当地社区倾斜,旅游开发过程中的资源保护、环境卫生等工作优先考虑当地居民。

(2)当地政府与开发商应公平合理地为社区居民创造、分配就业机会。

(3)社区参与旅游开发的资源管理、游客服务等工作须符合相关规划、管理计划和政策法规的规定。

(4)社区居民的各种权益应有法律法规性的保障,利益分配方案以法律法规形式得以确定。

(5)在分配机制形成和形成后的分配与管理中,开发商与政府要做到公开透明,由社区代表予以监管。

第二节 投资效益规划

一、投资估算

在乡村旅游规划的编制过程中,投资估算是进行旅游项目开发经济效益分析的前提条件,也是在策划阶段对项目投资总额进行初步控制的重要参考指标。具体而言,投资估算是在对项目建设规模、技术方案、进度计划等进行研究并初步确定的基础上,估算规划所涉及的各方面投资,然后加总,并测算建设期内分年资金需要量的过程。乡村旅游规划投资估算主要涉及以下几个方面内容。

（一）旅游基础设施投资

旅游基础设施主要包括交通设施、给排水设施、电力通信设施和环卫设施。首先明确需要新建或改造的各项基础设施规模,再据此计算投资预算。通常情况下,交通运输系统对旅游规划实施的影响最大,投资额度最高,建设内容最多,包括旅游区入口、公路、停车场、游步道、索道、码头等的建设投资。

（二）旅游服务设施投资

旅游服务设施主要包括游客服务中心、旅游标识系统、旅游住宿设施、旅游餐饮设施、旅游购物设施、旅游休闲设施等。

（三）旅游景区建设投资

旅游景区建设涉及的投资内容主要包括旅游景观营造（含乡村风貌提升、民居风貌改造等）、游憩设施、管理设施、员工食宿设施等。在罗列旅游景区建设投资内容时,要注意不可将纳入旅游基础设施和旅游服务设施投资的内容重复计入旅游景区的建设投资。

（四）旅游环境保护投资

旅游环境保护投资主要涉及乡村生态环境综合整治、病虫害防治、旅游区绿化等。

（五）旅游营销推广投资

旅游营销推广是旅游投资中的重要部分,涉及的投资主要包括市场调查、品牌管理、广告投放、活动设计、宣传内容制作等。该部分投资估算,可以按照营销规划中明确的工作内容逐项估算,也可以按照旅游市场推广费用占旅游区投资总额的一定比例推算。一般来说,旅游市场推广费用占总投资的5%～10%。

(六) 旅游规划设计投资

旅游发展规划、旅游区总体规划一般只是就旅游规划区的中观和宏观层次进行蓝图描绘,规划区的具体建设活动还需要依赖更加详细和具有可操作性的一系列修建性详细规划、景观建筑设计方案、施工方案等。这部分投资一般应占总投资的5%~8%。

(七) 其他投资

这部分是不可预见费用,一般按照总投资的5%列入估算。有些乡村旅游规划区由于存在居民搬迁、资源使用补偿等费用,也列入这一部分。

二、效益分析

(一) 经济效益分析

经济效益分析主要是对乡村旅游规划的投资可行性进行定量分析,是项目立项、投资和融资的重要依据,是旅游项目投资商最看重的一个部分。任何投资活动,都需要分析经济上的可行性,以便做出正确的投资决策。

经济效益分析涉及对财务基础数据,如项目的生命期、固定资产折旧、流动资金、资金筹措和使用、成本费用、收入和利润方面的分析;项目现金流量涉及对现金流入量、流出量和净流量的分析;资金时间价值涉及对资金的复利、现值、终值、年金、普通年金的分析;盈利能力评价涉及评价项目的投资回收期、投资利润率、净现值、现值指数和内含报酬率;偿债能力评价是评价项目的资产负债率、流动比率、速动比率;不确定性分析是对项目的盈亏平衡、敏感性和概率进行分析。其中,投资回收期和投资利润率是乡村旅游规划中投资主体尤为关注的两个方面。

1. 投资回收期

投资回收期是指项目预期的现金流量总额等于项目初始现金流出所需要的时间,通常用年来表示。换言之,投资回收期就是投资返本年限。一般投资回收期越短,所承担的投资风险就越小,方案越可行。投资回收期的计算公式如下:

$$投资回收期 = 计净现金流量开始出现正值的年份数 - 1 + \frac{上一年累计净现金流量的绝对值}{出现正值年份的净现金流量}$$

2. 投资利润率

投资利润率是指项目在正常生产年份内所获得的年利润总额或年平均利润总额与项目全部投资的比率。投资利润率越高,说明投资的经济效益越好。一般将投资利润率与同期银行贷款利率进行比较,投资利润率高于银行同期贷款利率,在经济上就是合算的,反之,在经济上就是不可行的。投资利润率的计算公式如下:

$$投资利润率 = \frac{年利润总额(或年平均利润总额)}{项目总投资额} \times 100\%$$

（二）社会效益分析

社会效益分析，即主要分析旅游规划实施后对目的地社会发展、社会进步所带来的好处。不同的规划区域、不同类型的旅游规划所产生的社会效益是不一样的。一般而言，主要应从以下几个方面展开分析：一是有利于乡村产业结构升级，向合理化和高级化方向发展；二是有利于乡村基础设施和服务设施的完善，促进乡村地区的社会发展；三是有利于增加乡村居民的就地就业机会，缓解城市化发展所带来的社会矛盾；四是有利于乡村地区投资环境改善，促进乡村地区与市场资源对接；五是有利于乡村民俗和优秀传统文化的保护与传承。

（三）环境效益分析

环境效益分析，即主要分析旅游规划实施对当地生态环境的影响，主要包括生态环境保护的意识、环境污染与治理、生态变异与保育、物种多样性等。既要分析乡村旅游实施的正面影响，也要客观分析负面影响。乡村旅游发展的生态环境正效应包括：一是提升乡村自然生态环境质量，乡村旅游具有生态环境保护的内在特质，在规划落地过程中开展的环境整治、绿化美化、环卫设施完善等，均有利于村容村貌的改善；二是提升乡村旅游经营企业、社区居民和游客环保意识。乡村旅游发展的生态环境负效应主要体现在开发过程和经营过程的环境负效应，前者主要是由于环评论证不充分、随意更改项目规划等原因导致，后者则主要由于超载经营、随意排放和不文明的旅游行为导致。①

三、乡村旅游投融资模式

乡村旅游投融资具有投入大、风险大、回收慢的特征，因而在实践中，乡村旅游发展常常面临融资难的问题。选择合适的投融资模式，可以有效提高乡村旅游项目运营的成功率。对于一些投资主体、投融资方式尚不明确的乡村旅游项目，规划团队可以根据项目情况提出投融资模式的建议。根据资金主导主体，可以将乡村旅游投融资模式分为政府资本为主、金融市场为主、间接资本为主、企业自有资金为主、政府与社会资本合作5个基本类型。②

（一）政府资本为主的乡村旅游投融资模式

政府资本为主的乡村旅游投融资模式政策指向性强，在乡村旅游开发中起到基础性支撑作用。它根据政府投资走向，重点投资于交通等基础设施和公共事业、环境治理项目、文物保护等难以获得直接收益的公共领域。此外，在国家层面，成立了国家财政支农资金、旅游发展专项资金、旅游扶持资金等多个资金项目，为中小企业提供补贴

---

①熊晓红.乡村旅游生态环境双重效应及其正确响应[J].技术经济与管理研究,2012(11).
②郭伟,高颖,王宁.乡村旅游投融资模式研究[C]//.经济与管理科学.新加坡:2017 4th PMSS International Conference on Environmental Studies, Health Services and Social Sciences (EHS 2017),2017.

补助;在地方层面,各地地方政府及其下属公司筹集资金,并成立相关基金投资公司,基金投资公司运用筹集的资金向本区域内的旅游公司、旅游项目入股注资或者以贷款的方式为融资者提供资金。政府资本为主的乡村旅游投融资模式适合于多种规模的旅游投融资活动,个体、集体、企业都能得到政府资本的投入,金额大小依据乡村旅游项目的规模具体来定。

为争取国家、省、市政府的投资,乡村旅游项目运营主体需要做好三个方面工作:一是争取计划单列,加大上级扶持力度;二是充分利用农业、林业、能源、环保、文化项目等各项优惠政策,打好政策组合拳[1],全面整合各方面投资渠道,形成规模投资。三是根据政府资本投资走向做好项目前期工作,积极筹划一批既符合国家、省、市投资重点,又能体现当地特色的乡村旅游项目,抓紧编制项目建议书和可行性研究报告。

(二)金融市场为主的乡村旅游投融资模式

采取这种投资模式的乡村旅游投融资者多为企业,通过外部融资,从金融市场中的股票、基金、债券等筹得资金投向乡村旅游领域。该模式主要有两种运营机制。

1. 股票融资

开发乡村旅游的股份制公司可以通过在证券交易所上市的方法来融入更多资金。公司成功上市后,可以通过股权融资的方式筹得资本市场上的巨额资金,以弥补资金短缺的问题。股票融资门槛高,上市手续复杂,需要企业公开自身财务信息,因此对公司的要求也高,适用于中大型企业融资。

2. 债券融资

乡村旅游相关企业可以通过发行债券的方式来筹集资金。与股票筹集资金形式所不同的是,通过债券筹集所得的资金形成公司的债务,而通过股票所筹集的资金形成公司的所有者权益。两者在资金类别上有所不同。相比而言,公司所发行的债券较股票而言风险小,但是需要向债权人定期付息。公司债券形成公司的长期负债,公司可以通过负债所形成的财务杠杆合理利用资金,使公司资金达到最优使用效率。[2]

(三)间接资本为主的乡村旅游投融资模式

间接资本融资模式是较为常用的一种投融资模式,最典型的投资主体是商业银行与借贷公司,融资主体为个人或企业,融资主体通过资产抵押、担保等形式向银行筹集资金。资金使用风险较低,银行和相关借贷公司可以根据个人、公司的信用等级提供不同额度与利息的贷款额。投资主体(例如银行)不参与个人或公司运营,只行使融资的功能。

乡村旅游资源开发中融资常用的质押物主要包括如下几种。

(1)门票。以未来门票或相关旅游项目收费权作为质押向银行贷款。

---

[1] 毛峰.乡村旅游供给侧改革研究[J].改革与战略,2016(6).
[2] 郭伟,高颖,王宁.乡村旅游投融资模式研究[C]//.经济与管理科学.新加坡;2017 4th PMSS International Conference on Environmental Studies, Health Services and Social Sciences (EHS 2017,2017.

(2)项目开发经营权。项目的开发经营权作为一项资产当作质押进行信贷。

(3)土地使用权。将国有土地使用权抵押项目信贷,尤其是由于乡村旅游相关开发引起大幅度增值的项目周边土地。

(4)建筑物经营权。将相关建筑物的经营权作为抵押进行贷款。

当乡村旅游项目开发能与开放游览同步进行时,还可以对旅游商品开发、广告宣传、道路建设、景观建设等多方面经营内容进行商业信用融资,主要包括垫资建设、代销商品、门票抵扣、预售预卖、时权融资等。

(四)企业自主资金为主的乡村旅游投融资模式

企业自有资金多指入股注资所形成的资金。在这种模式下,投资者为外部资金持有者,融资者为个人或者企业,投资者通过向个人或者企业注资成为资金使用公司的股东,融资者由此获得开展乡村旅游项目的资金。该方式适用于已经运营的公司或者正在筹备的项目。

(五)政府与社会资本合作的PPP投融资模式

乡村旅游PPP投融资模式是指政府公共部门通过民营部门或者与民营部门一起,以乡村旅游项目为基础,在适当满足民营部门投资盈利目标的同时,为社会更有效率地提供旅游产品,从而实现农民增收的政府职能。①PPP模式具有以下特征:一是采用该模式的乡村旅游项目是一种特许经营,根据特许经营协议开展经营;二是该模式下政府与民营部门建立的合作关系具有长期、稳定、平等、共赢的特点;三是该模式下政府与民营部门之间要建立合理的收益回报机制和风险分担机制。

根据我国颁布的PPP项目实施指南,乡村旅游PPP投融资模式运作可以采取如下流程。

(1)乡村旅游项目识别论证阶段。由政府部门发起项目,编制实施方案,并作物有所值和财政承受能力报告。

(2)乡村旅游项目采购招标阶段。确立采购方式,选择招标对象,对招标对象进行技术、商务以及融资能力等评价,确定最终中标者,并与之签订特许权协议,包括参与各方的风险转移、付费与绩效、成本变动和收益调整等。

(3)乡村旅游项目融资阶段。中标民营投资者建立项目开发公司,由该公司完成项目融资,其中包括确定融资任务和目标、融资结构及融资协议等。除此之外,项目公司还负责整个项目的技术、法律、客流等方面的评估。

(4)乡村旅游项目建设运营阶段。项目公司按照设计要求,对乡村旅游资源进行开发和建设,建成后由专业的旅游服务公司在特许经营期对项目进行市场化运作。在特许经营期,政府部门应保证民间资本获得稳定的投资回报,同时也要避免项目公司为了获得超额利润而损害当地村民的利益和生态环境。

(5)乡村旅游项目移交阶段。特许经营期结束后,项目公司应将项目资产无偿移

---

① 王笑凡.欠发达地区乡村旅游PPP融资模式研究[J].中外企业家,2018(14).

交给政府部门或者村集体组织。

不同的旅游项目,因所需资金量、建设周期、风险水平、收益大小和投资回收期长短不同,所选择的融资方式也不相同。旅游基础设施建设项目通常投资规模大、建设周期长、风险较高,对于乡村旅游发展有着十分关键的作用,这类项目的投资多倾向于以政府资金为主,或发行专项债、PPP融资等方式。旅游服务设施的投资中,资金需求量较大的是景区建设与酒店投资。具有准公共产品性质的自然保护区、森林公园、传统村落、文物遗址等景区景点的投融资,保护方面投入的融资由国家发挥主导作用,涉及开发利用的则由运营主体筹集资金为主。酒店投资一般以社会资本为主。

第三节 规划实施保障措施

在乡村旅游规划编制工作中,规划实施保障措施一般作为规划文本的最后一个部分呈现。要根据项目实际情况,提出组织与人力、土地利用、政策制度等方面的措施,以保障规划顺利落地实施。

一、组织与人力保障

(一)旅游组织管理规划的内容

1. 确立乡村旅游发展决策与协调机构

对于区域性的乡村旅游规划,组建政府领导、旅游行政管理部门重点协调、相关职能部门为成员单位的乡村旅游发展领导小组,高位推进乡村旅游健康快速发展。领导小组负责推进落实党中央、国务院决策部署和省市政府工作要求,研究确定区域乡村旅游发展战略、目标任务和重点工作,指导、督促完成各阶段工作任务,协调推进跨区域、跨行业的乡村旅游规划实施和重大项目建设,推动乡村旅游与相关产业深度融合发展,推动旅游发展创新,指导培育新业态,研究解决区域乡村旅游发展中的其他重大问题。同时,牵头会同应急管理、公安、住房和城乡建设、文化和旅游等部门,建立联合监管机制,推进放管结合,创新监管模式,促进乡村旅游产业健康、规范、有序发展。

2. 厘清乡村旅游管理行政机构之间的关系

乡村旅游管理涉及多个部门,只有各个部门相互配合、统一行动,才能有效管理好旅游市场。但由于各部门主管范畴不同,协同工作比较困难,有些情况下各个部门之间相互协调、配合不够默契,难以实行统一管理,乡村旅游规划与开发中出现问题后,可能存在相互推诿、扯皮的现象。因此,应本着管理权限与管理范围相一致的原则,适度调整各行政机构之间的关系,分清各自的主要职责,形成上下通畅、职责明确的旅游行政管理体系。①

---

① 邓小艳.西部旅游扶贫与政府主导新探[J].北方经贸,2002(5).

3.加快成立乡村旅游发展所需的行业协会

乡村旅游行业协会主要指地方性旅游行业组织,是由旅游企业或个人自愿参加和组织,为保护和增进内部成员共同利益,协调与其他相关利益团体关系的自律性行业管理组织。①行业协会是政府管理职能的延伸,其实质是介于政府和经营者之间的非政府行业管理机构,属于市场中介性组织,如江西省婺源县民宿行业协会。随着我国乡村旅游经营管理的不断完善,政府行政管理逐步向行业管理转变,行业协会在乡村旅游发展中将发挥着越来越重要的作用。

乡村旅游行业协会的职能主要分为两大类。一是服务职能。行业协会是协会成员集体利益的代表,在当地旅游行政主管部门的监督管理下,根据协会章程开展调查研究、协调联络,向政府反映同行业企业的正当要求,开展民间对外交流、宣传咨询、教育培训等工作。二是管理职能。在国家主管部门和有关法规指导下,行业协会通过制定协会成员共同遵循的行规会约、行为准则和各类经营标准,对相关行业实施管理,对旅游业产品质量、竞争手段、经营作风进行严格监督,确保行业整体的良性发展。此外,协会管理的有效性取决于协会本身的权威性和凝聚力。不同于行政部门的管理,旅游协会不带有任何行政指令性与法规性;同时,协会管理的范围取决于自愿加入该协会的会员数量,如果有一家企业不愿入会,则不能实行全行业的管理。

(二)人力资源保障规划的内容

1.乡村旅游发展人力资源的类型

人力资源开发是乡村旅游发展的前提条件,也是提升乡村旅游发展质量及保证乡村旅游可持续发展的重要基石。按照不同的标准,乡村旅游从业人员可以划分为不同的类型(见表11.2)。

表11.2　乡村旅游发展人力资源类型

划分标准	具体类型
根据旅游从业人员所从事工作性质分类	(1)旅游服务人员:具体包括餐饮、住宿、景点等的旅游服务人员。 (2)政府有关部门人员:主要包括各类与旅游有关的政府机关员工。 (3)旅游投资建设方面人员:主要是从事旅游投资建设工作的人员,如旅游基础设施、接待设施和游乐景点的投资建设人员。 (4)旅游商品生产销售人员:包括旅游商品的设计人员、旅游商品生产企业的工人、旅游商品的零售人员等②
按照所需的业务知识与旅游密切程度分类	(1)专业型旅游人才:包括旅游产品的开发人员、旅游市场的开发人员、旅游娱乐服务人员、旅游接待设施服务人员、旅游企业管理人员、旅游行政管理人员及地方上的特殊旅游从业人员。 (2)普适型旅游人才:包括财务人员、后勤人员、保安人员、维修人员等

---

①陈非,林泽恺.地方旅游协会的功能和发展策略研究[J].现代商业,2009(24).
②杜海忠.高等院校旅游教育与旅游人才市场的对接[J].现代企业教育,2006(5).

续表

划分标准	具体类型
按照旅游从业人员的职业属性分类	(1)旅游经营管理人员:既包括从事宏观管理的人员,也包括从事微观管理的人员;既包括与旅游相关的政府部门行政管理人员,也包括各类旅游企业管理人员;甚至还包括从事市场营销、财务管理、旅游规划、旅游研究的各类专业人员等。 (2)旅游服务人员:主要是指与顾客直接接触的工作人员,如民宿服务员、导游人员等
按照旅游产业部门分类	(1)住宿与餐饮工作人员:主要包括管理人员、接待与前厅工作人员、客房工作人员、餐厅工作人员、厨房工作人员、维修与保养工作人员等。 (2)娱乐项目的工作人员:该类型人员配置不固定,主要由娱乐项目决定。 (3)旅游中介服务人员:包括票务员、行程规划师、领队、导游、司机等。 (4)旅游管理人员:包括旅游区管理委员会主任、企业的所有者或授权的企业经理人、规划主管、营销专家等,其主要职责是规划旅游发展方向

2.乡村旅游人才队伍建设的要点

1)乡村旅游人才引进

人才是推动旅游业高质量发展的第一资源。旅游领域是需要创新引领和人才支撑的领域之一,要努力做到以需求为导向,大力引进专业人才,尤其是高端人才。一方面,传统乡村旅游要提升品质,需要一批从事旅游规划、旅游项目管理、旅游产品开发、市场营销、人力资源管理、旅游物业管理等高素质管理人才和管理团队;另一方面,旅游关联的行业多、涉及专业领域广,多元化旅游元素不断拓展,需要各个领域专业人才共同支持,尤其是跨行业、跨专业人才的参与。此外,乡村旅游发展也需要深入挖掘既懂乡村又懂旅游的基层能人。

2)乡村旅游人才培训

实现乡村旅游高质量发展,需要提升农村人力资源素质,重视农村人力资源的教育与培训。第一,加强农村旅游职业教育,建立健全适用于乡村本地的人才培养机制,通过开展各类旅游技能培训班、村委会定期带队参观乡村旅游示范点、线上"旅游能手"教学等渠道,打造一批高素质的旅游从业人员。同时,加强培训后期的跟踪指导和继续教育,切实形成完整的新型人才培育模式。第二,积极培育拥有较强市场适应力、组织领导力、创新思维和当地威信的旅游能人[①]。无论是通过企业家培训体系培养农村创业创新带头人,还是借助先进网络平台的优势催生农村电商人才,抑或是坚持弘扬民族手工制造业挖掘乡村工匠,以及能够满足顾客个性化需求的民宿管家、研学旅行指导师等,都是乡村旅游提质升级过程中不可或缺的力量。第三,在政府主导的基础上,鼓励各级旅游教育培训中心、行业协会、农村经济合作组织等参与到乡村旅游人力资源开发中,从而发挥不同培育和开发主体在旅游人才培养过程中的资源互补性,

---

① 楚汉杰.乡村振兴背景下人力资源开发:一项文献综述[J].农村经济与科技,2020(15).

培养创造性旅游精英。

人力资源是乡村旅游发展的关键要素之一,应发挥乡村实用人才、政治精英、产业精英等在乡村旅游的示范引领作用。探索乡村旅游引导下乡村振兴人才队伍培养和建设路径,构建乡村旅游驱动乡村振兴人才支持体系,多措并举、多管齐下解决乡村人才难题。留下本地人才,吸引外来人才,吸引能人回乡和人才回流,提高当地村民综合素质和文化素养,鼓励当地农民和人才参与旅游,驱动乡村发展和振兴。①

二、土地利用保障

土地是乡村旅游发展的重要空间载体,其在旅游发展中的优化配置直接关系到产业发展目标和社会效益。要发展乡村旅游,激活乡村发展动力,实施乡村旅游用地的合理利用,规划和保护势在必行。②从狭义上来讲,乡村旅游用地是指用来建设以旅游、娱乐、服务、商业等为主要用途建筑物和构筑物的乡村旅游商业用地,又称为"乡村旅游设施用地";从广义上来讲,乡村旅游用地是指具有游憩功能且能够被乡村旅游所合法利用的一切土地,兼具了乡村旅游商业用地与农用地、道路等乡村旅游非商业用地。③相比其他类型的旅游用地,乡村旅游用地不仅是人们从事旅游活动的场所,更是农业生产、乡村生活的根基,是建立在原生态的农村生活上的功能集合体。

(一)可用于乡村旅游发展的土地类型

1.农民自有住宅、闲置宅基地

从土地性质和用途上来说,农村宅基地属于集体建设用地。随着城镇化进程的加速,大量农村人口尤其是青壮年劳力不断"外流",不少乡村出现了"人走房空"的现象,造成土地资源利用不足、宅基地闲置等问题,但乡村空心现象也为乡村旅游发展提供了建筑载体和活动空间,闲置的宅基地和农房是发展乡村旅游的重要土地资源。需要注意的是,利用闲置房屋多根据现有基础进行改造和装修,保留房屋的主体结构和外立面,而不是一味地大拆大建。一方面,新建房屋易破坏乡村的原野风貌;另一方面,宅基地拆掉重建需要经过审批,这在无形中增加了开发的审批难度和建设成本。

2.农村集体经营性建设用地

农村集体经营性建设用地,是指具有生产经营性质的农村建设用地,包括农村集体经济组织使用乡(镇)土地利用总体规划确定的建设用地兴办企业,或与其他单位、个人以土地使用权入股、联营等形式共同兴办企业、商业所使用的农村集体建设用地。这种类型的集体建设用地,在乡村中也较为常见,包括闲置的村办企业厂区、合村并校后留下的校舍等,大多属于集体财产。这类用地的利用方式包括合作入股、合资、独资开发以及转让。实践中,多采取与村集体合作办企业开发经营,村集体以土地使用权入股、联营等方式合作开发。此外,在符合规划和用途管制前提下,农村集体经营性建设用地可以入市流转,流转后的农村集体经营性建设用地可以用于工业、商业等经营

---

① 向延平.乡村旅游驱动乡村振兴内在机理与动力机制研究[J].湖南社会科学,2021(2).
② 蒋可挺.浅谈乡村旅游用地发展中的困境和对策[J].浙江国土资源,2018(8).
③ 罗锦泽.乡村旅游用地问题对策研究[D].重庆:西南大学,2017.

性用途。在乡村旅游规划与开发中,可以充分利用这类闲置土地和老旧设施发展乡村旅游。

3. 四荒地

荒山、荒沟、荒丘、荒滩等未利用的土地,统称为"四荒地",这类未得到充分利用的土地是农村较为丰富的一类土地资源,包括依法归农民集体使用的"四荒地"和农民集体经济组织所有的"四荒地"①。乡村旅游开发中对"四荒地"的利用需要注意以下几点。

(1)"四荒地"的界定,必须通过政府组织土地行政主管部门会同有关部门编制土地分类和划定土地利用区规划。耕地、林地、草原以及国有未利用土地不得纳入其中。

(2)"四荒地"的利用一般先治理,后确权。先承包、租赁或拍卖使用权,然后进行治理。根据土地区位和利用条件确定"四荒地"具体治理开发方向后,既可以采取家庭联产承包的方式进行承包,也可以通过招标、拍卖、公开协商等方式进行承包。待"四荒地"完成初步治理后,根据其主导经营内容,依法分别由县级以上人民政府发放土地证、林权证、草原证或养殖使用证等相应的权属证明。

(3)"四荒地"使用权承包、租赁或拍卖的期限最长不得超过50年。

(4)"四荒地"的承包,期限、方式和承包费比较灵活。同时,承包人不受身份限制,外来人也可以承包,但在同等条件下,当地农民有优先承包权。

4. 城乡建设用地增减挂钩

城乡建设用地增减挂钩是指依据土地利用总体规划,将若干拟整理复垦为耕地的农村建设用地地块(即拆旧地块)和拟用于城镇建设的地块(即建新地块)等共同组成建新拆旧项目区。也就是说,城镇建设用地增加与农村建设用地减少相挂钩。当乡村旅游项目建设确有必要占用耕地时,先行在异地垦地,数量和质量验收合格后,再用作建设用地。在城乡发展统筹下实施增减挂钩项目,通过建新拆旧和土地整理复垦等措施,不仅可以保护耕地,还可以获得用地指标用于发展乡村旅游。

5. 其他方式

除上述几种主要的乡村旅游用地类型外,还可以通过以下方式获得土地,用于乡村旅游发展建设。

(1)由社会资本投资建设且连片面积达到一定规模的高标准农田、生态公益林等,允许在符合土地管理法律法规和土地利用总体规划、依法办理建设用地审批手续、坚持节约集约用地的前提下,利用一定比例的土地开展乡村旅游经营活动。

(2)关闭矿区地面遗留的原有建设用地,可直接转为旅游设施建设用地;矿区已经占有的尾矿池、弃石堆场或其他弃用地,可在恢复生态的同时,按一定比例(如10%~20%)转为旅游设施用地,其余为工矿遗址景观用地。

(3)生态涵养区村落搬迁出的宅基地、新农村建设农户上楼遗留的宅基地,可因地制宜转为旅游设施建设用地。

(4)在大面积森林(超过10公顷)绿地作为生态旅游资源时,允许有3%~5%用地转为旅游设施用地。

---

① 佚名.休闲农业与乡村旅游如何用地[J].福建农业,2017(5).

(5)非林地、非耕地、无其他生态价值的荒地,经相关部门确认,原则上允许作为旅游设施用地。

(二)乡村旅游用地限制

1.不得占用基本农田

基本农田是高产优质的耕地,国家全面实行永久基本农田特殊保护,任何单位及个人不得私自改变基本农田的原有性质及用途,即基本农田只能用作农业生产,不允许从事其他破坏基本农田种植条件的行为。对于基本农田,有"五不准":一是不准占用基本农田进行植树造林、发展林果业和搞林粮间作以及超标准建设农田林网;二是不准以农业结构调整为名,在基本农田内挖塘养鱼、建设用于畜禽养殖的建筑物等严重破坏耕作层的生产经营活动;三是不准违法占用基本农田进行绿色通道和城市绿化隔离带建设;四是不准以退耕还林为名,违反土地利用总体规划,将基本农田纳入退耕范围;五是不准非农建设项目占用基本农田(法律规定的国家重点建设项目除外)。在编制乡村旅游规划时,规划团队必须坚守基本农田保护红线,严禁在基本农田上布设任何形式的建设项目。

2.不得超越国土空间规划和土地利用总体规划

各地区都制定了土地利用总体规划,用于规定土地用途、明晰土地使用条件。此外,对年度内新增建设用地量、土地开发整理补充耕地量和耕地保有量等也有具体的安排。土地所有者和使用者必须严格按照规划确定的用途和条件使用土地。2018年以来,随着各地"多规合一"实践的推进,土地利用规划被纳入国土空间规划中统筹考虑。乡村旅游的规划建设,包括土地用途、利用条件,都必须与土地利用总体规划和国土空间规划充分衔接,遵循国土空间规划中对"三区三线"的划定。

3.严禁随意扩大设施农用地范围

以农业为依托的乡村旅游项目用地必须按照建设用地进行管理。按照国家规定,农产品深加工、农家乐、餐饮、住宿用地等,不直接为生产服务或与生产直接关联,不属于设施农业用地范围,属于农村二三产业用地,原则上应纳入建设用地范畴。这将涉及农用地转用审批手续,农业设施兴建之前为耕地的,非农建设单位还应依法履行耕地占补平衡义务。

在乡村旅游开发中,开发主体多用以下方式来规避用地限制:用设施农用地的名义直接进行餐饮住宿的建设;以建设临时生产用房名义进行修建;修建水泥立柱,将建筑物腾空,以满足不破坏耕作层的要求;修建木屋或钢架房,即使查处也能低成本拆除;以建设温室大棚的方式建餐厅;用可移动的集装箱和房车进行餐饮住宿活动。但是,这些方式为规避政策的监管,打了"擦边球",碰触了土地使用政策的红线,从根本上讲,不仅无法规避休闲农业用地的限制,还隐藏着很大的不确定性和风险。合法安全的方法是通过立项审批申请建设用地,因此,在乡村项目论证的初期,确保有可用的建设用地是规划团队和开发主体必须重视的一个问题。

（三）乡村旅游用地的创新做法①

1. 建立以土地股份为基础的合作社

农村土地股份合作是指农户按照依法自愿有偿的原则，以土地承包经营权入股联合经营并共享收益的合作形式。这样可以使土地集中经营、高效经营，形成规模化、产业化经营。②通常，土地股份合作社的经营方式有两种。第一，合作社只发挥流转中介的作用，不直接从事土地经营活动。③合作社将土地全部委托给第三方经营，不从事具体的经营活动。第二，合作社自主经营部分土地。除了向外出租土地外，合作社自主经营或由成员承包经营部分土地。

2. 探索乡村土地的"三权分置"制度

乡村土地"三权分置"，即所有权归集体、承包权归农户、经营权可以市场化流转，多指农用地和宅基地。"三权分置"改革要在符合乡村规划及严格控制土地用途的前提下，鼓励土地占有者（农民或集体经济组织）通过出租、自营、联营、入股等各种方式盘活闲置土地。④

通过这种方式：第一，落实所有权，明确集体经济组织为土地所有权人，即资源整合打包；第二，保障承包权，明确集体经济组织成员为土地承包权人，享有获得权、保留权、退出权；第三，放活使用权，明确村民、社会资本投资者均可成为土地使用权人，享有经营权、流转权、抵押权等。社会资本投资者可通过流转获得使用经营权，并可凭借宅基地使用经营权申请抵押贷款。

在乡村旅游的规划实践中，主要有两种发展模式。一是合作模式。村集体整合打包资源，采取集体抱团开发方式，引入企业协作经营，壮大村集体经济收入。同时，制定土地使用权流转三方合同，通过"三方协议、一方鉴证"让投资方吃下定心丸，并支持农户采取租赁、入股、合作等方式，推行"租金＋分红"等模式，保障和提高农户收益。二是盘活模式。针对产业发展需求，可采取"共建共享＋产业融合""租赁＋艺术下乡""抵押＋创业创新"等模式；针对乡村度假体验，可采取"集体经济＋招商引资""闲置民居＋民宿经济/康养产业"等模式。

3. 通过点状供地突破乡村旅游用地瓶颈

传统供地方式是按照项目的立项审批规模来供地，一般是连片供给，所供应的土地全部按照城镇建设用地来进行出让和管理。而点状供地作为一种新型的供地模式，将项目用地分为永久性建设用地和生态保留用地。其中，永久性建设用地建多少供多少，剩余部分只征不转或者不征不转，按租赁、划拨、托管等方式向项目业主提供使用用地。

在点状供地下，建设占用的土地是乡村旅游项目内为建造必要建筑物、构筑物所占用的土地，目的是为乡村旅游活动提供必要的配套服务场所。该部分土地在整个项

---

① 陈仁志.乡村旅游用地规划思考[J].中国土地,2019(4).
② 孙中华,罗汉亚,赵鲲.关于江苏省农村土地股份合作社发展情况的调研报告[J].农业经济问题,2010(8).
③ 王海娟.地尽其利：细碎化农地利用研究[D].武汉：华中科技大学,2016.
④ 付宗平.乡村振兴框架下宅基地"三权分置"的内在要求与实现路径[J].农村经济,2019(7).

目中占地比例较小且多呈点状分布。因此,需要利用点状供地来布局建设用地,以建筑实际占地面积来核算用地指标,并依法办理农转用手续、土地征收(占用)手续。[①]通过点状供地,既能保障项目用地,又简化了用地审批流程;既能加强政府管控能力,又减轻了旅游开发者的负担,极大地推动了乡村旅游项目的发展。

三、政策制度保障

(一)我国乡村旅游政策概况

政策是贯彻国家社会经济发展战略的重要工具手段,乡村旅游相关政策是乡村旅游开发的重要保障。自20世纪80年代起,中国乡村旅游发展政策体系构建逐渐完善,发文部门日趋多元,政策统领性、协同性不断增强。[②]特别是进入"十三五"时期之后,在乡村振兴战略的推动下,中央与地方协同联动,多项促进乡村旅游发展的政策举措频频出台,充分释放了国家大力并长期支持乡村旅游高质量健康发展的政策信号。

针对2016年以来国家层面颁发的乡村旅游相关政策文件(见表11.3),可以按照3种类型划分。

(1)乡村旅游专项文件,即文件标题中含有"乡村旅游"或"农业休闲"的政策文本。

(2)旅游行业文件,即标题中含有"旅游"或"休闲",但并未明确指向乡村或农业的政策文本。

(3)将其他政策文本划分为其他相关文件,如农业农村部在2019年发布的《关于积极稳妥开展农村闲置宅基地和闲置住宅盘活利用工作的通知》。

表11.3　2016年以来国家层面颁发的乡村旅游相关政策文件

政策类型	发布单位及文件名称	发布日期
乡村旅游专项文件	原农业部会同发展改革委、财政部等14部门联合印发《关于大力发展休闲农业的指导意见》	2016年
	国家发展改革委等13部门联合印发《促进乡村旅游发展提质升级行动方案(2018—2020年)》	2018年
	文化和旅游部等17部门联合印发《关于促进乡村旅游可持续发展的指导意见》	2018年
	《乡村民宿服务质量规范国家标准》(GB/T 39000—2020)	2020年
旅游行业文件	国家旅游局、国家发展改革委等11部门联合印发《关于促进自驾车旅居车旅游发展的若干意见》	2016年

---

①臧昊,梁亚荣.乡村振兴背景下乡村旅游点状供地的实践困境及破解之道[J].云南民族大学学报(哲学社会科学版),2021(4).

②舒伯阳,马静.中国乡村旅游政策体系的演进历程及趋势研究——基于30年数据的实证分析[J].农业经济问题,2019(11).

续表

政策类型	发布单位及文件名称	发布日期
旅游行业文件	国务院办公厅发布《关于进一步扩大旅游文化体育健康养老教育培训等领域消费的意见》	2016年
	国务院印发《"十三五"旅游业发展规划》	2016年
	国家发展改革委、国家旅游局发布《关于实施旅游休闲重大工程的通知》	2016年
	农业部办公厅发布《关于推动落实休闲农业和乡村旅游发展政策的通知》	2017年
	国家发展改革委等14部门联合印发《促进乡村旅游发展提质升级行动方案(2017年)》	2017年
	国务院办公厅发布《关于促进全域旅游发展的指导意见》	2018年
	文化和旅游部办公厅、中国农业银行办公室联合印发《关于金融支持全国乡村旅游重点村建设的通知》	2019年
	文化和旅游部办公厅发布《关于统筹做好乡村旅游常态化疫情防控和加快市场复苏有关工作的通知》	2020年
	文化和旅游部印发《"十四五"文化和旅游发展规划》	2021年
其他相关文件	中共中央、国务院发布2016年中央一号文件《关于落实发展新理念加快农业现代化实现全面小康目标的若干意见》	2016年
	国务院出台《全国农业现代化规划(2016—2020年)》	2016年
	国家发展改革委印发《全国农村经济发展"十三五"规划》	2016年
	国务院印发《"十三五"脱贫攻坚规划》	2016年
	国务院印发《"十三五"促进民族地区和人口较少民族发展规划》	2017年
	中共中央、国务院发布2017年中央一号文件《关于深入推进农业供给侧结构性改革加快培育农业农村发展新动能的若干意见》	2017年
	农业部办公厅和中国农业发展银行办公室联合印发《关于政策性金融支持农村一二三产业融合发展的通知》	2017年
	中共中央、国务院发布2018年中央一号文件《关于实施乡村振兴战略的意见》	2018年
	中共中央、国务院发布2019年中央一号文件《关于坚持农业农村优先发展做好"三农"工作的若干意见》	2019年
	中共中央、国务院《发布关于建立健全城乡融合发展体制机制和政策体系的意见》	2019年
	中共中央办公厅、国务院办公厅印发《数字乡村发展战略纲要》	2019年
	中共中央、国务院印发《国家乡村振兴战略规划(2018—2022年)》	2018年
	国务院发布《关于促进乡村产业振兴的指导意见》	2019年

续表

政策类型	发布单位及文件名称	发布日期
其他相关文件	国务院办公厅发布《关于加快发展流通促进商业消费的意见》	2019年
	农业农村部发布《关于积极稳妥开展农村闲置宅基地和闲置住宅盘活利用工作的通知》	2019年
	国家发展改革委、市场监管总局发布《关于新时代服务业高质量发展的指导意见》	2019年
	农业农村部办公厅、国务院扶贫办综合司等5部门联合印发《关于扎实有序推进 贫困地区农村人居环境整治的通知》	2019年
	农业农村部、中央网络安全和信息化委员会办公室联合印发《数字农业农村发展规划(2019—2025年)》	2020年
	中共中央、国务院发布2020年中央一号文件《关于抓好"三农"领域重点工作确保如期实现全面小康的意见》	2020年
	国务院办公厅印发《关于提升大众创业万众创新示范基地带动作用进一步促改革稳就业强动能的实施意见》	2020年
	中共中央、国务院发布2021年中央一号文件《关于全面推进乡村振兴加快农业农村现代化的意见》	2021年
	十三届全国人大四次会议通过《中华人民共和国国民经济和社会发展第十四个五年规划和2035年远景目标纲要》	2021年
	农业农村部联合国家发展改革委等部门印发《关于推动脱贫地区特色产业可持续发展的指导意见》	2021年
	中共中央、国务院发布2022年中央一号文件《关于做好2022年全面推进乡村振兴重点工作的意见》	2022年
	文化和旅游部、教育部等6部门联合印发《关于推动文化产业赋能乡村振兴的意见》	2022年
	农业农村部、国家乡村振兴局、国家开发银行、中国农业发展银行联合发布《关于推进政策性开发性金融支持农业农村基础设施建设的通知》	2022年

(二)乡村旅游规划中的政策建议

为确保乡村旅游规划能够顺利落地实施,在保障措施章节,规划团队需要根据项目实际情况提出相应的政策建议,一般包括两个部分内容:一是如何利用好已有的政策;二是在区域性规划中,如何根据乡村旅游发展的实际需要,出台部分具有针对性的地方政策,以激励性的奖补政策为主。如案例11.1,在《吉安市青原区旅游民宿产业发展规划(2021—2030年)》中,为促进区域民宿产业的进一步发展,规划团队在参考国内多地民宿奖补政策的基础上,提出了《青原区旅游民宿培育奖补办法(试行)》。

案例拓展

案例11.1　青原区旅游民宿培育奖补办法(试行)

一、规划区概况

详见第五章补充资料,此处略。

二、政策建议具体内容

针对经营手续齐全且自营业执照颁发后正常对外营业至少6个月的民宿,每年由县文旅局牵头组织县发改、财政、公安、市监、农业农村、国土资源、环境保护、林业等相关部门进行验收,并积极落实相应的奖补措施,大力推进乡村民宿"提质、培优、图强"。

第一,床位奖励。每间双床房可一次性补助1500元,每间单床房一次性补助1000元,该补助资金的50%,可以由文旅局会同财政局等单位,按照引导民宿消费的原则,用消费券或旅游代理商组团住宿等奖励方式兑现,具体办法另行制定。

第二,集聚开发奖励。由村集体集聚开发民宿,实现统一品牌、统一管理、统一配套的,给予每栋2万元一次性补助。

第三,投资精品民宿奖励。对于"小、精、美"单体型特色民宿,其改造、装修、装饰等方面投入达到100万元以上的,按其实际投资,给予10%最高20万元的补助。

第四,引入品牌民宿奖励。引进知名品牌民宿企业开发的,单个品牌民宿房间不少于10间且经营满1年的,给予村集体配套设施建设一次性奖励30万元。品牌民宿企业是指在本市投资民宿业,且在本市以外有运作成熟的民宿项目,具有一定影响力,达到一定规模的涉旅企业。

第五,实行区级民宿等级评定奖励。按照《青原区旅游民宿等级评定标准》对乡村民宿进行评级,对评定授级的民宿给予奖励:甲级民宿一次性奖励10万元,乙级民宿一次性奖励5万元,丙级民宿一次性奖励3万元。

第六,鼓励旅游民宿积极按照《旅游民宿基本要求与评价》参加国家级民宿评选,被评为甲级、乙级、丙级民宿的,分别一次性奖励18万元、10万元、5万元,升级评定的只奖励差额部分。

第七,每年对达标民宿复核一次。同一民宿不受经营业主的变更的影响,可以重复申报奖励补助。

(案例来源:编委组编制的《吉安市青原区旅游民宿产业发展规划(2021—2030年)》)

 本章小结

社区参与是实现乡村旅游可持续发展的重要途径,常见的乡村旅游社区参与模式主要有8种,分别是"公司+农户"模式、"公司+社区+农户"模式、股份合作制模式、"农户+农户"模式、家庭农场模式、"政府+公司+村落旅游协会+旅行社"模式、社区外迁模式、村投企业模式。在乡村旅游规划编制的过程中,需要根据旅游区和项目的具体情况制定合适的社区参与方案,提出切实的社区参与保障措施,以实现乡村旅游的健康可持续发展。

乡村旅游规划中的投资估算主要涉及旅游基础设施、旅游服务设施、旅游景区建设、旅游环境保护、旅游营销推广、旅游规划设计及其他等几个方面内容。乡村旅游规划的投资效益分析是通过分析投资项目的经济效益、社会效益和环境效益,对项目可行性做出科学评价,作为投资决策和投融资模式选择的依据。根据资金主导主体,乡村旅游投融资模式可以分为政府资本为主、金融市场为主、间接资本为主、企业自有资金为主、政府与社会资本合作5个基本类型。

乡村旅游规划实施的保障措施主要从组织与人力、土地利用、政策制度3个方面重点考虑。在组织与人力保障方面,要确立乡村旅游发展决策与协调机构,厘清乡村旅游管理行政机构之间的关系,加快成立乡村旅游发展所需的行业协会,明确乡村旅游发展人力资源的类型和乡村旅游人才队伍建设的要点。在土地利用保障方面,要积极盘活规划区可用于乡村旅游发展的各类土地,严格遵守国土空间利用规划中划定的"三区三线",积极创新旅游用地方式方法。在政策制度保障方面,围绕现有政策和如何制定旅游发展所需的政策,提出相应建议,强化规划实施的政策保障。

 复习思考题

根据小组负责村落/区域的具体情况,编制社区旅游参与规划,并提出适宜规划区旅游发展的投融资模式和土地保障措施。

参考文献
References

[1] Bramwell B, Lane B.Rural Tourism and Sustainable Rural Development[M]. Bristol : Channel View Publications,1994.

[2] Fridman J R.Regional Development Policy: A Case Study of Venezuela[M]. Cambridge:MIT Press,1996.

[3] 保继刚,楚义芳.旅游地理学(修订版)[M].北京:高等教育出版社,1999.

[4] 蔡碧凡,夏盛民,俞益武.乡村旅游开发与管理[M].北京:中国林业出版社,2007.

[5] 陈启跃.旅游线路设计[M].2版.上海:上海交通大学出版社,2010.

[6] 陈秋华,纪金雄,等.乡村旅游规划理论与实践[M].北京:中国旅游出版社,2014

[7] 方海川,郭剑英,张力.旅游资源规划与开发[M].上海:上海交通大学出版社,2012.

[8] 郭华.乡村旅游社区利益相关者研究:基于制度变迁的视角[M].广州:暨南大学出版社,2010.

[9] 黄顺红,梁陶,王文彦.乡村旅游开发与经营管理[M].重庆:重庆大学出版社,2015.

[10] 贾荣.乡村旅游经营与管理[M].北京:北京理工大学出版社,2016.

[11] 林光旭,唐建兵.乡村旅游项目创意策划与实践[M].成都:电子科技大学出版社,2011.

[12] 刘杰,刘玉芝,郑艳霞,等.乡村旅游规划与开发[M].北京:经济科学出版社,2020.

[13] 刘伟平,陈秋华.旅游市场营销学[M].北京:中国旅游出版社,2005.

[14] 骆高远,吴攀升,马骏.旅游资源学[M].杭州:浙江大学出版社,2006.

[15] 马勇,韩洁,刘军.旅游规划与开发[M].武汉:华中科技大学出版社,2020.

［16］　国家旅游局计划统计司.旅游业可持续发展——地方旅游规划指南[M].北京:旅游教育出版社,1997.
［17］　唐代剑,池静.中国乡村旅游开发与管理[M].杭州:浙江大学出版社,2005.
［18］　陶慧,冯小霞.旅游规划与开发理论、实务与案例[M].北京:中国经济出版社,2014.
［19］　陶玉霞.乡村旅游建构与发展研究[M].北京:经济日报出版社,2009.
［20］　王云才,郭焕成,徐辉林.乡村旅游规划原理与方法[M].北京:科学出版社,2006.
［21］　王志华,李渊,韩雪.旅游规划与开发的理论及实践研究[M].北京:中国商务出版社,2017.
［22］　吴国清.旅游资源开发与管理[M].上海:上海人民出版社,2010.
［23］　吴肖淮,李重.旅游资源规划与开发[M].北京:电子工业出版社,2009.
［24］　夏林根.乡村旅游概论[M].上海:东方出版中心,2007.
［25］　徐学书.旅游资源开发与保护[M].南京:东南大学出版社,2009.
［26］　杨彦锋,吕敏,龙飞,等.乡村旅游:乡村振兴的路径与实践[M].北京:中国旅游出版社,2021.
［27］　杨振之,周坤.旅游策划理论与实务[M].武汉:华中科技大学出版社,2019.
［28］　叶美秀.休闲活动设计与规划——农业资源的应用[M].北京:中国建筑工业出版社,2009.
［29］　张瑾,曹国新.传统村落社区旅游产权的保障机制研究[M].北京:中国财政经济出版社,2019.
［30］　张善峰.体验式乡村旅游规划[M].北京:中国建筑工业出版社,2019.
［31］　张述林,李源,刘佳瑜,等.乡村旅游发展规划研究:理论与实践[M].北京:科学出版社,2014.
［32］　郑朝贵.旅游地理学[M].合肥:安徽大学出版社.2009.
［33］　周武忠.旅游景区规划研究[M].南京:东南大学出版社,2008.
［34］　周霄.乡村旅游发展与规划新论[M].武汉:华中科技大学出版社,2017.

教学支持说明

为了改善教学效果!提高教材的使用效率,满足高校授课教师的教学需求,本套教材备有与纸质教材配套的教学课件(PPT电子教案)和拓展资源(案例库、习题库、视频等)。

为保证本教学课件及相关教学资料仅为教材使用者所得,我们将向使用本套教材的高校授课教师免费赠送教学课件或者相关教学资料,烦请授课教师通过电话、邮件或加入旅游专家俱乐部QQ群等方式与我们联系,获取"教学课件资源申请表"文档并认真准确填写后反馈给我们,我们的联系方式如下:

地址:湖北省武汉市东湖新技术开发区华工科技园华工园六路

邮编:430223

电话:027-81321911

传真:027-81321917

E-mail:lyzjjlb@163.com

旅游专家俱乐部QQ群号:758712998

旅游专家俱乐部QQ群二维码:

群名称:旅游专家俱乐部
群　号:758712998

教学课件资源申请表

填表时间：_____年___月___日

1. 以下内容请教师按实际情况写，★为必填项。
2. 根据个人情况如实填写，相关内容可以酌情调整提交。

★姓名		★性别	□男 □女	出生年月		★职务	
						★职称	□教授 □副教授 □讲师 □助教

★学校		★院/系	
★教研室		★专业	
★办公电话		家庭电话		★移动电话	
★E-mail（请填写清晰）				★QQ号/微信号	
★联系地址				★邮编	

★现在主授课程情况	学生人数	教材所属出版社	教材满意度
课程一			□满意 □一般 □不满意
课程二			□满意 □一般 □不满意
课程三			□满意 □一般 □不满意
其他			□满意 □一般 □不满意

教材出版信息						
方向一		□准备写	□写作中	□已成稿	□已出版待修订	□有讲义
方向二		□准备写	□写作中	□已成稿	□已出版待修订	□有讲义
方向三		□准备写	□写作中	□已成稿	□已出版待修订	□有讲义

　　请教师认真填写表格下列内容，提供索取课件配套教材的相关信息，我社根据每位教师填表信息的完整性、授课情况与索取课件的相关性，以及教材使用的情况赠送教材的配套课件及相关教学资源。

ISBN（书号）	书名	作者	索取课件简要说明	学生人数（如选作教材）
			□教学　□参考	
			□教学　□参考	

★您对与课件配套的纸质教材的意见和建议，希望提供哪些配套教学资源：